상식으로 꼭 알아야 할

세계의 전설

아침나무 **지음** | 이창윤 그림

서양편

(주) 삼양미디어

 # 머리말

'전설' 하면 우리네 기억에서 가장 먼저 떠오르는 것이 아마도 과거 TV에서 한동안 방영된 '전설의 ××'일 것이다. 어린 시절, 필자는 이게 뭐 그리 재밌다고 방송 시간만 되면 기대 반, 두려움 반으로 TV 앞에 앉았었다. 그리고 펼쳐지는 두근두근, 무시무시한 내용들. 무엇보다 요염한 처녀로 변신한 구미호가 등장할 때면 등골이 오싹해졌던 기억이 아직도 생생하다.

최근 '전설의 ××'이 재방영되어 옛 추억이 되살아났고, 또 다른 나라의 전설은 어떠한 것이 있는가 궁금하여 서점에 들렀다가 의외의 발견을 하였다. 생각보다 신화와 전설이 혼재된 책들이 많았고, 순수 전설과 관련된 책들은 많이 나와 있지 않았던 것이다. 그리고 세계의 전설을 모아놓은 책은 거의 전무한 상황이었다.

'수백만 권의 책이 산처럼 쌓여 있는데 이 중에 세계의 전설을 모아놓은 책 하나 없단 말인가?'

이게 이 책을 기획하게 된 결정적인 이유다.

사람들은 신화와 전설을 거의 비슷한 것으로 생각하지만 이 둘 사이에는 분명 달리 풍기는 뉘앙스가 있다. 굳이 표현하자면, 신화가 삶의 철학을 이야기한다면 전설은 그 민족에 내재된 문화를 이야기한다. 신화가 자연의 이치를 이야기한다면 전설은 그 민족 고유의 가치관을 이야기한다. 물론 그 경계선상에 있어 구분이 애매모호한 것이 많다는 것도 인정하는 바이다.

　인류의 역사가 시작된 이래 어느 나라나 민족을 불문하고 그 지역에서 자연적으로 생겨난 전설이 전해오고 있다. 이렇게 수천 년 동안 전해져 온 흥미진진한 이야기들 속에는 그 민족의 가치관과 사상이 담겨 있기에 그 민족의 역사와 문화의 근원을 알게 할 뿐만 아니라 현재를 사는 우리들에게 삶의 지혜를 일깨워 주는 등불이 되기도 한다.

　무엇보다도 전설은 현실의 올가미에 매여 사는 현대인들에게 인간의 상상력이 제공하는 무한의 세계를 경험할 수 있게 해준다. 그 속에는 흥미와 재미는 물론 감동까지 있다. 그래서 상상력의 한계에 부닥친 현대 작가들을 자극하여 수많은 영화와 소설의 소재가 되기도 한다.

　이 책은 세계의 전설 중 서양편을 담은 것으로 서양 전설의 중심이 되는 영국의 전설부터 독일, 프랑스, 신비로 가득찬 북유럽, 동유럽, 아메리카 전설은 물론, 저 미지의 오세아니아 전설까지 모두 담고 있다. 이제 여러분들은 이 흥미진진한 전설 여행을 통해 마음껏 문화적 교양을 쌓는 시간을 경험할 수 있게 될 것이다.

아침나무

Contents

Chapter. 03 프랑스의 전설 여행

Contents

LEGEND OF THE WORLD

Chapter.
06

북미의 전설 여행

Contents

LEGEND OF THE WORLD

영국의 전설 여행

✳   영국의 전설은 오래 전 아일랜드에 자리 잡았던 켈트
인에게서 유래한 이야기들이 많다. 이 중에는 영웅담뿐만 아니라
각종 요정들에 관련된 이야기들이 많이 전해지는데 이는 켈트 신
화와 무관치 않다. 오늘날 우리에게 전해지는 신데렐라나 백설공
주 같은 유명한 동화들은 영국의 설화들 속에서 여러 가지 다양
한 모습으로 우리에게 전해진다.

트리스탄과 이졸데

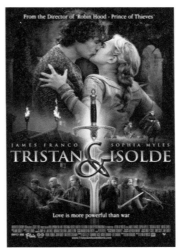

영화 〈트리스탄과 이졸데〉 포스터

우리에게 영화 〈트리스탄과 이졸데〉로 잘 알려진 이 이야기는 원래 영국에서 전해오는 유명한 전설이었다.

용맹한 기사, 트리스탄

예전에 콘월(Cornwall, 잉글랜드의 주 이름)을 다스리던 마르크 왕에게는 트리스탄이라는 조카가 있었다. 그는 무예 솜씨나 궁정 예법이 흠잡을 데 없어 궁궐의 많은 사람들에게 사랑받았다. 그가 어린 나이에 기사의 작위를 받았을 때에도 그것을 시기하는 사람은 아무도 없었다.

당시 마르크 왕은 아일랜드의 모롤트 왕에게 빚을 지고 있어서 5년마다 이자와 함께 귀족 자제 한 명을 볼모로 보내고 있었다. 다시 약속한 날짜가 다가오자 귀족들은 모두 궁궐에 모여 자기 자식이 뽑히지 않기만을 기도하며 슬픈 얼굴로 제비뽑기를 했다.

그 모습을 본 트리스탄은 직접 결투를 벌인 끝에 모롤트 왕을 제압하고 그의 목숨까지 빼앗는 공을 세웠다. 하지만 그 과정에서 트리스탄도 모롤트 왕의 칼에 찔려 부상을 입고 말았는데, 그 칼에는 치명적인 독이 묻어 있었다. 트리스탄은 이 때문에 오랫동안 병상에 누워 있어야 했으며, 그 상처는 오직 모롤트 왕의 여동생인 아일랜드의 왕비 이졸데만이 치료할 수 있었다.

이졸데 왕비가 트리스탄을 치료하다

콘월의 어느 누구도 트리스탄의 상처를 치료하지 못하자 그는 결국 이졸데 왕비를 찾아가기로 마음먹었다. 그는 몰래 아일랜드에 숨어들어 자기를 음유시인이라고 속여 궁전에 들어가는 데 성공했다. 이졸데 왕비는 그를 친절하게 맞아주고 기꺼이 그의 상처를 치료해 주었다. 왕비는 자기 오빠가 이 음유시인에게 독을 묻혔고 그의 손에 죽었다는 사실을 까맣게 몰랐다. 덕분에 트리스탄은 다시 예전처럼 건강해졌다. 트리스탄은 너무나 기쁜 나머지 왕비에게 음악을 연주해 주었다. 왕비는 금발의 아름다운 딸 이졸데를 불러 함께 연주를 들었다. 트리스탄은 이 딸이 자신의 운명을 바꿔놓을 것을 아직 알지 못했다.

이졸데와 마르크 왕의 결혼

　고향으로 돌아온 트리스탄은 마르크 왕에게 젊고 아름다운 금발의 이졸데 공주(이졸데 왕비의 딸)와 결혼하라고 권했다. 그리고는 왕의 신부를 구하러 자신이 직접 아일랜드로 갔다. 트리스탄은 이번에도 남의 눈에 띄지 않게 상인으로 변장하고 궁궐에 들어갔다.

　당시 아일랜드는 나라 전체를 위협하는 용 한 마리 때문에 골머리를 썩고 있었다. 그래서 왕은 용을 죽이는 사람과 공주를 결혼시키겠노라고 약속했다. 트리스탄은 남몰래 용과 대결해서 죽이고 그 혀를 잘라 가슴 안쪽 주머

아일랜드를 위협하는 용과 싸우는 트리스탄

니에 넣었다. 그런데 용의 혀에는 치명적인 독이 들어 있어서 트리스탄은 그만 마비 상태에 빠지고 말았다.

얼마 후 트리스탄이 용을 죽인 장소에 아일랜드의 궁정 대신이 나타났다. 그는 용이 이미 죽어 있는 것을 보고는 이졸데 왕비의 딸인 금발의 이졸데 공주를 차지할 수 있는 절호의 기회라고 생각하고 죽은 용의 몸에 칼을 깊이 찔러 넣었다. 그런 다음 용을 죽인 사람을 찾아 죽이려 했지만 트리스탄을 발견하지는 못했다. 궁정 대신은 궁궐로 돌아와 자기가 용을 죽였다며 공주를 달라고 요구했다.

한편 이졸데 왕비는 궁정 대신이 아닌 다른 사람이 용을 죽이는 꿈을 꾼 후 용을 실제로 죽인 사람을 찾아 나섰다가 정신을 잃고 쓰러져 있는 트리스탄을 발견했다.

왕비가 트리스탄의 가슴 안쪽 주머니에서 용의 혀를 꺼내자 그는 곧 정신을 차렸다. 왕비는 트리스탄을 궁궐로 데려가 기운을 회복할 수 있도록 돌보아 주었다. 궁정 대신은 실제로 용을 죽인 자가 나타난 것을 알자 멀리 도망쳐 버렸다.

이제 트리스탄은 자기가 아일랜드에 온 이유를 설명하고 마르크 왕을 대신해서 금발의 이졸데 공주에게 청혼했다. 이졸데 왕비와 왕은 그 청혼을 받아들였고, 금발의 이졸데 공주는 친구이자 시종인 브란게네와 함께 배를 타고 콘월로 가게 되었다.

사랑의 묘약과 흰 손의 이졸데와의 만남

딸의 행복을 영원히 지켜 주고 싶었던 왕비는 브란게네에게 사랑의 묘약을 건네주며, 결혼식이 끝난 뒤에 마르크 왕과 금발의 이졸데에게 마시게 하라고 부탁했다.

"두 사람 외엔 어느 누구도 이 사랑의 묘약을 마셔선 안 돼."

하지만 배를 타고 콘월로 가던 중 트리스탄과 금발의 이졸데 공주는 이야기를 나누다가 사랑의 묘약을 포도주로 착각해서 함께 마셔 버리고 말았다. 뒤늦게 이를 알게 된 브란게네는 절망했다.

사랑의 묘약을 마시는 트리스탄과 이졸데, 가브리엘로세티 作

두 사람은 사랑의 묘약 효과로 곧바로 서로 사랑하게 되었다. 두 사람은 왕의 아내와 그 신하로서의 위치를 지키려고 무진 애를 썼지만 아무 소용 없었다. 브란게네는 두 사람에게 사랑의 묘약에 관해 이야기해 주며 앞으로 그들을 도와주겠다고 약속했다.

금발의 이졸데는 마르크 왕과 결혼식을 올린 후에도 남의 눈을 피해 계속 트리스탄을 만났다. 하지만 얼마 지나지 않아 두 사람의 사랑은 왕에게 발각되어 함께 왕궁에서 쫓겨나고 말았다. 두 사람은 숲속에서 함께 행복하게 지냈지만 궁핍한 숲속 생활에 이졸데는 점점 쇠약해져 갔다.

한번은 마르크 왕이 사냥을 하러 숲에 왔다가 동굴 속 딱딱한 침대 위에서 트리스탄과 이졸데가 잠들어 있는 것을 발견했다. 둘 사이에는 트리스탄의 칼이 놓여 있었다. 왕은 순간 분노했지만 마음을 진정시키고 트리스탄의 칼을 집어 들고 대신 자기 칼을 그곳에 두고는 돌아갔다. 잠에서 깨어난 두 사람은 왕이 왔었다는 사실을 알고 두려워서 다른 곳으로 달아났다. 하지만 이졸데의 건강이 더욱 악화되자 트리스탄은 결국 그녀를 왕궁으로 돌려보내고 자신은 먼 곳으로 떠나고 말았다.

이곳 저곳을 떠돌던 트리스탄은 카르케 성에 머물며 카에딘을 도와 전투를 승리로 이끌었다. 카에딘에게는 흰 손의 이졸데라는 아름다운 여동생이 있었다. 트리스탄은 그녀를 보자 같은 이름을 가진 금발의 이졸데가 떠올라 그녀에게 청혼했다. 하지만 결혼한 후에도 트리스탄은 금발의 이졸데를 늘 그리워했다.

처남인 카에딘과 함께 원정을 다니며 살던 트리스탄은 한 전투에서 다시금 독이 묻은 칼에 찔려 심각한 부상을 입게 되었다. 흰 손의 이졸데가 정성껏 간호했지만 아무 소용이 없었다.

트리스탄은 오직 금발의 이졸데만이 상처를 치료해 줄 수 있음을 알고 마르크 왕의 궁전으로 전령을 보내 금발의 이졸데에게 와 달라고 청했다. 그녀가 그를 치료해 주기 위해 온다면 배에 흰 돛을 달고 오고, 아니면 배에 검은 돛을 달고 오라고 부탁했다. 소식을 들은 이졸데는 곧장 배에 흰 돛을 달고 트리스탄을 만나기 위해 달려 왔다.

한편 흰 손의 이졸데는 남편이 금발의 이졸데를 부른 것이 무척 불쾌했다. 남편은 그녀에게 금발의 이졸데를 태운 배가 도착하는지, 흰 돛을 달고 오는지 검은 돛을 달고 오는지 봐 달라고 계속 부탁했다. 마침내 배가 오는 것이 보였다. 하지만 질투에 눈이 먼 흰 손의 이졸데는 트리스탄에게 배에 검은 돛이 달려 있다고 말해 버렸다. 그 순간 트리스탄은 모든 삶의 의욕을 잃고 숨을 거두었다. 흰 손의 이졸데는 거짓말한 것을 후회하며 울부짖었지만 이미 때는 늦었다.

잠시 후 도착한 금발의 이졸데는 온 성에 통곡 소리가 가득한 것을 보고 이미 그가 죽은 것을 알고는 정신을 잃고 쓰러졌다. 잠시 후 정신을 차린 그녀는 트리스탄의 시신을 보러 갔다. 이졸데가 트리스탄의 얼굴을 덮고 있던 흰 천을 걷어 내고 그의 입술에 입 맞추는 순간 그녀의 심장 역시 멎어 버리고 말았다.

마르크 왕은 뒤늦게 브란게네로부터 두 사람에 관한 이야기를 듣고는 그들의 슬픈 운명에 눈물을 흘렸다. 마르크 왕은 두 사람의 시신을 콘월로 옮겨와 장례식을 치러 주고 나란히 묻어 주었다.

얼마 후 트리스탄의 무덤에서는 장미 넝쿨이, 이졸데의 무덤에서는 포도 넝쿨이 자라나 무덤 위에서 서로를 향해 가지를 뻗어 얽히더니 다시는 풀어지지 않았다.

트리스탄과 이졸데의 사랑을 그린 작품, 워터하우스 作

로빈 후드

셔우드 숲속의 로빈 후드

사자왕 리처드 1세(Richard Ⅰ, 1157~1199)
잉글랜드 왕(재위 1189~1199년)으로 제3차 십자군
에 출정하여 살라딘 군을 격파하는 등 위용을 떨쳐
사자 왕이라는 별명이 붙었다.

오래 전 정복자 윌리엄스가 노르만족을 이끌고 섬
나라 잉글랜드를 점령했다. 그의 왕좌를 이어받은 사
자왕 리처드*는 정의롭고 관대한 통치자였다. 특히
그는 잉글랜드의 원주민인 색슨족이 원래 가지고 있
던 권한인 수렵권을 백성들에게 돌려 주어 백성들이
마음대로 숲에서 사냥할 수 있도록 해주었다.

어느 해 리처드 왕은 십자군 전쟁에 참여하기 위해
나라를 떠나 있었다. 그의 대리인인 동생 존 왕자는
형과는 달리 왕의 지배에 순종하지 않는 색슨족들을

미워했고, 그들의 수렵권도 빼앗아 버렸다. 반항하는 자들은 엄벌에 처해졌고 저항하면 모두 처형되었다. 오래 전부터 자기들의 숲이었던 곳에서 마음대로 사냥할 수 없게 된 백성들의 분노는 매우 컸다.

로빈 후드(Robin Hood)
중세시대 포악한 영주들의 횡포를 막고 재산을 빼앗아 가난한 사람들에게 나눠줬던 영웅으로 영국 전설 상의 인물이다.

견고한 도시 노팅엄의 바깥쪽에 있는 셔우드 숲에는 로빈 후드와 그를 따르는 용감한 무리가 살고 있었다. 이들은 백성을 억압하는 자들과 싸우고 가난한 사람들을 도우며 불의에 맞서 싸우는 사람들이었다. 로빈 후드의 아버지 휴 피츠우스 록슬리는 원래 왕실 삼림 감독관이었는데 존 왕이 새로운 법령을 선포한 이후 일자리를 잃었다. 그 후 셔우드 숲에서 가난하게 살다가 몰래 사냥을 하는 것이 발각되어 그 자리에서 활에 맞아 죽고 말았다.

부모가 죽고 혼자 남은 로빈은 노르만족을 증오했다. 칼싸움과 활쏘기를 연마하며 백부의 집에서 자라던 로빈은 어느 날 노팅엄에서 열리는 활쏘기 대회에 참가했다. 어쩌면 아버지의 뒤를 이어 삼림 감독관이 될지도 모른다는 기대 때문이었다. 로빈은 이 대회에서 일등 상을 받았다. 그러나 집으로 돌아오던 중 노르만족 감시원을 활로 쏴 죽이고 말았다. 그것은 정당방위였지만 이 일로 인해 로빈은 법 집행관들을 피해 셔우드 숲으로 도망칠 수밖에 없었다.

이제 로빈은 노르만 통치자들 앞에 절대로 모습을 드러낼 수 없는 추방자신세가 되었고 그의 목에는 현상금까지 걸렸다. 숲 깊숙한 곳에 들어가 살게 된 로빈의 곁에는 마찬가지로 추방당해서 법의 보호를 받을 수 없게 된 사람들이 모여들었다. 존 왕자는 형인 리처드 왕이 영영 돌아오지 않기를 바라면서 점점 더 백성들을 옭죄고 괴롭혔다. 그래서 점차 더 많은 수의 용감하고 결연한 투사들이 셔우드 숲의 추방자들과 합류하게 되었다. 로빈 후드는 그들 중에서도 가장 용맹하고 영리했기 때문에 그들의 우두머리가 되었다. 그는 불의에 맞서 싸우고 가난한 자들의 친구가 되어 주었다.

이제 로빈과 그의 동지들은 노르만인 누구에게나 공포의 대상이었다. 어느 노르만인도 셔우드 숲에 쉽게 발을 들여놓을 수 없었다. 노르만인들은 그들이 입고 다니는 푸른 풀빛 사냥옷만 보아도 혼비백산해서 달아났다.

십자군 전쟁의 두 영웅 사자왕 리처드와 살라딘의 모습

존 왕자의 거짓말

한편 예루살렘으로 떠난 리처드 왕에 관해 좋지 않은 소문이 들려왔다. 왕이 잉글랜드로 돌아오던 길에 뒤른슈타인 성에서 체포되었다는 것이다. 나라 전체가 큰 슬픔에 빠졌지만 존 왕자의 앞잡이들이 지켜보는 앞에서는 제대로 슬퍼할 수도 없었다.

존 왕자는 겉으로는 슬퍼하는 척했지만 속으로는 쾌재를 불렀다. 그리고 포로로 잡혀 있는 리처드 왕을 구해 오는 데 필요한 돈을 한 사람도 빠짐없이 기부하라는 명령을 온 나라에 내렸다. 엄청난 양의 돈이 존 왕자의 금고로 흘러 들어갔다. 리처드 왕에게 충성했던 백성들은 그를 구하기 위해서라면 마지막 한 푼까지 아까워하지 않고 내놓았다.

사실 이것은 존 왕자의 계략이었다. 그는 처음부터 그 돈을 내고 형을 구해 올 생각은 눈꼽만큼도 없었다. 그 돈은 자신이 착복할 생각이었다. 그렇게 되면 이제 리처드 왕은 고국으로 돌아올 마지막 희망마저도 잃게 되는 셈이었고, 가진 것을 이미 모두 내어놓은 백성들은 두 번 다시 왕의 몸값을 조달하지 못할 터였다.

존 왕자는 백성들이 내놓은 성금을 런던에 있는 궁전으로 남몰래 옮기기로 했다. 그러나 로빈 후드와 그의 동지들의 눈을 피할 수는 없었다. 그들은 집정관 래시의 병사들이 한밤중에 돈이 잔뜩 든 궤짝을 마차에 싣고 런던으로 향하는 모습을 보고 여러 가지 모습으로 위장하여 그 뒤를 쫓았다. 마차가 숲으로 들어서자 갑자기 사방에서 나팔소리가 크게 들려오더니 풀빛 사냥옷을 입은 로빈 후드의 부하들이 나타났다. 그들은 순식간에 돈이 든 궤짝을 챙겨 어두컴컴한 숲속으로 사라졌지만, 노르만 병사들은 어느 누구도 감히 따라갈 엄두를 내지 못했다.

존 왕자는 로빈이 포로로 잡힌 왕의 몸값을 훔쳐 갔다고 비난했다. 하지만 로빈 후드가 그런 짓을 할 리가 없다는 것을 잘 알고 있는 백성들은 아무도 그의 말을 믿지 않았다.

리처드 왕의 귀환

어느덧 세월이 지나고 해가 여러 번 바뀌었다. 셔우드 숲의 동지들은 노르만인들의 압제에 저항하며 언젠가는 이 땅에 평화가 찾아오리라는 희망으로 하루하루를 버텨 나갔다.

다시 겨울이 다가오자 로빈은 날마다 그 수가 늘어가는 동지들을 어떻게 먹여 살릴지 고민이었다. 어느 날 로빈은 동료인 터크 수사와 함께 숲을 거닐면서 이야기를 나누고 있었다. 겨울은 곧 지나고 따뜻한 봄이 올 것이라는 말로 서로를 위로했다. 그때 큰 말을 타고 반짝이는 갑옷을 입은 한 기사가 그들 앞에 나타났다. 로빈과 터크 수사는 깜짝 놀랐다.

"누구요? 이 숲속에서 무얼 하는 거요?"

로빈은 이렇게 말하며 활을 손에 꽉 쥐었다.

"난 로빈 후드를 찾고 있소. 어디에 가면 만날 수 있는지 알려 주시오."

"내가 바로 로빈 후드요. 당신은 누구요?"

"나는 셔우드 숲을 추격자들의 손에서 해방시켜 주러 왔소."

그러자 터크 수사는 더 이상 참을 수가 없다는 듯 몽둥이를 높이 쳐들며 큰 소리로 말했다.

"그런 소린 집어치우고 투구나 벗으시지! 안 그러면 당신의 머리를 이 몽둥이로 내려치고 말 테다."

낯선 기사는 순순히 그의 말에 따랐다. 그는 천천히 투구를 벗어 손에 들었다.

그 모습을 본 로빈 후드는 너무나 놀라 말을 잇지 못했다.

"왕이시다. 리처드 왕이시다! 어서 무릎을 꿇어라."

로빈이 먼저 무릎을 꿇었고, 터크 수사도 뒤따라 무릎을 꿇었다.

"돌아오셨군요, 폐하! 저의 무례한 행동을 용서하십시오."

"그렇게 말할 필요 없네. 나를 포함해서 잉글랜드 전체가 자네와 자네의
친구들에게 큰 빚을 졌네."

왕은 미소를 지으며 말에 내렸다.

왕은 칼을 칼집에서 뽑아 무릎을 꿇고 있는 로빈의 어깨에 올려놓았다.

리처드 왕이 로빈 후드의 어깨에 칼을 올려놓으며 공작 작위를 주고 있다.

로빈 후드 동상

"로빈 후드. 나 리처드 왕은 자네를 이 나라의 기사로 임명하고 록슬리 공작이라는 칭호를 주노라. 이제 일어나게, 록슬리 공작!"

리처드 왕과 로빈은 나란히 숲속 동지들의 거처로 걸어갔다. 터크 수사는 왕의 말고삐를 잡고 조용히 뒤를 따랐다. 거처에 있던 동지들은 낯선 이를 의아한 눈빛으로 바라보았지만, 사정 이야기를 전해 듣고는 환호성을 질렀다. 모두 너무나 기뻐서 어쩔 줄을 몰랐다. 젊은 록슬리 공작에게도 축하의 말을 건넸다.

"사자왕 리처드 만세! 새로운 록슬리 공작 만세!"

모두들 큰 소리로 두 손을 들어올리며 외쳤다.

그러자 로빈은 양팔을 크게 벌리고는 셔우드 숲 전체에 들릴 만큼 큰 소리로 외쳤다.

"로빈 후드의 용맹스런 전사들 만세!"

리처드 왕의 귀환으로 존 왕자는 물러났고, 잉글랜드는 다시 평화를 되찾았다.

영웅전설

베오울프

용맹한 전사, 베오울프

오래 전 히엘락 왕이 다스리던 나라에 베오울프(Beowulf)라는 젊은 용사가 살았다. 그는 나라에서 가장 용맹하고 강한 전사였다. 한 번은 완전 무장을 하고 먼 바다로 헤엄쳐 가서 수많은 바다 괴물들을 해치우기도 했다.

어느 날 덴마크에서 온 음유시인이 왕궁에 하룻밤 묵으면서 덴마크 흐로트가르 왕의 멋진 궁전을 노래해 주었다. 기사들은 궁전 곳곳을 장식한 멋진 장식물들에 관해 들으며 감탄을 아끼지 않았다. 하지만 끔찍한 늪의 괴물 그렌델이 나타나 사람들을 괴롭힌다는 대목에서는 기사로서 격분을 느끼며 분개했다. 용맹한 베오울프 역시 마찬가지였다.

그는 히엘락 왕에게 원정을 다녀오겠다고 했다. 가서 덴마크를 괴물의 손에서 해방시키고 돌아오겠다고 맹세했다. 베오울프는 칼을 매우 잘 쓰는 친구 위글라프를 비롯해서 모두 열네 명의 전사들을 데리고 자기의 용머리 배에 올라 바다를 건너 덴마크에 도착했다. 이들은 웅장하고 완벽한 흐로트가르 왕의 궁전을 보고 감동하여 입을 다물지 못했다.

그렌델(Grendel)
베오울프에서 흐로트가르 왕을 괴롭히는 괴물로 등장하며, 결국 베오울프에게 팔을 뽑히면서 비참한 죽음을 맞이한다.

늪의 괴물 그렌델을 해치우다

흐로트가르 왕은 먼 곳에서 온 손님들을 맞아 극진히 대접해 주었다. 멋진 홀에서 손님들을 위한 연회도 열어 주었다. 하지만 그들이 늪의 괴물 그렌델과 싸우는 것은 허락하려 들지 않았다.

"이미 나의 훌륭한 전사들 중 많은 이들이 괴물과 싸우다가 죽었소. 우린 밤만 되면 그 괴물을 피해 숨어 있어야 한다오."

해가 지기 시작하자 덴마크의 전사들은 아무도 그 멋진 홀에 남아 있으려 하지 않았다. 홀에는 베오울프의 전사들만 남았다. 베오울프는 부하들에게 잠자리에 들라고 명령한 다음, 자기도 갑옷을 벗고 칼도 옆으로 치워 놓은 채 자리에 누웠다. 늪의 괴물은 무기나 갑옷으로는 해치울 수 없는 상대라는 것을 그는 이미 알고 있었기 때문이었다. 그는 맨손으로 그렌델을 상대할 생각이었다.

자정이 되자 굉장히 큰 그림자가 소리 없이 문턱을 넘어 홀로 들어오는 것이 보였다. 그 그림자는 잠들어 있던 베오울프의 전사들 중 한 명을 움켜쥐고는 입 속에 넣어 먹어 버렸다. 그 순간 베오울프가 두 손으로 괴물을 꽉 붙잡았다. 괴물은 괴로워서 난폭하게 온몸을 뒤흔들며 울부짖기 시작했다. 베오울프는 더 힘껏 괴물의 몸을 잡고 놓지 않았다. 괴물이 몸을 흔들어 대는 바람에 홀은 마치 지진이라도 난 듯 크게 흔들렸고, 괴물이 내는 소리는 온 나라 구석구석까지 들릴 정도였다. 베오울프의 부하들이 도우려고 달려들었지만 아무 소용 없었다. 괴물을 움켜쥔 베오울프의 손에 점점 더 힘이 들어갔다. 결국 괴물은 울부짖으며 그의 손에서 빠져나갔지만 한쪽 어깨와 팔은 베오울프의 손에 그대로 남아 있었다.

숨어 있던 덴마크의 병사들이 모두 달려왔다. 그들은 베오울프의 손에 들린 괴물의 팔을 보며 기쁨과 함께 두려움마저 느꼈다. 그들은 그렌델의 핏자국을 따라가 보았다. 핏자국은 괴물이 사는 늪의 가장자리까지 이어져 있었다. 핏자국이 멈춘 곳에는 그렌델이 쓰러져 죽어 있었다.

흐로트가르 왕은 괴물을 처치한 영웅을 위해 화려한 연회를 열었다. 멋진 갑옷을 비롯한 귀한 선물들도 그에게 하사했다. 연회는 한밤중까지 계속되었고, 사람들은 기쁨의 노래를 부르며 마시고 즐기다가 그대로 연회장 여기저기에 쓰러져 잠이 들었다.

모두들 그렌델의 죽음을 기뻐하고 있었지만 단 한 사람만은 예외였다. 바로 그렌델의 어머니인 무시무시한 늪의 마녀였다. 늪의 마녀는 아들의 죽음을 앙갚음하기 위해 늪지 깊은 곳에서 올라와 아들이 흘린 핏자국을 따라 성 안으로 들어왔다. 연회장으로 들어온 마녀는 잠들어 있던 전사들 중 한 명을

1933년 출간된 『The Story of Beowulf』에 삽입된 삽화

움켜잡고 발톱으로 찢어 죽인 뒤 피가 흐르는 시체를 질질 끌고 늪으로 돌아갔다. 웃는지 우는지 모를 마녀의 기괴한 소리가 밤하늘에 가득 울려 퍼졌다.

그렌델의 죽음으로 모든 고통이 끝났다고 생각했던 사람들은 모두 망연자실한 채 어찌할 바를 몰랐다. 베오울프는 모든 악행과 악령들은 결국 무릎을 꿇고 말 것이라고 말하며 전사들을 독려했다. 이에 고무된 전사들은 당장 말에 올라 마녀가 사는 늪을 향해 달려갔다.

늪이 부글거리는 소리가 저 멀리에서도 잘 들렸다. 물은 뭐라 형용할 수 없는 퀴퀴한 냄새를 풍겼고, 물 위로는 온갖 희한한 모양의 벌레들이 날아다니고 있었다. 전사들이 탄 말들은 겁을 먹고 더 이상 앞으로 나아가려 하지 않았다. 두렵기는 전사들도 마찬가지였다.

"주여! 나를 도우소서!"

베오울프는 이렇게 기도한 다음, 완전무장을 하고 창을 손에 든 채 대담하게 물속으로 뛰어들었다. 늪의 바닥에서는 무시무시한 마녀가 그를 기다리고 있었다. 둘 간에 생사를 건 치열한 싸움이 시작되었다. 힘겹게 마녀와 싸우던 베오울프는 벽에 걸려 있는 거인족의 낡은 칼을 발견하고 그 칼을 뽑아 마녀의 목을 내리쳤다. 오래 전에 만들어진 그 마법의 무기는 위력을 발휘해서 마녀를 죽이고 말았다.

베오울프는 거인족의 칼과 마녀의 머리를 가지고 물 위로 나왔다. 이 모습을 보고 전사들은 환호성을 질렀다. 이렇게 해서 늪의 괴물과 마녀를 물리친 베오울프는 흐로트가르 왕과 많은 덴마크 백성들의 배웅을 받으며 위풍당당하게 고국으로 돌아왔다. 흐로트가르 왕은 많은 선물을 주어 그의 용맹한 행동에 감사했다.

왕이 된 베오울프, 용에 대적해 싸우다

히엘락 왕을 섬기며 살던 베오울프는 왕이 전쟁 중에 죽음을 당하고 그의 아들마저 전사하자 백성들에 의해 왕으로 추대되었다. 베오울프는 정의로우면서도 인자한 왕이 되어 50년 동안 나라를 다스렸다. 그가 왕위에 있을 때 다른 어떤 나라도 감히 그의 나라를 넘보지 않았기 때문에 오래도록 태평성대를 누렸다.

그러나 산꼭대기에 사는 불을 뿜는 용 때문에 오랜 평화가 깨어졌다. 용은 산 위에서부터 계곡 아래로 불을 뿜어 날마다 농가들을 불태웠다. 베오울프 왕은 이제 비록 나이 들고 기력이 쇠했지만 다시 한 번 나라와 백성을 위해 용맹스럽게 싸워야 했다.

그는 용이 뿜어 대는 불길과 독을 막아 줄 방패 하나만을 들고 위험한 전투에 나섰다. 머리 위로는 용이 뿜어 대는 불덩어리가 떨어졌고, 부하들은 오랜

용과 싸우는 베오울프
그는 급소인 용의 옆구리를 찔러 죽였다.

친구인 위클리프만 빼고 모두 달아나 버렸다. 베오울프는 열악한 상황 가운데서도 마지막 온 힘을 다해 용에 대적해 싸웠다. 베오울프는 심각한 부상을 당해 피를 많이 흘린 상황에서 위클리프의 도움을 받아 마침내 용의 옆구리에 단검을 찔러 넣는 데 성공했다. 옆구리는 용의 급소였다. 용의 입에서 나오던 불길이 멈추었고, 용은 곧 엄청나게 큰 신음소리를 내면서 죽고 말았다.

용과 함께 베오울프 왕도 최후를 맞이했다. 용이 뿜어 내는 독가스와 불길에 오랫동안 노출되어 치명상을 입은 그는 더 이상 살 수가 없었다. 더구나 이제 그는 쇠약한 노인이었다. 마지막 순간에 베오울프 왕을 기쁘게 한 것은 용에게서 빼앗은 금은보화였다. 위클리프가 그 보물들을 그의 앞에 펼쳐 보여 주자 왕은 기뻐하며 그것을 가난한 백성들을 위해 쓰도록 부탁했다.

백성들은 마지막 순간까지 용맹하고 명예롭게 살았던 영웅 베오울프의 장례를 성대하게 치러 주었다. 높이 쌓아 올린 장작더미 위에 반짝이는 갑옷을 입고 무기를 든 베오울프의 시신이 놓여졌다. 장작더미에 불이 붙여졌고 귀족들은 말을 타고 거대한 불꽃 주위를 돌았다. 그렇게 불꽃이 활활 타오르는 가운데 베오울프는 영원한 신들의 나라로 떠나갔다.

이끼로 만든 옷

전 세계에는 우리가 잘 아는 신데렐라* 이야기의 많은 변용들이 존재한다. 그 중 영국에서 전해지는 '이끼옷' 이야기에는 울고 있는 신데렐라를 도와주는 대모 요정이 등장하지 않는다.

'이끼옷' 전설에는 대모 요정 대신 자기가 이미 가지고 있던 옷과 신발을 가지고 무도회에 참석하고 자기 운명을 적극적으로 개척하는 한 여자 아이의 이야기를 담고 있다.

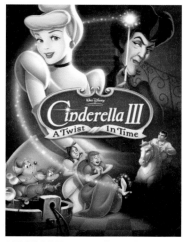

영화 〈신데렐라(Cinderella)〉 포스터
1697년에 발표된 영국 동화 속의 여주인공 이름으로 이 동화는 영화로도 만들어지는 등 전 세계적으로 인기를 끌었다.

행상에게서 옷과 슬리퍼를 얻다

먼 옛날 한 가난한 과부가 두 딸과 함께 작은 오두막집에 살고 있었다. 어머니는 그 중에서도 이제 갓 스무 살이 넘은 예쁜 둘째 딸을 매우 사랑해서 마치 자기 심장인 것처럼 애지중지했다. 어머니는 날마다 부지런히 둘째 딸의 옷을 지었다.

어느 날 집 앞을 지나던 한 남자가 둘째 딸을 보고는 금새 사랑에 빠져 결혼해 달라고 졸랐다. 딸은 그 남자를 좋아하지 않았기 때문에 어찌하면 좋을지 어머니와 상의했다. 궁리 끝에 어머니는 자기가 옷을 만드는 동안 그 남자에게 얻어 낼 수 있는 것을 최대한 얻어 내라고 딸에게 조언한다. 그러다가 옷을 다 짓게 되면 더 이상 그 남자나 그의 선물은 필요하지 않게 될 거라고도 말해 주었다. 어머니의 조언을 들은 딸은 남자에게 이렇게 말했다.

"하얀 공단(고급 비단의 한 종류)으로 되어 있고 그 위에 큼지막한 황금 가지가 그려져 있는 드레스를 가져다 주세요. 그렇지 않으면 결혼하지 않겠어요. 그리고 그 옷은 내 몸에 꼭 맞아야 해요."

남자는 딸의 몸을 자세히 살펴보고 돌아갔다가 일주일 후에 옷을 가지고 나타났다. 그 옷은 딸의 몸에 꼭 맞았다. 둘째 딸은 이제 어떻게 하면 좋으냐고 다시 어머니에게 물어보았다. 어머니의 조언을 들은 딸은 다시 남자에게 말했다.

"공중에 있는 모든 새의 날개 색깔을 가진 비단 드레스를 가져 오세요. 그 옷이 내 몸에 꼭 맞아야만 당신과 결혼하겠어요."

며칠이 지나자 남자가 그런 옷을 가지고 왔다. 첫 번째 옷을 준비할 때 이미 치수를 알고 있었기 때문에 이번 옷도 딸의 몸에 꼭 맞았다. 딸은 이제 어떻게 해야 하느냐고 어머니에게 물어본 다음 다시 남자에게 말했다.

"내 발에 꼭 맞는 은 슬리퍼를 만들어 오세요. 내 발에 꼭 맞아야만 당신과 결혼하겠어요."

다시 며칠 후 그는 은 슬리퍼를 가지고 나타났다. 둘째 딸의 발은 아주 작았는데 그 슬리퍼는 너무 크지도 작지도 않게 딸의 발에 꼭 맞았다. 딸은 이제 어떻게 할지 다시 어머니와 의논했다. 어머니는 이렇게 대답했다.

"걱정마라. 오늘 밤이 지나기 전에 네 옷을 다 지을 테니. 그 사람에게 내일 아침 열 시까지 오라고 해라."

딸은 어머니가 시키는 대로 남자에게 말했다. 늦지 말라는 부탁까지 덧붙였다.

이끼로 만든 옷

그날 밤 어머니는 밤늦게까지 일을 해서 옷을 완성했다. 그 옷은 녹색 이끼와 황금 실로 만든 옷이었다. 옷에는 마법의 힘이 있어서 그 옷을 입고 가고 싶은 곳을 말하면 어디든지 갈 수 있고, 되고 싶은 것을 말하면 무엇이든 될 수 있었다.

다음날 아침 일찍 어머니는 딸을 불러 앞으로 어떤 일이 일어날지 말해 주었다. 사실 어머니는 예언자였는데, 그 사실을 지금까지 숨기고 살았던 것이다.

"내 말을 잘 들거라. 너는 세상에 나가서 아주 큰 재산을 모으게 될 거야."

어머니는 딸에게 이끼옷과 황금으로 만든 관을 주고, 남자가 가져온 옷 두 벌과 은 슬리퍼도 가지고 떠나라고 일러 주었다.

"앞으로 네 이름은 '이끼옷'이다. 이제 이 이끼옷을 입고 저쪽 길로 계속 걸어가다 보면 사백 리쯤 멀리 떨어진 곳에서 큰 집을 발견하게 될 거야. 너는 그 집에서 일자리를 구하게 될 것이다."

부엌데기가 된 '이끼옷'

이끼옷이 어머니가 시키는 대로 한참을 걸었더니 과연 어느 귀족의 집이 나타났다. 이끼옷이 일자리를 달라고 부탁하자 여주인은 무엇을 잘할 수 있느냐고 물었다. 이끼옷은 자기가 훌륭한 요리사라고 말했다. 하지만 여주인은 요리사는 이미 한 명 있기 때문에 더 이상 필요하지 않지만 요리사 조수 일자리는 줄 수 있다고 말했다. 이끼옷이 요리사 조수로 일하겠다고 하자 여주인은 그녀를 부엌으로 데려갔다.

이끼옷은 가지고 온 훌륭한 옷들은 숨겨 두고 대신 누더기를 걸쳤다. 그러자 그 형편없는 모습을 본 하인들이 그녀에게는 요리사 조수도 분에 넘친다며 부엌데기 정도가 적당하다고 놀려 댔다.

귀족의 집에 도착하여 일자리를 부탁하는 이끼옷

"네가 감히 요리사 조수가 되겠다고? 이 부엌에서 요리사 조수가 필요하다면 우리 중 한 명이 그 일을 하게 될 거야. 너는 이거나 받아라."

하인들은 이렇게 말하고는 기름덩이를 걷어 내는 국자로 딸의 머리를 힘껏 때렸다.

"퍽! 퍽! 퍽!"

이끼옷은 접시와 프라이팬, 부엌칼을 닦고 허드렛일을 하게 되었다. 이 밖에도 온갖 더러운 일을 다 하다 보니 옷에는 기름 덩어리가 덕지덕지 붙고 온몸은 검댕이처럼 새까맣게 되었다. 게다가 다른 하인들이 시도 때도 없이 국자로 머리를 후려치는 바람에 이끼옷은 항상 머리가 참을 수 없을 만치 지끈거렸다. 부엌에서는 항상 이런 소리가 들렸다.

"퍽! 퍽! 퍽!"

무도회에 간 '이끼옷'

그러던 어느 날, 사흘 밤 동안 계속되는 큰 무도회가 열리게 되었다. 사람들은 모두 무도회에 가고 싶어 했다. 집주인인 귀족 부부와 그 외아들은 무도회에 갈 준비에 한창이었고, 하인들도 모두 무도회 이야기만 하고 있었다.

"나도 무도회에 가서 귀부인들의 멋진 옷을 구경하고 싶어."

"우리도 근사한 옷을 입고 가면 다른 귀족들과 다를 게 뭐겠어? 혹시 알아? 멋진 귀족 도련님과 춤을 출 수 있을지 말이야."

"이끼옷아. 너도 그 더러운 누더기를 입고 무도회에 가고 싶지 않니? 정말잘 어울릴 거야."

다른 하녀들은 모두 깔깔거리며 웃더니 이끼옷의 머리를 다시 국자로 내려쳤다.

"퍽! 퍽! 퍽!"

사실 이끼옷의 아름다운 외모는 누더기 옷을 입고 시커먼 때를 뒤집어 쓰고 있다 해도 완전히 감춰지지는 않았다. 하인들은 알아채지 못했지만 집주인의 젊은 외아들은 항상 그녀를 지켜보고 있었고, 주인 부부도 그녀가 아름답다고 생각하고 있었다. 그래서 주인집 식구들은 이끼옷에게 무도회에 같이 가자고 했지만 그녀는 자기는 제 분수를 잘 알고 있다며 거절했다.

다음날 밤에도 마님과 젊은 주인 아들은 전날 밤 무도회가 얼마나 근사했는지 말하면서 같이 가자고 했지만 이끼옷은 또 거절했다. 하지만 밤이 되자 그녀는 아무도 몰래 무도회에 가기로 결심했다. 흰 공단 드레스와 은 슬리퍼, 황금 관을 쓰고 안에는 이끼옷을 입었다. 손으로 살짝 하인들을 건드리자 모두 마법에 걸려 잠이 들고 말았다. 그런 다음 이끼옷이 무도회장에 가고 싶다고 말하자, 말이 끝나기가 무섭게 그녀는 무도회장에 도착해 있었다.

젊은 주인 아들은 이끼옷을 보았다. 그녀처럼 멋진 옷을 입은 아름다운 여자는 없었다. 가까이 다가가 누구인지 어디서 왔는지 묻자 이끼옷은 이렇게 대답했다.

"국자로 머리를 때리는 곳에서 왔습니다."

젊은 주인과 이끼옷은 함께 춤을 추기 시작했고, 젊은 주인은 곧 그녀를 사랑하게 되었

젊은 주인과 무도회장에서 춤추고 있는 이끼옷

다. 시간이 지나자 이끼옷은 가야 한다고 말하고는 배웅도 마다하고 금방 사라져 버렸다.

다음날 젊은 주인은 누가 봐도 사랑의 열병을 앓고 있다고 생각할 만큼 들떠 있었다. 그는 오직 무도회에서 본 아가씨만 생각하고 있었다.

밤이 되자 이끼옷은 다시 마법으로 하인들을 잠재우고 무도회장으로 갔다. 이번에는 공중에 있는 모든 새들의 깃털 색깔을 가진 드레스를 입었다. 그녀가 도착하자 젊은 주인이 재빨리 다가와 함께 춤추기를 권했다. 모든 것이 전날 밤과 똑같았다. 단 한 가지 젊은 주인이 가장 빠른 말을 바깥에 대기시켜 놓은 것만 달랐다. 다시 밤이 깊어지고 이끼옷이 돌아가겠다며 밖으로 나가자, 그도 따라 나가서 말에 올랐다. 하지만 이번에도 그녀를 따라잡을 수는 없었다. 대신 그녀가 서둘러 떠나다가 떨어뜨린 은 슬리퍼 한 짝을 발견했다.

은 슬리퍼의 주인을 찾다

너무나 상심한 젊은 주인은 병이 들고 말았다. 전날 은 슬리퍼를 떨어뜨리고 간 여인에 대한 그리움으로 죽을 것만 같았다. 의사도 약도 아무 소용이 없었다. 젊은 주인은 은 슬리퍼의 주인을 찾아 결혼하려고 마음먹었다. 하지만 많은 여자들에게 신겨 보아도 신발에 딱 맞는 발을 가진 여자는 찾지 못했다. 모두들 억지로라도 신발에 발을 구겨 넣으려고 해 보았지만 아무 소용 없었다. 집안의 하녀들까지 모두 신발을 신어 보게 했지만 결과는 마찬가지였다.

마지막으로 이끼옷을 불러서 슬리퍼를 신어 보게 하였는데, 은 슬리퍼는 그녀의 발에 딱 맞았다. 젊은 주인은 침상에서 벌떡 일어나 그녀를 안으려고 달려왔다. 이끼옷은 잠시만 기다리라 하고는 나가서 흰 공단 드레스를 입고 황금 관을 쓰고 나타났다. 하인들은 모두 깜짝 놀랐다. 이끼옷은 다시 나가서 공중에 있는 모든 새의 깃털 색깔을 가진 드레스로 갈아입고 왔다. 그리고는 자기의 이끼옷에 관해 모두에게 이야기해 주었다.

젊은 주인은 가까이 다가와 다시는 놓치지 않겠다는 듯이 이끼옷을 꼭 껴안았다. 그가 궁금한 듯이 물었다.

"그런데 국자로 머리를 때리는 곳에서 왔다는 것은 무슨 뜻이오?"

그녀가 다른 하인들이 자신의 머리를 '퍽! 퍽! 퍽!' 때린 사실을 말하자 하인들은 모두 문 밖으로 쫓겨났다. 문 밖에서 개들이 으르렁거리며 그들을 마을 밖으로 몰아내었다.

이제 이끼옷과 젊은 주인은 결혼식을 올리고 부부가 되었다. 두 사람은 아이들을 많이 낳고 오래도록 행복하게 살았다.

신데렐라와 콩쥐팥쥐 이야기가 비슷한 이유

아마도 처음에는 한 곳에 살던 사람들이 세계 곳곳으로 퍼져나가면서 이야기도 조금씩 변형되어 각 지역에 자리 잡게 되었을 것이다. 신데렐라와 콩쥐팥쥐 이야기가 비슷한 이유는 아마도 이 때문일 것으로 보인다. 또 다른 이유를 찾자면 각 지역 사이에 있었던 문화적 교류를 통해 서로의 전설이 섞였을 가능성도 있다.

금나무와 은나무

백설공주(白雪公主, Snow White and the
Seven Dwarfs)
그림 형제가 만든 동화집에 나오는 설화로 수많은
책과 영화로 제작되어 인기를 끌었다.

백설 공주*의 이야기 역시 전 세계에 많은 변용이 존재한다. 백설 공주와 비슷한 이야기가 금나무와 은나무 전설로 내려온다. 자기가 가장 아름다운 여자이고 싶어서 딸을 죽이는 것은 계모가 아니라 친어머니이다. 또 독에 찔려 죽은 공주를 살려 내는 것은 왕자가 아니라 그의 두 번째 아내이다.

은나무의 계략

옛날 먼 옛날 한 왕에게는 은나무라는 이름의 아내

와 금나무라는 이름의 딸이 있었다. 어느 날 은나무와 금나무가 함께 산골짜기에 갔다가 맑고 예쁜 연못 하나를 발견했다. 그 속에는 송어 한 마리가 살고 있었다. 은나무가 송어에게 물었다.

"송어야, 작은 송어야. 내가 이 세상에서 가장 아름답지 않니?"

송어가 대답했다.

"아니랍니다. 왕비님도 아름답지만, 가장 아름다운 사람은 따로 있지요."

"뭐라고? 그게 누구지?"

"그건 바로 왕비님의 딸 금나무 공주입니다."

그 말을 들은 은나무 왕비는 질투와 분노로 제정신이 아니었다. 집으로 돌아온 왕비는 딸인 금나무의 심장과 간을 먹어 버리고야 말겠다고 다짐했다.

밤이 되어 왕이 돌아오자 왕비가 아프다는 소식이 전해졌다. 왕이 왕비의 방으로 찾아가 어떻게 하면 나을 수 있는지 묻자, 은나무는 금나무의 심장과 간을 먹으면 나을 수 있다고 대답했다.

이때 나라에는 금나무 공주에게 청혼하기 위해 먼 나라에서 훌륭한 왕자가 찾아와 머물고 있었다. 공주를 차마 죽일 수 없었던 왕은 왕자의 청혼을 받아들여 금나무를 왕자와 함께 외국으로 보냈다. 그런 다음 사냥터에 나가서 염소를 잡고 그 심장과 간을 금나무의 것이라 하며 왕비에게 주었다. 그것을 먹은 왕비는 곧 건강해졌다.

일 년이 흐른 후 왕비는 다시 산골짜기로 가서 연못 속의 송어에게 물었다.

"송어야, 작은 송어야. 내가 이 세상에서 가장 아름답지?"

"아니랍니다. 왕비님의 딸 금나무 공주가 가장 아름답지요."

"하지만 금나무는 죽은 지 일 년이나 되었는 걸. 내가 그 아이의 심장과 간을 먹었단 말이야."

"금나무는 죽지 않았어요. 먼 나라의 훌륭한 왕자와 결혼했지요."

은나무는 당장 궁궐로 돌아가 배를 마련해 달라고 왕에게 졸랐다.

"당장 우리 금나무를 보러 가야겠어요. 그 아이를 못 본 지 너무 오래되었어요."

왕비는 왕이 준비해 준 기다란 배를 타고 금나무가 사는 나라로 갔다. 그녀가 도착했을 때 마침 왕자는 사냥을 나가고 없었다. 금나무는 어머니가 자기를 죽일 것을 알고 방으로 들어가 열쇠로 잠그고는 나오지 않았다. 하지만 은나무는 딸이 보고 싶다고 울면서 입맞춤이라도 할 수 있게 손가락만이라도 열쇠 구멍으로 내어 놓으라고 간청했다. 금나무가 할 수 없이 새끼손가락을 내밀자 은나무는 독을 묻힌 단도로 손가락을 찔러 딸을 죽이고 말았다. 사냥에서 돌아온 왕자는 크게 상심하여 차마 아내를 땅에 묻지 못하고 비밀의 방에 안치해 두었다.

세월이 흘러 왕자는 새 아내를 얻었다. 어느 날 왕자가 사냥을 나간 사이 새 아내는 성 안을 구경하다가 금나무가 안치된 방에 들어가게 되었다. 새 아내는 금나무를 깨우려고 하다가 새끼손가락에 독 묻은 칼이 꽂혀 있는 것을 보고 그 칼을 뽑아내었다. 그러자 금나무는 전처럼 아름다운 모습으로 깨어났다.

새 아내가 새끼손가락에 꽂힌 칼을 뽑아내자 금나무는 다시 살아났다.

되찾은 행복

밤에 왕자가 사냥에서 돌아오자 새 아내는 그를 금나무에게로 인도했다. 왕자는 너무나 기뻐서 금나무에게 계속해서 입 맞추었다. 그 모습을 본 새 아내는 자기가 떠나겠다고 했지만, 왕자는 두 사람 다 아내로 삼아 평화롭게 살았다.

다시 일 년쯤 지난 어느 날, 은나무는 산골짜기로 가서 연못 속 작은 송어에게 또 물었다.

"송어야, 작은 송어야. 이 세상에서 가장 아름다운 건 나지?"

"아니랍니다. 이 세상에서 가장 아름다운 건 왕비님의 딸 금나무 공주랍니다."

"아니야! 그럴 리 없어. 내가 그 아이의 손가락에 독이 묻은 칼을 꽂은 지 벌써 일 년이나 지났는 걸."

"금나무는 죽지 않았어요."

그 말을 들은 은나무는 궁궐로 돌아가 딸을 보고 오겠다며 다시 왕에게 배를 마련해 달라고 했다. 왕비는 기다란 배를 타고 또다시 금나무가 사는 나라에 갔다. 왕자는 전처럼 사냥을 나가고 없었다. 배가 오는 것을 본 금나무는 어머니가 다시 자기를 죽일 거라며 숨으려 들었다. 하지만 새 아내는 함께 어머니를 만나자며 밖으로 나가자고 했다.

은나무는 해안에 도착해서 금나무를 불렀다.

"내 딸 금나무야, 이리 와서 이 맛있는 음료를 마셔 보아라. 너에게 주려고 가져왔단다."

새 아내가 말했다.

"이 나라에서는 남에게 마실 것을 권할 때 자신이 먼저 한 모금 맛을 본답니다."

은나무가 할 수 없이 음료 병에 입술만 살짝 대려고 할 때 새 아내는 다가가 병을 쳐서 은나무가 음료를 마시게 했다. 독을 마신 은나무는 그 자리에 쓰러져 죽고 말았다. 금나무와 새 아내는 죽은 시신을 옮겨 묻었다. 그리고는 그 후로 왕자와 함께 평화롭고 행복하게 오래오래 잘 살았다고 한다.

요정들과 관련된 전설

'불타는 머리' 콘라와 요정 아가씨

사랑에 빠진 콘라

백전노장 콘 왕(아일랜드 전설에 등장하는 왕)의 아들 콘라는 머리카락이 불타는 듯이 붉다고 해서 '불타는 머리' 라고 불렸다. 그는 어느 날 우스나 산 정상에서 아버지 콘 왕 옆에 서 있던 중 이상한 옷을 입은 아가씨가 자기에게 다가오는 것을 보았다.

"아가씨, 어디서 오는 길인가요?"

"저는 영생의 평원에서 왔답니다. 그곳은 죄악도 죽음도 없는 곳이지요. 매일 축제가 벌어지고 누가 도와주지 않아도 환희를 만끽할 수 있는 곳이에요. 둥그런 푸른 언덕 위에 집이 있기 때문에 사람들은 우리를 '언덕의 사람들' 이라 부르지요."

콘 왕과 함께 있던 다른 사람들의 눈에는 목소리만 들릴 뿐 모습은 보이지 않았기 때문에 모두들 깜짝 놀랐다. 요정의 모습은 콘라의 눈에만 보였다.

콘 왕이 아들에게 물었다.

"아들아. 누구와 말을 하고 있는 것이냐?"

그러자 요정이 대답했다.

"불타는 머리 콘라는 죽지도 않고 늙지도 않는 젊은 요정과 말하고 있답니다. 저는 콘라를 사랑해요. 그래서 그를 기쁨의 낙원으로 데려 가려는 거랍니다. 그곳은 불행이 전혀 없는 곳이지요."

요정은 다시 콘라에게 말했다.

"오! 황갈색 건강한 피부에 불타는 머리 콘라여! 나와 함께 요정들의 나라로 갑시다. 당신의 잘생긴 얼굴과 기품 있는 모습을 빛내 줄 요정의 왕관이 당신을 기다리고 있어요. 그곳에선 당신의 아름다움과 젊음이 결코 시들지 않을 거예요. 어서 이리로 와요."

드루이드(Druides)
고대 켈트인의 종교는 드루이드교였다. 따라서 드루이드는 드루이드교를 주관하는 사제 계급을 뜻하는 말이다.

모습은 보이지 않고 계속 목소리만 들리자 겁이 난 콘 왕은 큰 소리로 드루이드* 코란을 불러 도움을 청했다. 드루이드 코란은 앞으로 나와 요정의 목소리가 들렸던 곳을 향해 주문을 외웠다. 그러자 다시는 요정의 목소리가 들리지 않았고, 콘라도 더 이상 요정의 모습을 볼 수 없었다.

한편 요정은 드루이드의 강력한 주문에 밀려 사라지면서 콘라에게 사과를 하나 건네주었다. 그때부터 콘라는 그 사과 말고는 아무것도 먹지 않았는데, 신기하게도 그 사과는 먹어도 먹어도 없어지지 않았다. 늘 콘라가 먹은 만큼 다시 커져서 원래 크기대로 되었다. 그렇게 요정이 준 사과만 먹고 지내던 콘라의 마음속에는 전에 본 요정에 대한 그리움과 열망이 강하게 자라나고 있었다.

요정의 나라로

그런 생활을 한 지 꼭 한 달이 되던 날 콘라는 넓은 평원에서 아버지 곁에 서 있다가 다시 요정을 만나게 되었다.

"불타는 머리 콘라가 이 덧없는 사람들 틈에 살면서 죽을 날만 기다리고 있다니 믿을 수 없군요."

다시 요정의 목소리가 들리자 콘 왕은 큰 소리로 드루이드를 불렀다. 하지만 요정은 이렇게 말했다.

"백전노장 콘 왕이여! 내게 드루이드의 힘은 별로 대단할 것이 없어요. 고결한 사람들이 사는 나라의 힘을 빌리면, 거짓되고 흉악한 악마의 입술에서 나오는 드루이드 마법의 주문은 그 힘을 잃고 말 거예요."

그 순간 콘 왕은 요정이 나타난 후 아들이 그 어느 누구에게도 대답을 하지 않았다는 것을 깨달았다. 그는 아들에게 물었다.

"내 소중한 아들아! 너는 저 여인이 하는 말을 믿느냐?"

"아버지, 어떻게 해야 할지 모르겠습니다. 저는 백성들을 사랑하지만, 저 처녀에 대한 갈망 또한 너무나 크답니다."

요정은 다시 콘라에게 말했다.

"저 거센 파도도 나에 대한 당신의 갈망만큼 강력하진 않아요. 수정으로 만든 나의 카누를 타고 어서 함께 떠나요. 서두르면 어두워지기 전에 그곳에 도착할 수 있을 거예요. 당신이 원한다면 우리는 그곳에서 함께 즐겁게 살 수 있답니다."

콘라는 곧 일행들로부터 뛰쳐나와 반짝반짝 빛나는 요정의 수정 카누로 뛰어들었다. 왕과 신하들은 배가 석양을 향해 나아가는 것을 보고 있을 수밖에 없었다. 그 후로 콘라의 소식은 전혀 들리지 않았다.

요정의 배를 타고 석양 속으로 사라지는 콘라

금불초 밭의 레프러콘

레프러콘을 만나다

추수가 한창인 늦은 가을, 어느 화창한 날에 톰 피츠패트릭은 양지바른 곳을 따라 천천히 걷고 있었다. 마침 휴일이라 톰은 느긋한 기분이었다. 그때 갑자기 바로 앞쪽에서 뭔가 달그락거리는 소리를 듣고는 무슨 소리인지 궁금해서 조심스레 다가가 보았다.

수풀 사이로 눈에 들어온 것은 술이 담겨 있는 커다란 갈색 주전자였다. 그리고 그 옆에는 몸집이 아주 작은 노인이 챙이 작은 모자를 머리끝에 삐딱하게 쓰고 앞에는 조그만 가죽 앞치마를 두른 채 서 있었다. 그 노인은 작은 의자를 갈색 주전자 옆으로 바짝 끌어당기고 그 위에 올라가더니 작은 물병을 갈색 주전자에 담가 술을 한

> **레프러콘**
> 레프러콘은 자그마한 노인으로, 한적한 곳에서 구두와 가죽신을 만든다고 전해지는 요정이다. 모습은 잘 보이지 않지만 망치질 소리를 듣고 그가 어디에 있는지 알 수 있다고 한다.

가득 퍼 올렸다. 그리고는 그 작은 물병을 의자 옆에 놓고는 바닥에 앉아 자기에게 꼭 맞는 가죽신에 밑창을 대는 일을 하기 시작했다. 그 모습을 지켜보던 톰은 혼자 중얼거렸다.

"레프러콘이 있다고는 들었지만 믿지 않았었는데, 정말 있었군! 자, 이제 어떻게 하면 저자를 잘 이용할 수 있을지 생각해 봐야겠어. 일단 절대로 저자에게서 눈을 떼지 말아야지. 사람들이 말하길 잠깐이라도 눈을 떼면 당장 도망간다고 했어."

톰은 작은 노인에게 눈을 고정시킨 채 살금살금 다가갔다. 손을 뻗으면 잡을 수 있을 만큼 가까이 다가갔을 때 말을 걸었다.

"안녕하세요. 하시는 일이 다 잘되시길 바랍니다."

작은 노인은 고개를 들고 대답했다.

"고맙네."

"휴일인데도 이렇게 일을 하시다니 힘들지 않으신가요?"

노인은 톰을 힐끗 쳐다보더니 기분 나쁜 투로 말했다.

"남의 일에 신경 쓰지 마시게나."

톰은 노인 곁에 있으려고 계속 이것저것 물어보았다.

"하지만 저기 있는 저 주전자에 뭐가 들어 있는지는 말해 줄 수 있겠죠?"

"그거야 어렵지 않지. 맛있는 맥주가 들어 있다네."

"맥주요? 아니 도대체 그걸 어디서 얻었죠?"

"내가 만들었지. 저건 철쭉꽃으로 만든 맥주라네."

"철쭉꽃으로 맥주를 만들었다고요? 그걸 내가 믿을 것 같아요?"

"믿건 말건 그거야 자네 마음이지만, 내 말은 사실이라네."

"그럼 맛을 좀 봐도 되겠죠?"

노인은 귀찮다는 듯이 톰을 바라보며 말했다.

"이봐, 젊은이. 바보 같은 질문으로 날 귀찮게 하지 말고 가서 자네 일이나 보게나. 이렇게 쓸데없이 노닥거리는 동안 저

레프러콘(Leprechaun)
아일랜드 전설에 등장하는 요정으로 삼각 모자를 쓴 자그마한 노인의 모습을 하고 있다.

기 소들이 귀리밭으로 들어가 귀리를 죄다 밟고 있지 않나?"

흠칫 놀란 톰은 뒤를 돌아보려고 했지만, 눈을 떼는 순간 요정이 사라져 버릴 거라는 생각이 들었다. 톰은 갑자기 요정을 손아귀에 꽉 잡았다. 그 바람에 주전자에 든 맥주를 전부 엎질러 버리고 말았다.

레프러콘의 속임수

톰은 험상궂은 얼굴을 하며 작은 노인에게 금이 어디 있는지 당장 알려 주지 않으면 죽여 버리겠다고 협박했다. 그가 금이 있는 곳을 알고 있다고 생각했기 때문이다. 작은 노인은 겁에 질려 벌벌 떨면서 대답했다.

"나, 나, 나를 따라 저 들판을 지나가면 금이 든 단지가 있다네."

톰은 노인을 단단히 쥐고 한시도 눈을 떼지 않은 채 따라나섰다. 산자락을 가로지르고 도랑과 늪지를 지나 두 사람은 드디어 금불초 밭에 도착했다. 작은 노인은 수많은 금불초 중 커다란 금불초 줄기 하나를 가리키더니 그 밑을 파 보면 금화로 가득 찬 단지가 나올 거라고 말해 주었다.

하지만 톰은 미처 삽을 가져오지 못했기 때문에 신고 있던 빨간 양말을 벗어 그 금불초 줄기에 매어 놓고는 삽을 가지러 재빨리 집으로 달려갔다. 톰이 있는 힘을 다해 집으로 가 삽을 가져왔을 때 그는 자신의 눈을 믿을 수 없었다! 금불초란 금불초에는 모두 똑같은 빨간 양말이 매어 있었던 것이다. 톰은 자기를 교묘히 속인 요정에게 화가 나 미칠 것만 같았다.

금불초란 금불초에 모두 빨간 양말이 매어 있는 것을 보고 실망하는 톰

영국인들이 생각한 요정의 나라

아일랜드 전설과 민담에 요정들이 많이 등장하는 것은 켈트의 신화 및 전설과 관련이 있다.

켈트에 전해 오는 전설에 따르면, 오랫동안 아일랜드를 다스리던 신족인 투아다 데 다난족은 멀리서 아일랜드를 침공해 온 게일족에게 패해 아일랜드의 지배권을 내주게 되었다. 그러나 비록 전쟁에는 패했지만 게일족의 지배를 받으며 살고 싶지는 않았던 다난족은 마법을 써서 아일랜드에서 가장 아름다운 언덕과 골짜기를 골라 그 주위에 보이지 않는 막을 치고 그 속에 살기로 했다.

다난족은 보이지 않는 막의 저쪽, 즉 '저세상'에 살았지만 언제든 원하는 때에 이 세상으로 나와 돌아다닐 수 있었다. '저세상'은 바로 요정들의 나라로 그곳에서는 어느 누구도 병들거나 죽지 않고 항상 젊음을 유지할 수 있다고 믿었다. 요정들은 '저세상'에서 살기가 따분해지면 인간 세상으로 나와 인간들의 일에 개입하였다.

또한 사람들은 동굴이나 호수, 바다 등이 요정의 나라로 가기 위한 통로라고 여겼다. 자연 곳곳에 요정이나 정령이 깃들어 있다고 생각한 것은 바로 그런 이유에서였다.

켈트인들이 남긴 유물

LEGEND OF THE WORLD

독일의 전설 여행

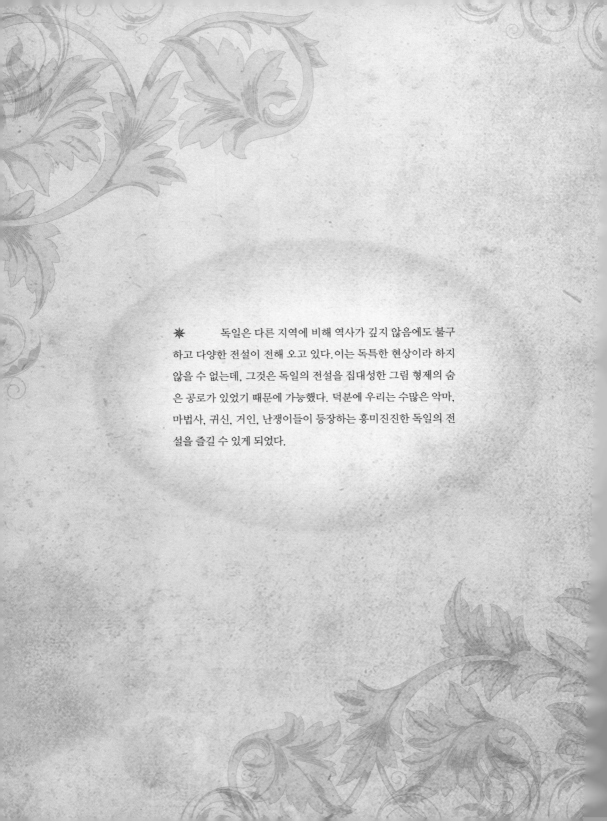

❋　　　　독일은 다른 지역에 비해 역사가 깊지 않음에도 불구하고 다양한 전설이 전해 오고 있다. 이는 독특한 현상이라 하지 않을 수 없는데, 그것은 독일의 전설을 집대성한 그림 형제의 숨은 공로가 있었기 때문에 가능했다. 덕분에 우리는 수많은 악마, 마법사, 귀신, 거인, 난쟁이들이 등장하는 흥미진진한 독일의 전설을 즐길 수 있게 되었다.

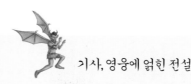
백조의 기사, 로엔그린

중세 유럽에는 백조의 기사에 관한 전설이 곳곳에 퍼져 있었다. 전체적인 줄거리는 백조를 탄 기사가 나타나 성의 공주를 구해 주고 결혼한다는 통속적인 내용이다. 이러한 백조의 기사에 관한 독일판 전설이 바로 독일의 영웅 기사 '로엔그린'에 관한 전설이다. 독일판 백조의 기사 전설에서 흥미로운 점은 다른 독일의 전설처럼 실존 인물들이 등장한다는 사실이다. 이제 이 흥미진진한 로엔그린의 전설을 만나보자.

바그너(1813~1883)의 오페라로 상연된 〈로엔그린〉
로엔그린에 관한 전설을 토대로 바그너가 직접 대본을 써서 만들어진 오페라로 1850년 바이마르 궁정 극장에서 초연되었다.

위기에 빠진 엘자를 구하라

프리드리히 1세(Friedrich I, 1657~1713)
프로이센의 초대 왕(재위 1701~1713년)으로 흔히
붉은 수염 프리드리히로 불린다.

어느 날 브라반트(현 벨기에의 영토, 당시 독일의 속국)를 다스리던 공작이 임종을 앞두게 되었다. 그에게는 어린 딸밖에 없었기에 나라의 앞날이 걱정되어 당시 신하였던 프리드리히*(프리드리히는 독일의 전설 곳곳에 등장하는 영웅이다)에게 딸을 부탁하고 세상을 떠났다. 갑자기 절호의 기회를 잡게 된 프리드리히는 공작의 딸 엘자와 결혼하여 자기가 이곳의 공작이 되려고 하였다. 그러나 엘자는 거친 프리드리히가 싫었기에 이를 완강히 거부하였다. 이에 프리드리히는 꾀를 내었다. 독일의 국왕이었던 하인리히에게 도움을 요청한 것이다. 당시 독일에서는 판결하기 어려운 일이 있을 때에는 이처럼 신의 뜻을 묻기 위해 국왕에게 자문하는 일이 종종 있었다.

하인리히 대왕은 엘자에게 다음과 같은 명령을 내렸다.

"텔라문트와 싸워 이기면 결혼하지 않아도 좋으나 만약 진다면 프리드리히와 결혼하라."

텔라문트는 용을 죽인 용감한 기사로서 당시 그 누구도 맞설 수 없는 힘을 가진 괴물 용사였다. 따라서 연약한 여자인 엘자가 도저히 맞설 수 없는 상대였다. 이럴 경우 당시 관행으로 엘자를 위해 싸워 줄 기사가 대신하여 텔라문트와 싸울 수 있는 제도가 있었다. 이에 엘자는 자신을 대신해 텔라문트와 싸워 줄 기사를 수소문했지만 그 누구도 엘자를 위해 나서는 사람이 없었다. 그만큼 텔라문트가 두렵고 무서웠던 것이다. 엘자는 할 수 없이 신에게 간절한 기도를 올렸다.

"신이시여, 이 불쌍한 소녀를 구해 주소서."

이 기도 소리는 끊이지 않고 하늘에 울려 공기를 진동시키며 흘러가 아주 멀리 떨어진 몬트살바치 성까지 다다라 그곳의 종을 울리고 나서야 사라졌다. 몬트살바치는 '성배의 성'이라 불리는 곳으로 이곳에는 성배를 수호하는 '성배의 기사단'들이 살고 있었다.

텔라문트를 물리치는 백조의 기사, 로엔그린

성배의 기사단들은 그 누구도 건드리지 않은 종이 스스로 울린 사실에 놀랐다. 그리고 곧 신으로부터 이 종소리의 비밀을 듣게 되었다.

"텔라문트를 물리치고 브라반트의 여공작 엘자를 구하라."

이에 기사단 중 가장 용감한 로엔그린이 선택되어 길을 떠나게 되었다. 로엔그린이 어느 강 앞에 다다라 강을 건너려는데 순간 이상한 일이 벌어졌다. 갑자기 거대한 백조 한 마리가 나타났고, 그 뒤에는 배가 한 척 딸려 있는 게 아닌가. 로엔그린은 필시 신이 보낸 백조라 생각하고 배에 올라탔다. 이렇게 하여 로엔그린은 백조가 이끄는 배를 타고 엘자가 있는 곳을 향하여 길을 떠났다.

꼬박 닷새나 걸려 로엔그린이 엘자의 성에 도착했을 때 마침 엘자가 이 광경을 보게 되었다.

"오오! 저건 분명 신이 보내 주신 백조의 기사임에 틀림없어."

늠름하고 잘생긴 로엔그린의 모습에 엘자는 한눈에 반하고 말았다.

"내가 당신을 구해 줄 기사가 되어 주기 위해 여기에 왔소."

엘자는 듬직한 로엔그린이야말로 텔라문트를 물리치고 프리드리히로부터 자신을 구해 줄 수 있을 것이라 믿었다.

이윽고 로엔그린과 텔라문트의 대결이 시작되었다. 둘 다 어느 누가 더 강하다고 할 수 없는 불세출의 영웅이었다. 그러나 이 대결에서는 신이 로엔그린 편에 있었기 때문에 그는 텔라문트를 물리치고 당당히 이길 수 있었다. 결국 프리드리히는 쫓겨났고 엘자는 로엔그린에게 자신과 결혼해 줄 것을 요청했다. 로엔그린은 이 청을 받아들였고 두 사람은 결혼하게 되었다.

어디 출신인지 묻지 마라

자신의 정적을 물리치고 게다가 사랑하는 사람과 결혼까지 하게 된 엘자는 이보다 더 행복할 수 없었다. 그러나 첫날밤 로엔그린은 진지한 표정으로 엘자에게 다음과 같이 말했다.

"내가 어디 출신인지 알려고 하지 마시오. 만약 이 약속을 어기면 나는 이곳을 떠나야 하오."

로엔그린이 이런 말을 한 이유는 자신이 성배의 기사단 출신이었기 때문이었다. 성배의 기사단은 비밀 기사단으로 어느 누구에게도 자신들의 출신을 밝히면 안 되는 엄격한 규율이 있었다. 처음에 엘자는 로엔그린의 이 말을 대수롭지 않게 생각했다. 그리고 시간이 흘렀다.

로엔그린은 비밀스런 성배의 기사단 출신이었다.

로엔그린은 여러 전쟁에서도 커다란 공을 세워 독일 황제에게도 인정받게 되었으며, 어느새 독일의 영웅이 되어 있었다. 그러자 그를 시기하는 사람들이 하나둘 생기기 시작했다. 그 중에는 클레베 공작이란 사람도 있었다.

로엔그린은 종종 다른 곳의 공작들과 창 시합을 즐기곤 했는데, 어느 날 클레베 공작이 창 시합을 제의해 왔다. 이에 두 사람의 창 시합이 시작되었다. 물론 클레베 공작은 로엔그린의 적수가 되지 못했다. 이를 지켜보던 클레베 공작의 부인이 샘이 나 엘자에게 비꼬는 투로 말했다.

"그런데 로엔그린이 귀족 출신이 아니란 것은 알고 있었겠죠."

순간 엘자는 첫날밤 로엔그린이 했던 말이 생각났다.

"절대 그럴 리가 없어. 그런 근거 없는 이야기를 함부로 하다니……"

자존심 상한 엘자는 자리를 박차고 일어났다. 그날 밤 엘자는 잠이 오지 않았다. 로엔그린이 이유를 묻자 엘자는 클레베 공작 부인 때문이라는 말만 하였다. 이에 로에그린도 뭔가 눈치챘는지 아무 말도 하지 않았다. 로엔그린이 계속 입을 다물고 있자 이번에는 엘자가 궁금해 미칠 지경이 되었다. 결국 그녀는 로엔그린에게 이렇게 말하고 말았다.

"저는 당신의 출신이 궁금해요."

결국 로엔그린이 첫날밤 그녀에게 부탁한 약속을 어기고 만 것이다. 로엔그린은 체념한 듯이 눈을 감고 엘자에게 자신의 비밀을 말했다.

다음 날 아침 로엔그린은 약속대로 서둘러 길을 떠나려고 했다. 엘자는 뒤늦게 후회하며 로엔그린을 말렸지만 이미 엎질러진 물이었다. 로엔그린은 엘자에게 자신의 반지를 끼워 주었다. 그 반지는 로엔그린의 어머니가 물려준 것으로, 이는 그 역시 엘자를 깊이 사랑했음을 남기는 증표였다.

신기하게도 로엔그린이 떠날 때가 되자 처음 이곳에 올 때 로엔그린을 안내해 주었던 백조가 다시 배를 끌고 나타났다. 로엔그린은 백조가 이끄는 배를 타고 안개 속으로 사라져 갔다. 이 모습을 지켜보던 엘자는 너무도 커다란 슬픔에 빠져 그만 기절하고 말았다. 깊은 슬픔 속에서 그녀는 매일매일을 눈물로 지새며 로엔그린이 다시 돌아오기만을 기다리며 살았다고 한다.

백조가 이끄는 배를 타고 안개 속으로 사라지는 로엔그린

최후의 심판 앞에 놓인 탄호이저

바그너*의 오페라 〈탄호이저〉는 중세의 기사 탄호이저 전설을 바탕으로 하여 만들어진 작품이다. 이 오페라에서 죄에 빠진 탄호이저는 여주인공 엘리자베스의 희생으로 영혼을 구원받는다. 그러나 실제 전해 오는 전설에서 탄호이저는 구원받지 못하고 최후의 심판을 받게 된다. 실제 인물이기도 한 탄호이저는 왜 최후의 심판을 받게 되었을까?

바그너의 오페라 〈탄호이저〉
작곡가 바그너는 독일의 전설 '탄호이저'를 오페라로 만들어 상연하였다.

베누스 부인을 만난 탄호이저

탄호이저(Tannhauser, ?1200~?1270)
탄호이저는 독일에서 실재한 인물로 여겨지고 있으며, 서정 시인으로 활동했던 것으로 알려져 있다.

중세의 기사들은 절제와 정절을 중요시하는 엄격한 규율 속에서 지내야만 했다. 그들은 신의 뜻에 따라 절대로 죄에 빠진 생활을 해서는 안 되었다. 그러나 이런 규율을 어긴 기사가 있었으니 그는 중세 독일의 고귀한 기사로 칭송받던 '탄호이저*'였다.

탄호이저는 처음에는 고귀한 기사라 불릴 정도로 매우 경건한 기사였다. 그러나 시간이 지나면서 그는 점점 더 커다란 세상 속으로 나아가고 싶은 열망이 생겼다. 그래서 그는 살고 있던 곳을 떠나 여러 곳을 전전하였다. 그러던 중 사람들로부터 베누스*(비너스, 그리스 신화의 아프로디테 여신과 동일 인물) 부인에 관한 소문을 듣게 되었다. 베누스 부인은 베누스 산(여자 성기의 불두덩을 뜻함)에 살고 있는 여인으로, 그 아름다움과 요염함이 당시 독일에서 어느 누구도 따를 수 없는 경지에 다다랐다고 여겨지고 있는 인물이었다.

호기심을 주체하지 못한 탄호이저는 결국 베누스 산으로 들어갔다. 거기서 베누스 부인을 만난 탄호이저는 베누스 부인의 미모에 탄식하며 즐거운 시간을 보냈다. 그러나 기사로서의 정절은 잃지 않으려고 정신을 바짝 차리고 있었다. 베누스 부인이 수차례 유혹해 왔지만 결정적인 순간에 탄호이저는 성모 마리아를 생각했다. 이는 중세의 기사들이 여인들의 유혹을 이기기 위해 흔히 하는 방법이었다.

더 이상 베누스 산에 있다가는 기사도를 잃어버릴 것 같아 탄호이저는 결국 이곳을 떠나기로 결심했다. 그러나 마녀 베누스 부인이 그가 순순히 떠나

베누스(비너스)의 탄생, 보티첼리 作, 1485년경
미의 여신 베누스는 많은 화가들의 모델이 되기도 하였다.

도록 가만히 놔둘 리 없었다.

"나뿐만 아니라 내 시녀들도 모두 당신에게 줄 테니 여기서 마음껏 즐기도록 하세요."

그러자 탄호이저는 단호히 말했다.

"그랬다간 영원한 지옥 불에 떨어지고 말 거요."

베누스 부인은 그날 밤 다시 탄호이저를 자신의 음란한 방으로 유혹했다. 탄호이저는 뇌쇄적인 모습의 베누스 부인 앞에서 유혹을 이기기 위해 눈을 감고 힘껏 성모 마리아를 외쳐 댔다. 베누스 부인도 성모 마리아 앞에서는 맥을 못추는지라 그만 포기할 수밖에 없었다. 사실 그동안 수많은 남자를 유혹해 지옥으로 보낸 바 있는 그녀였지만 탄호이저에게만큼은 도저히 당할 수 없었던 것이다.

탄호이저를 저주한 교황과 최후의 심판

탄호이저가 베누스 부인과 함께 하는 모습을 그린 벽화

겨우 베누스 산을 빠져나온 탄호이저는 혹독하게 세상 경험을 했다고 생각했으나, 여전히 베누스 부인에 대한 기억은 찜찜하기만 했다. 이것은 고귀한 기사로서 있을 수 없는 행동임에 분명했다. 결국 탄호이저는 교황에게 찾아가 이 죄를 씻음받아야겠다고 생각했다. 그러나 탄호이저를 만난 교황의 태도는 냉담했다.

"흥, 베누스 산에 들어갔었다고? 이건 기사로서 용서받을 수 없는 행동이야. 혹시 이 지팡이에서 싹이 돋아난다면야 모를까 너의 죄는 절대 용서받을 수 없어!"

교황은 당시 사람들에게 있어 신 다음가는 절대적인 존재였다. 그런 교황으로부터 저주를 받았다는 것은 곧 죽음을 의미했다. 탄호이저는 절망에 빠졌다. 한 가지 방법이 있다면 교황의 지팡이에서 싹이 돋아나게 하는 것인데, 그것은 현실적으로 불가능한 일이었다.

탄호이저는 거의 자포자기 상태가 되었다. 결국 그가 갈 수 있는 곳은 한 곳뿐이었다. 바로 베누스 부인이 있는 산. 그의 발걸음은 그곳을 향하였다.

한편 탄호이저 유혹에 실패했다는 자책감 때문에 잠을 자지 못하고 있었던 베누스 부인은 다시 돌아온 탄호이저를 보고 너무나 기뻐서 날뛰기까지 했다.

"역시 당신의 깊은 마음은 나를 향하고 있었어요."

그렇다. 어쩌면 탄호이저의 진심은 베누스 부인을 향하고 있었는지도 모른다. 그런데 그 진심을 숨기고 겉치레로 행동하였기 때문에 지금과 같은 일이 벌어졌으리라. 생각이 여기까지 미친 탄호이저는 베누스 부인과 향락에 몸을 맡기기 시작했다.

그런데 이상한 일이 일어났다. 탄호이저를 보내고 난 뒤 교황의 지팡이에서 새싹이 돋아나기 시작한 것이다. 교황은 이 사실을 도저히 믿을 수 없었으나 눈앞에서 벌어진 일은 분명 사실이었다. 이 일을 어떻게 해석해야 할까.

교황은 갑자기 신에 대한 두려운 마음이 생겼다.

'빨리 탄호이저를 찾아 그의 죄를 용서해 줘야 한다. 잘못하다간 나까지 죄를 뒤집어 쓸 수도 있다.'

생각이 여기까지 미친 교황은 급히 사람을 보내 탄호이저를 수소문하기 시작했다. 탄호이저가 다시 베누스 산에 들어갔다는 소식을 들은 교황은 후회했다.

'탄호이저가 나에게 와서 용서를 구할 때 그의 용서를 받아들였어야 했다. 이것은 나의 커다란 실수야. 신은 어쩌면 나에게 이에 대한 죄를 물을지도 모른다.'

한편 탄호이저는 베누스 산에서 이미 모든 것을 포기하고 베누스 부인과 밀회를 즐기며 자신의 죄에 대해 신이 내릴 최후의 심판을 받을 준비만 하고 있었다. 그것이 혹 지옥 불에 떨어지는 일이더라도 말이다.

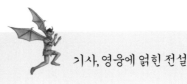

기사, 영웅에 얽힌 전설

사자 공작이라 불리는 하인리히

하인리히 2세(Heinrich II, 1489~1568)
독일의 브라운슈바이크볼펜뷔텔의 공작으로, 가톨릭 신봉자였기에 종교개혁을 부르짖는 개신교와 대립 관계에 있었으나 말년에는 개신교에 대해 어느 정도 관용을 보이기도 했다.

독일의 전설에 등장하는 영웅 중 사자 공작이라 불리는 하인리히*가 있다. 그는 붉은 수염의 영웅 프리드리히와 대립한 것으로 유명하며, 수많은 독일의 전설에 등장하기도 한다. 그런데 왜 그의 별명이 사자 공작이 된 것일까. 이제 그 비밀의 열쇠를 열어 보도록 하자.

모험을 떠나는 하인리히

옛날, 독일의 벨펜 집안 출신이었던 하인리히 공작은 모험을 좋아하기로 유명했다. 어느 날 그는 하인 몇 사람을 데리고 7년 후에 돌아오겠다며 모험을 떠나는 배에 몸을 실었다. 그러나 출항한 지 며칠 지나지 않아 배는 곧 거대한 폭풍우를 만나 음식 창고가 산산조각 나고 말았다.

다행히 배는 가라앉지 않아 사람들의 목숨을 구할 수는 있었으나 문제는 식량이 하나도 남지 않았다는 것이었다. 이렇게 몇 날 며칠이 지나자 사람들은 배고픔에 정신을 차릴 수 없을 지경이 되었다. 살아남기 위해서는 서로를 잡아먹을 수밖에 없는 극한 상황이었다. 먹을 것이라곤 사람밖에 없었으니까.

결국 배 위의 사람들은 제비뽑기로 잡아먹힐 사람을 결정하기로 했고, 이렇게 해서 살아남기 위한 처절한 생존 경쟁이 시작되었다. 다행히 하인리히는 신의 도움으로 마지막 두 사람이 남을 때까지 살아남을 수 있었다. 그러나 마지막에 하인리히와 함께 남은 사람은 다름 아닌 자신의 하인이었다. 하인은 마지막 게임은 자신이 양보하겠다고 했으나 하인리히는 공정히 게임을 하자고 했다. 결국 하인리히의 주장대로 마지막 제비뽑기를 하였고 안타깝게도 하인리히가 당첨되었다.

그러나 하인은 도저히 하인리히를 잡아먹을 수가 없었다. 그래서 하인리히를 가죽 자루 속에 넣고 가만히 기다렸다. 그러자 놀랍게도 독수리의 머리와 사자의 몸을 가진 괴물 그라이프가 나타나더니 가죽 자루를 홱 낚아채 가는 것이 아닌가! 그라이프는 그 자루를 자신의 둥지로 가져가더니 새끼들에게 맡기고 또 다른 먹이를 찾아 날아갔다. 그 사이 하인리히는 용감하게 자루를 찢고 빠져나왔다. 그러자 이번에는 그라이프 새끼들이 하인리히를 쪼아 대며 달려들었다. 하인리히는 칼을 휘두르며 새끼들을 물리치고 나무를 타고 내려와 도망가기 시작했다.

용과 싸우는 사자를 구해 주다

도망가는 하인리히 앞에 갑자기 사자와 용이 나타났다. 둘은 서로 싸우고 있었으며, 사자가 밀리면서 거의 죽기 일보 직전이었다. 하인리히는 사자를 구하기 위해 용에게 달려들어 칼로 용의 목을 찔렀다. 용은 숲이 떠나갈 듯한 괴성을 지르고 피를 토하며 죽어 갔다.

용과 싸워 거의 죽게 된 사자를 구해 주는 하인리히

이후로 사자는 하인리히에게 감사를 표하며 계속 따라다니기 시작했다. 사자 덕분에 하인리히는 배고픔을 이길 수 있었다. 왜냐하면 사자가 계속 사냥을 하여 하인리히에게 먹을 것을 갖다 주었기 때문이다. 먹을 것에 대한 걱정이 없어진 하인리히는 한동안 숲속에서 편안하게 살 수 있었다.

그러나 그는 곧 다른 모험의 세계로 떠나야겠다는 생각에 사로잡혔다. 그래서 뗏목을 만들기 시작했다. 뗏목이 완성되자 하인리히는 사자를 따돌릴 기회만 엿보다가, 어느 날 사자가 잠들어 있는 사이 몰래 뗏목을 띄웠다. 뗏목이 조금씩 바다를 향해 가고 있을 때 사자가 잠에서 깨어났다. 사자가 뗏목을 향해 달려오기 시작했다. 그리고 물에 풍덩 뛰어들더니 헤엄쳐 금세 뗏목까지 따라와 버리는 것이 아닌가. 결국 하인리히는 사자를 데리고 떠날 수밖에 없었다.

악마와의 싸움에서 이기다

바다 위의 항해는 험난했다. 갑자기 파도가 몰아쳐 뗏목이 요동치는 것은 예사인데다, 무엇보다 사냥을 할 수 없어 배고픔을 이기는 것이 가장 큰 문제였다. 이렇게 극한 상황이 닥쳐오자 이제 하인리히가 할 수 있는 것은 하느님께 도와 달라고 기도하는 것뿐이었다.

그때 악마가 나타나 하인리히의 귀에 대고 이렇게 속삭였다.

"하느님은 너를 절대 도와주지 않아. 이 바보야, 지금 네 고향에서 무슨 일이 벌어지고 있는지 알아. 너의 부인이 다른 나라의 영주와 결혼식을 올리고 있어. 네가 내 말을 듣기로 약속하기만 하면 지금 당장 너를 네 아내에게 보내 줄 수 있어."

하인리히는 악마의 말을 듣고 깜짝 놀랐지만 곧 아내와 약정한 7년의 세월이 이미 지났다는 사실을 깨달았다. 깊이 후회했지만 자신이 잘못한 것이니 어쩔 수 없는 상황이었다. 그렇다고 악마에게 굴복할 수는 없는 노릇이었다. 하인리히는 단호히 악마의 제안을 거절했다. 그러자 악마는 또다시 하인리히를 유혹했다.

"그렇다면 내가 너를 지금 당장 고향으로 데려다 주겠다. 물론 사자도 함께. 대신 너를 먼저 데려다 주고 내가 다시 사자를 데리고 돌아왔을 때 네가 자고 있으면 너는 나의 말에 복종해야 한다. 만약 자고 있지 않으면 내가 진 것으로 하겠다."

하인리히는 솔직히 아내가 있는 곳에 너무나 가고 싶었고, 또 악마를 이길 자신이 있었기에 그만 그 말에 동의하고 만다.

악마는 먼저 눈 깜짝할 사이에 하인리히를 고향으로 옮겨 놓았다. 그리고 다시 사자를 데리러 갔다. 그런데 악마가 사자를 데리고 오면서 공중에서 보니 하인리히가 자고 있는 모습이 보였다.

"껄껄. 역시 내 생각대로야. 녀석은 피곤에 절어 있었으니까."

바로 그때였다. 사자가 갑자기 크르렁거리며 울부짖었고, 그 소리에 하인리히는 잠에서 깨어났다. 이 모습을 본 악마는 사자 때문에 게임에서 졌다며

사자를 땅으로 내동댕이쳐 버렸다. 사자는 쿵 하고 땅에 떨어졌으나 죽지는
않았다.

다시 아내와 함께 행복하게

다시 사자와 만난 하인리히는 몰래 성으로 숨어들었다. 마침 성에서는 성
대한 결혼식이 열리고 있었다. 오늘 밤 자신의 아내가 다른 사람의 품에 안
긴다고 생각하니 하인리히의 가슴이 벌렁거리기 시작했다.

하인리히는 급하게 하인 한 사람 앞으로 나아갔다. 하인은 사자와 함께 나
타난 이상한 사람을 보고 깜짝 놀랐다. 하인리히는 침착하게 포도주 잔에 자
신의 반지를 떨어뜨리며 하인에게 말했다.

"이 잔을 공작 부인에게 갖다 주시오."

하인은 하인리히가 예사로운 사람이 아님을 알아보고는 반지가 담긴 잔을
들고 급히 공작 부인에게 달려갔다. 공작 부인은 그 반지가 하인리히의 반지
임을 알아차렸다. 너무도 놀란 공작 부인은 반지를 가져온 사람을 데려오게
했다. 이렇게 하여 하인리히와 공작 부인은 극적인 만남을 갖게 되었다. 하
인리히를 본 공작 부인은 기절할 정도로 놀랐으며, 자신이 한 행동 때문에
당황해 하며 어쩔 줄 몰라했다. 그러나 하인리히는 침착하게 말했다.

"당신에게는 아무 잘못이 없어, 모든 것이 내 잘못이오. 이 일은 내가 잘
알아서 처리하리다."

하인리히는 우선 새로운 신랑을 만나서 자초지종을 이야기해 주었다. 그 신랑도 하인리히의 명성에 대해 익히 잘 알고 있었기에 더 이상의 반항은 하지 않았다. 하인리히는 신랑에게 공작 부인이 아닌 다른 신부를 소개해 주는 것으로 문제를 매듭지었다. 이렇게 하여 새신랑은 하루 만에 갑자기 새로운 신부를 맞이하는 사상초유의 일이 벌어졌다.

사자 공작 하인리히를 기념하여 만든 석상

이후의 이야기는 어떻게 되었을까. 새로운 신부를 맞아들인 새 신랑은 행복하게 잘 살았고, 하인리히도 더 이상 모험을 떠나지 않고 공작 부인과 함께 행복하게 잘 살았다. 그러면 사자는 어떻게 되었을까?

훗날 하인리히가 늙어서 죽을 때까지 사자는 죽지 않고 살아 있었다. 하인리히가 죽어서 무덤에 묻혔을 때도 사자는 하인리히의 무덤을 지키며 떠나지 않았다고 한다. 그러기를 몇 날 며칠, 결국 사자도 하인리히의 무덤 곁에서 세상을 떠났다. 그때 사자의 모습은 무척 행복해 보였다고 한다. 하인리히가 사자 공작이라 불렸던 데에는 이런 기막힌 사연이 있었던 것이다. 이 때문에 오늘날 하인리히의 동상이 세워져 있는 곳에는 반드시 사자도 함께 서 있다고 한다.

영웅 빌헬름 텔

빌헬름 텔* 전설은 모르는 사람이 없을 정도로 유명하여 온갖 영화와 소설의 소재가 되기도 하였다. 아무리 훌륭한 명사수라도 자신의 아들 머리 위에 사과를 놓고 명중시켜야 한다면 가슴이 떨릴 수밖에 없을 것이다. 그러나 빌헬름 텔은 당당히 사과를 맞혔고, 그래서 영웅이 되었다. 이제 흥미진진한 빌헬름 텔을 만나보자.

빌헬름 텔(Wilhelm Tell)
빌헬름 텔은 실제가 아닌 가상 인물로, 15세기 스위스 부근에서 활약한 것으로 알려져 있다.

거만한 영주와의 대결, 사과를 명중시키다

옛날, 독일의 어느 지역(지금의 스위스)을 다스리던 거만한 영주가 있었다. 그는 안하무인한 행동으로 사람들의 치를 떨게 만들기로 유명했다. 하루는 모든 사람들이 지나다니는 길가에 나무막대기 하나를 꽂아 놓고 그 위에 관을 씌운 후 하인으로 하여금 지키게 하였다. 그 이유는 지나 다니는 사람들에게 여기에 큰절을 시키기 위해서였다. 이러한 기막힌 행동에 사람들은 어이가 없었지만, 그것을 어기면 무서운 형벌이 기다리고 있으므로 울며 겨자 먹기로 절을 할 수밖에 없었다.

이 지역에 살고 있던 사람 중 빌헬름 텔이라는 소문난 명사수가 있었는데, 오직 이 사람만은 그 막대기 앞에 절하지 않았다. 이에 광분한 영주는 당장 빌헬름 텔을 불러들였다.

"감히 나의 명령을 거역하다니, 너는 내가 무섭지도 않단 말이냐."

그러자 하인들이 그가 명사수라고 귀띔해 주었다. 영주는 갑자기 기막힌

빌헬름 텔과 그의 사랑하는 아들의 모습

형벌을 떠올렸다. 그는 당장 빌헬름 텔의 아들을 불러 오도록 지시했다. 빌헬름 텔에게는 아들이 있었는데, 그의 아들에 대한 사랑은 온 마을에 소문이 자자할 정도였다. 영주도 익히 소문을 들었던지라 그 아들을 이용하여 빌헬름 텔을 골려 줄 생각이었던 것이다.

"너는 나의 법을 어겼으니 형벌을 받아 마땅하다. 그 형벌은 바로 네 사랑하는 아들의 머리 위에 있는 사과를 명중시키는 것이다."

빌헬름 텔이 아들의 머리 위에 있는 사과를 화살로 쏘기 위해 영주 앞에 선 모습

아무리 빌헬름 텔이 명사수라도 이것은 조금만 잘못해도 사람의 목숨을 빼앗는 무자비한 일이었다. 더군다나 그 대상은 바로 자신의 분신과도 같은 사랑스런 아들이다. 빌헬름 텔의 가슴은 곤두박질치기 시작했다. 그는 화살 두 개를 꺼내 하나는 옷깃 뒤에 꽂고 나머지 하나는 시위에 걸었다. 그리고 서서히 시위를 당기면서 하느님에게 기도했다.

"오, 하느님. 부디 제 아들을 지켜 주옵소서."

기도와 함께 화살은 시위를 떠났고, 정확히 사과를 명중시켰다. 극심한 공포와 함께 이 장면을 지켜보던 모든 사람들은 안도의 한숨을 내쉬었다. 단 한 사람, 영주만 빼고 말이다. 영주는 다시 빌헬름 텔을 쏘아붙이기 시작했다.

"그런데 네놈 옷깃에 꽂은 화살의 의미는 뭐지?"

영주의 날카로운 질문을 받은 빌헬름 텔은 당황하며 "그건 제 버릇일 뿐입니다"라고 얼버무렸다. 그러자 영주는 "그것을 꼭 말해야 살려 주겠다"며 으름장을 놓았다. 빌헬름 텔은 영주에게 거듭 목숨을 살려 주겠다는 약속을 받은 후 그 비밀에 대해 입을 열었다.

"그것은 만약 제가 아들을 맞혔을 때 영주님을 겨누기 위한 화살이었습니다."

빌헬름 텔의 말을 들은 영주는 화를 주체하지 못하고 말처럼 날뛰며 빌헬름 텔을 꽁꽁 묶어 배에 태웠다. 그것은 빌헬름 텔이 다시는 햇빛을 보지 못하도록 깊은 지하 감옥에 가둬 버리기 위해서였다. 빌헬름 텔은 자신과의 약속을 어긴 영주에게 이를 갈면서 마음속으로 복수를 다짐했다.

거만한 영주를 명중시키다

이렇게 하여 영주 일행은 빌헬름 텔을 데리고 항해에 나섰다. 그런데 배가 떠난 지 얼마 되지 않아 거대한 폭풍이 몰아쳤다. 배는 곧 뒤집힐 것만 같았고, 사람들은 모두 공포에 떨었다. 영주 또한 제정신이 아니어서 하인들을 계속 다그치기만 했다. 그때 하인 하나가 영주에게 소리쳤다.

"이 상황을 벗어나는 방법을 아는 사람은 오직 빌헬름 텔뿐입니다."

이제 배 위의 모든 사람들의 시선이 빌헬름 텔에게로 향했다. 영주 또한 어쩔 수 없는 상황이었기에 빌헬름 텔을 풀어 주었다. 빌헬름 텔은 재빨리 배의 키를 잡고 이리저리 조정하였으며, 이윽고 배는 점점 안정을 찾기 시작했다. 이때 빌헬름 텔의 눈에 배 위에 나뒹구는 활 하나가 보였고, 머릿속에는 온갖 생각들이 스쳐가기 시작했다.

'이대로 가면 나는 또 붙잡히고 말 거야. 여기서 탈출해야 해.'

마침 배 앞에 커다란 바위가 보였다. 빌헬름 텔은 바위를 이용하여 탈출하리라 마음먹었다.

"배가 바위에 부딪힐 수 있으니 모두 배를 꼭 붙잡으시오."

빌헬름 텔은 이렇게 큰 소리로 외친 후 갑자기 바닥의 활을 낚아채더니 엄청난 힘으로 배를 밀치고 바위로 뛰어들었다. 이때 빌헬름 텔이 배를 민 힘 때문에 배는 바위를 빗겨서 바다로 나아갔고, 빌헬름 텔은 무사히 도망칠 수 있었다.

이제 빌헬름 텔의 목표는 하나이다. 그는 미리 민첩하게 움직이며, 영주를 앞질러 영주의 배가 도착할 곳에 숨어서 기다렸다. 이윽고 영주의 배가 들어오는 것이 보였다. 그리고 영주가 하인들과 함께 배에서 내려 말을 갈아타려고 할 때, 빌헬름 텔의 활은 영주의 가슴을 정확히 겨누고 있었다. 그리고 빌헬름 텔의 울분과 함께 시위를 떠난 화살은 영주의 목숨을 빼앗아 갔다.

당시 사람들은 이 사건을 기리며 빌헬름 텔이 도망치도록 도와줬던 바위를 텔 바위라고 불렀고, 지금도 '텔 바위'라고 불리워지고 있다.

악마의 방앗간

기독교의 천사 악마론
기독교에 등장하는 천사는 원래 최고신 하느님이 불로 지은 존재로, 신과 인간의 중재 역할을 하고 있었다. 그러나 천사 중에서 하느님을 반역하고 타락한 천사가 생기면서 이들이 악마 그룹을 형성하며 악마가 탄생하였다.

기독교 문화권에 있었던 독일에는 유난히 악마에 얽힌 전설이 많다. 그것은 주로 사람들이 어떤 문제를 해결하고자 갈등할 때 악마의 속삭임으로 나타나곤 한다. 여기에 자기의 욕망을 이루기 위해 악마에게 자신의 영혼을 판 어느 방앗간 주인의 흥미로운 이야기가 있어 소개하고자 한다.

악마와 거래하는 방앗간 주인

옛날 독일의 람베르크 산기슭에 방앗간이 하나 있었다. 당시의 방앗간은 바람의 힘으로 풍차를 돌려 방아를 찧는 방식이었다. 그런데 이 산기슭에 있던 방앗간 주인은 바람이 잘 불 때는 괜찮았으나 바람이 불지 않으면 하염없이 바람만 기다리며 허송세월해야 했다.

이날도 방앗간 주인은 바람이 불지 않아 하늘을 한탄하며 산꼭대기를 바라보고 있었다. 분명 산기슭에는 바람 한 점 불지 않는데, 산꼭대기에는 바람이 얼마나 세차게 부는지 나뭇가지가 휠 정도였다.

'저곳은 여기처럼 바람을 막는 것이 없으니 그럴 거야.'

방앗간 주인은 만약 저 산꼭대기에 방앗간이 있다면 이렇게 공치는 날도 없고 정말 좋겠다는 생각이 들었다. 그러나 저렇게 높은 산꼭대기에 인간이 방앗간을 짓는다는 것은 도저히 불가능한 일이었다.

'쳇, 저곳에 방앗간을 지을 수 있는 이는 신밖에 없겠지.'

바로 그때였다. 방앗간 주인 앞에 악마가 나타난 것이다. 방앗간 주인은 너무 놀라 뒤로 자빠졌다.

"호오, 쓸데없는 고민을 하고 있군 그래. 너의 머릿속에 있는 방앗간을 나는 멋지게 지을 수 있지. 그것도 새벽닭이 울기 전에 말이야."

방앗간 주인은 귀가 솔깃하지 않을 수 없었다. 인간은 상상할 수도 없는 일을 해낼 수 있다니. 그것도 단 하루 만에 말이다.

"대신 조건이 있어. 너의 영혼을 내게 주어야 해."

악마에게 영혼을 준다는 이야기는 무엇을 뜻할까. 육체는 살아 있으니 괜찮지 않을까. 방앗간 주인의 머릿속은 온갖 생각으로 쥐가 날 지경이었다. 결국 그는 자기 내면의 욕심을 이기지 못하고 악마와 자신의 영혼을 걸고 계약하고 말았다. 단, 내일 새벽닭이 울기 전까지 방앗간을 완성한다는 조건으로 말이다.

신이 난 악마는 열심히 방앗간을 짓기 시작했다. 그 솜씨는 정말 신이 감탄할 정도였다. 이를 지켜보던 방앗간 주인은 혀를 내둘렀다. 해가 질 무렵 이미 방앗간의 겉모습이 완성되었다. 이제 방앗간 내부만 완성하면 되었다. 이 정도의 속도라면 내일 새벽까지 갈 것도 없을 것 같았다. 이를 지켜보던 방앗간 주인의 마음은 조급해지기 시작했다.

'아! 악마에게 나의 영혼을 빼앗길 수는 없어!'

방앗간 주인의 마음속에 갑자기 이런 속삭임이 들려왔다. 방앗간 주인은 몰래 공사장 안으로 들어갔다. 마침 악마는 다른 일을 하느라 정신이 없어 보였다. 이때 방앗간 주인의 눈에 둥그렇게 생긴 방앗돌이 들어왔다.

'그래, 저거면 될 것 같아.'

방앗간 주인은 끙끙대며 커다란 방앗돌을 세우기 시작했다. 처음에는 너무 무거워 꼼짝도 하지 않던 방앗돌이 서서히 움직이더니 드디어 세워졌다. 악마에게 영혼을 빼앗기지 않으려는 방앗간 주인의 초인적인 힘이 발휘된 것이다. 방앗돌이 세워지자 둥근 부분이 땅바닥에 닿았고, 그곳은 경사진 곳이었기 때문에 돌이 구르기 시작했다. 교활한 악마는 곧바로 이 사실을 알아챘다. 그래서 재빨리 굴러가는 방앗돌을 세우려고 하였다. 그러나 방앗돌은 가속이 붙어 점점 더 빨리 굴러갔기 때문에 도저히 따라갈 수가 없었다. 악마는 최선을 다해 뛰었지만 결국 산 아랫부분에 다다라서야 겨우 방앗돌을 잡을 수 있었다.

그런데 문제는 방앗돌을 가지고 다시 산으로 올라가는 데 있었다. 너무 무거워 좀처럼 속도를 낼 수 없었던 것이다. 결국 악마가 방앗돌을 가지고 산 꼭대기에 이르기 전에 새벽닭이 울고 말았다. 방앗간 주인은 안도의 한숨을 내쉬었으나 머리끝까지 화가 난 악마는 자신이 지은 방앗간을 다 부숴 버리고 그것도 모자라 암벽까지 무너뜨려 람베르크 산을 온통 돌산으로 만들어 버렸다. 이 때문에 람베르크 산꼭대기에는 지금도 온통 돌덩이들이 이리저리 널려 있다. 그래서 사람들은 이곳을 '악마의 방앗간'이라 부른다. 또한 이 산 중턱에는 지금도 악마가 버리고 간 방앗돌이 놓여 있다고 한다.

악마가 산 아래로 굴러떨어지는 방앗돌을 잡으려고 낑낑 대고 있다.

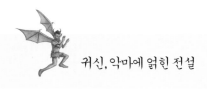

베르타 부인, 하얀 부인

우리나라처럼 조상을 잘 모시는 나라도 드물 것이다. 물론 유교의 전통에서 비롯된 것이지만 이는 조상 귀신이 후손을 잘 돌봐 줄 것이라는 믿음에서 시작된 것이다. 독일에서도 이와 비슷한 귀신이 있다. 바로 베르타 부인 또는 하얀 부인이라고 불리는 귀신이다. 도대체 이 귀신의 정체는 무엇일까. 다음의 전설 속에서 그 정체를 밝혀 보도록 하자.

조상 귀신, 하얀 부인

옛날 독일의 어느 지방 영주의 집에서 있었던 일이다. 때는 유모들까지도 모두 잠들어 버린 아주 깊은 밤이었다. 이제 갓 돌이 지난 영주의 아들이 새

근새근 잠을 자고 있는데, 갑자기 바람이 휙 불면서 하얀 부인이 나타났다. 그녀는 영주의 아들을 안고 볼에 키스까지 해주었다. 인기척에 놀란 유모가 잠에서 깨었고, 하얀 부인을 보고는 너무도 놀라 "당신 누구야"라고 소리쳤다. 그러자 하얀 부인은 매우 기분 나쁘다는 표정으로 대답했다.

"이 아인 내 후손이야. 너처럼 피 한 방울 섞이지 않은 남과는 격이 다르지. 나를 모르다니 너는 저주를 받을 것이야."

이때 유모가 본 하얀 부인은 하얀 베일의 두건을 쓰고 검은 장갑을 끼고 있었다고 한다. 결국 그 유모는 얼마 후 의문의 죽음을 당하고 만다. 이뿐만이 아니다. 하얀 부인은 곳곳에서 이와 비슷한 모습으로 나타났다고 전해진다. 문제는 하얀 부인이 검은 장갑을 끼고 있을 때 이를 본 사람은 그 후 의문의 죽음을 당하고 만다는 사실이다. 그러나 하얀 부인을 보더라도 그녀가 검은 장갑을 끼고 있지 않았다면 일단 죽음은 피할 수 있었다.

하얀 부인의 정체

그렇다면 이 하얀 부인의 정체는 무엇일까? 지금까지 하얀 부인이 나타난 곳은 희한하게도 옛날 로젠베르크라는 이름을 가진 여인의 후손들이 사는 집이었다고 한다. 그렇다면 이 하얀 부인의 정체는 로젠베르크라는 이야기가 된다. 그녀는 어떤 인물이었을까?

그녀는 실제로 옛날 보헤미아*(현재의 체코 서부) 지방에 살았던 귀족

보헤미아(Bohemia)
체코 공화국의 동부는 모라바, 서부는 체히(Cechy)라 부른다. 이 체히를 라틴어로 발음하면 보헤미아가 된다.

부인이었으며, 일찍 과부가 되어 노이하우스에 살면서 성도 한 채 지었던 인물로 알려져 있다. 그리고 그녀는 죽어서 자신들의 후손들이 잘되도록 돌봐 주는 귀신이 되었다고 한다. 덕분에 그녀의 후손들은 대부분 잘되어 영주가 많이 나왔다. 이 때문에 하얀 부인은 수많은 영주들의 성에 잘 나타나기로 소문 나 있다. 특히 후손들의 아기를 잘 돌봐 주는 것으로 알려져 있어, 앞에서 예를 든 것처럼 후손의 아기들이 자고 있는 방에 잘 나타난다. 그런데 이 귀신이 가장 싫어하는 것이 있는데, 그것은 손님을 잘 접대하지 않는 사람들이다. 그래서 그런 사람들에게 어김없이 나타나 주의를 준다고 한다. 그녀가 손님 접대를 중히 여기는 이유는 살아생전 그녀가 성을 지을 때 부역자들을 잘 대접하는 모범을 보였기 때문이라고 한다.

하얀 부인이 나타나 손님을 잘 접대하지 않는다고 나무라는 모습

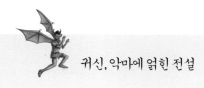

홀라 부인과 에카르트

독일의 전설에 등장하는 인물 중에는 몇 명의 '스타'들이 있다. 즉, 한 곳에만 등장하는 것이 아니라 곳곳에 등장하면서 활약을 펼치는 인물들이 바로 그들이다.

그 중 '홀라 부인'과 '에카르트'가 있는데, 분명한 것은 둘 다 현실적인 인간이 아닌 초자연적인 존재라는 것이다. 홀라 부인은 어떤 땐 친근한 존재로, 또 어떤 곳에서는 마녀 같은 모습으로 그려지기도 한다. 반면, 에카르트는 충직한 하인으로 등장한다. 이 두 스타(?)가 동시에 등장하는 전설 하나를 엿보도록 하자.

괴테의 『헛수고』 중에 등장하는 에카르트
그대가 충직한 '에카르트'가 되어 누구든 손해볼 일 없도록 충고해 준다면 그것도 하나의 역할일수야 있겠지만, 실상 아무 소용 없을 겁니다. 그래봤자 사람들은 덫을 향해 뛰어드니까요.

홀라 부인의 행차

옛날 독일 튀링겐 지방의 어느 마을에 가난한 소년이 살고 있었다. 소년은 마침 크리스마스를 맞이하여 조촐한 파티에 쓸 맥주를 구하기 위해 주전자를 들고 길을 나섰다. 주머니에는 충분한 돈이 없었기에 먼 곳까지 가서 싼 맥주를 사야 했다. 소년은 겨우 맥주를 사서 주전자에 가득 담고 집으로 돌아오고 있었다.

마침 그곳은 마을의 길이었는데, 갑자기 뒤통수에서 이상한 소리가 들렸다.

"길을 비켜라. 홀라 부인 행차시다."

홀라 부인은 마을 사람들도 익히 잘 알고 있는 귀신으로 마을 부녀자들이 실을 잣고 있을 때 나타나 게으름 피우는 여인네를 혼내 주기로 유명했다. 이런 홀라 부인의 행차를 알린 이는 그녀에게 충성을 다하며, 사람들에게 위험을 미리 알려 주기로 유명한 에카르트였다.

소년이 얼른 뒤를 돌아다보았더니 이게 웬일인가! 거기에는 온갖 귀신들이 바글거리고 있는 것이었다. 소

바글거리는 귀신들을 피해 길가로 몸을 피신한 소년

년은 깜짝 놀라 길가로 몸을 피하였다. 귀신들은 소리를 지르기도 하고 춤을 추며 신나게 행렬을 하고 있었다. 소년은 두근거리는 가슴을 진정하려고 애쓰며 귀신들이 지나가기를 기다릴 수밖에 없었다.

에카르트와의 약속

그때였다. 귀신의 무리 중 한 명이 소년을 발견하고는 소년 쪽으로 뛰어오더니 그만 주전자를 빼앗아 맥주를 벌컥벌컥 마셔 버리는 것이 아닌가! 소년은 빈 주전자를 들고 집에 가면 아버지에게 야단맞을 것이 뻔했기에 안절부절 못하였다. 그때 에카르트가 나타났다.

"네가 오늘 본 일을 집에 가서 절대 말하지 않으면 그 주전자에는 맥주가 항상 가득 차 있을 것이다. 그러나 발설하는 날에는 다시 빈 주전자가 되고 말 것이야!"

이렇게 하여 소년은 빈 주전자를 들고 집으로 갔는데, 정말 에카르트의 말대로 신기하게 아무리 마셔도 주전자는 맥주로 넘쳐흘렀다. 이에 소년의 아버지가 도대체 어떻게 된 일이냐고 따졌으나 소년은 굳게 입을 다물었다. 그러나 집요한 아버지의 추궁 때문에 결국 모든 비밀을 말하고 말았다.

그 후로 어찌 되었을까? 당연히 주전자의 맥주는 비어 버렸고, 소년은 또다시 맥주를 구하기 위해 험난한 길을 나서야 했다.

하멜른의 피리 부는 마법사

하멜른(Hameln)
독일 북중부에 있는 작은 항구도시이다. 이 작은 도시를 세계적인 관광지로 만든 것이 바로 '하멜른의 피리 부는 마법사' 전설이다.

독일의 하멜른*을 유명하게 만든 것은 고대 유적이나 찬란한 문화유산 같은 것들이 아니라 바로 '쥐잡이 마법사'에 관한 전설이었다.

피리 소리로 쥐를 잡다

때는 1284년, 베제르(Weser) 강을 끼고 있었던 독일의 하멜른에 이상한 일이 벌어졌다. 도시 전체에 쥐들이 들끓어 난리를 피우기 시작한 것이다. 어느 한 집도 예외 없이 쥐 떼들이 나타나 부엌과 곡식 창고를 휘젓고 다니며 쑥대밭을 만들어 놓았다. 이 쥐들은 먹성도 대단해서 모든 음식들을 다 먹어 치울 태세로 달려들었기 때문에 끼니 걱정까지 해야 할 정도였다.

이에 하멜른 시민들은 쥐 떼들을 잡기 위해 도시 곳곳에 쥐약과 쥐덫을 놓았을 뿐만 아니라 고양이 떼까지 풀어놓았지만 쥐들의 수는 좀처럼 줄지 않았다. 오히려 쥐를 잡으려 할수록 쥐들의 수는 점점 더 많아지는 것이었다. 이에 하멜른 시의 시장은 다음과 같이 현상금이 걸린 현수막을 내걸었다.

현상금 수배자 : 쥐 떼, 현상금 : 금 백 냥

많은 사람들이 쥐 떼를 소탕하겠다며 나섰지만 소용이 없었다. 그러던 중 하멜른에 이상한 젊은이가 나타났다. 그는 알록달록한 옷을 입고 치렁치렁한 목도리를 둘렀으며, 손에는 작은 피리 하나를 들고 있었다. 그는 시장 앞에 나타나 이렇게 말했다.

"쥐 떼들을 모두 없애 줄 테니 꼭 현상금을 주겠다고 약속해 주시오."

시장은 이 이상한 젊은이에게 그렇게 하겠다고 약속했다. 그러자 젊은이는 미소를 지으며 성을 빠져나왔다. 그리고 하멜른 시내로 들어가 피리를 불기 시작했다. 그런데 그 피리 소리가 어찌나 애절한지 사람들의 정신을 혼미하게 만들 정도였다. 사실 이 젊은이는 마법사였으며, 이 피리 소리는 쥐들에게 거는 마법의 소리였던 것이다.

하멜른 시 마르크트 교회 창문에 그려진 '피리 부는 마법사' 그림

신기하게도 피리 소리를 들은 쥐들은 하나같이 뭐에 홀린 듯 지하실과 창고로부터 기어 나오더니 마법사를 따르기 시작했다. 마법사는 하멜른 시의 구석구석까지 돌아다니며 피리를 불었기 때문에, 도시의 모든 쥐들이 마법사를 따라 나와 꼬리에 꼬리를 문 긴 행렬이 장관을 이루게 되었다. 이제 하멜른 시에 있는 모든 쥐들이 마법사를 따르고 있었다. 마법사는 쥐 떼들을 몰고 그대로 베제르 강으로 향하였다. 이윽고 베제르 강에 다다르자 마법사는 그대로 강으로 들어가서 피리를 계속 불어 댔다. 그러자 쥐 떼들도 강으로 따라 들어왔고, 모두 물에 빠져 죽고 말았다.

젊은 마법사는 곧바로 시장에게 달려갔다.

"멋지게 일을 처리했으니 약속대로 현상금을 주십시오."

그러나 시장은 갑자기 태도를 바꾸었다.

"하지만 이 일이 꼭 당신 때문에 벌어졌다는 것을 어떻게 믿지? 쥐들이 스스로 익사한 건지도 모르잖아."

그러자 젊은 마법사는 매우 화가 난 표정으로 시장에게 앞으로 하멜른에 이보다 더 큰 재앙이 닥칠 거라고 쏘아붙이고 도시를 떠나 버렸다.

쥐잡이 마법사의 복수

때는 성 바울로 축일인 6월 26일, 젊은 마법사는 다시 하멜른에 나타났다. 이번에는 전과 다르게 짐승 털가죽으로 된 사냥꾼 복장을 하고 머리에는 빨간 모자를 쓰고 있었다. 단, 손에 들고 있는 피리만은 그전과 똑같은 것이었다.

마법사는 그전과 같이 시내를 돌아다니며 피리를 불어 댔다. 그러자 이번 에는 집에 있던 아이들이 모두 집에서 나와 마법사를 따르기 시작했다. 도시 의 모든 아이들이 나와 일렬로 서서 마법사를 따랐기 때문에 길게 꼬리를 문 행렬은 또다시 장관을 이루었다.

마법사는 강으로 향하지 않고 이번에는 시 근처에 있는 포펜 산으로 향하 였다. 그 이후로 하멜른 시의 사람들은 어느 누구도 그 젊은이는 물론 아이 들의 모습까지도 볼 수 없게 되었다. 오로지 근거 없는 소문만이 무성할 뿐 이었다. 졸지에 아이들을 잃어버린 하멜른 시민들은 이 사건을 도시 기록부 에 기록해 두었고, 지금까지 전해져 내려오고 있다고 한다.

피리 부는 마법사가 피리를 부르고 아이들이 뒤를 따르는 모습

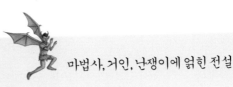

하일링 할아버지와 난쟁이

독일에는 유난히 거인이나 난쟁이에 얽힌 전설이 많다. 그만큼 그들은 거인이나 난쟁이를 사람과 신 사이에 존재하는 또 다른 기이한 존재로 생각했던 것 같다. 여기에 난쟁이에 얽힌 전설 하나를 소개하고자 한다.

난쟁이가 사는 집으로 가다

옛날 독일의 어느 마을에 살던 처녀가 산딸기를 따기 위해 마을 근처의 산으로 올라갔다. 마침 산은 온통 산딸기로 뒤덮여 있어 처녀는 정신없이 산딸기를 땄다. 그러는 사이 어느덧 해가 지고 말았다. 깜짝 놀란 처녀는 산을 내려가기 위해 서둘렀으나 이미 어두컴컴한 상태라 길을 찾을 수 없었다.

처녀는 한참을 헤매다가 커다란 암벽 옆에서 불빛이 반짝이는 것을 발견하였다. 그래서 그곳으로 달려갔더니 예쁘고 아담한 집 한 채가 있는 것이 보였다. 처녀는 무섭기도 했지만 급한 마음에 집의 문을 두드렸다. 그러자 온통 하얀 수염으로 뒤덮인 할아버지가 나타났다.

"저, 산에서 길을 잃었는데 하룻밤만 묵어가게 해주세요."

할아버지는 처녀를 집안으로 맞아들였고, 처녀는 그곳에서 하룻밤을 묵게 되었다. 그런데 처녀는 이상하다는 생각이 들었다. 그 집에는 분명 할아버지 한 명뿐이었는데, 계속해서 달그락거리는 소리가 났기 때문이었다. 처녀는 하도 궁금하여 할아버지에게 물어보았다.

"할아버지, 혹시 이곳에 저와 할아버지 말고 다른 사람들도 있나요?"

그러자 할아버지는 고개를 끄덕이며 말을 꺼냈다.

"물론이지. 난 하일링이라고 하는데, 숲속의 난쟁이들을 데리고 살지. 이곳은 내가 난쟁이들과 함께 사는 집이야. 그런데 난쟁이들이 이제 이곳에 사는 게 지긋지긋하다고 해서 하나둘 떠나가 버렸어. 지금은 난쟁이가 몇 명 남지 않았고, 그래서 나도 내일 이곳을 떠나려고 해."

처녀는 '난쟁이'라는 할아버지의 말에 두 눈을 똥그랗게 떴다. 그 순간 여기저기에서 난쟁이들이 하나둘씩 아장아장 걸어 나오는 것이 아닌가! 처녀는 신기하기도 하고 그 모습이 귀엽기도 해서 그만 깔깔깔 웃었다. 난쟁이들도 처녀를 좋아해 이들은 서로 재미있게 놀면서 시간을 보냈다. 그러다가 처녀는 하루 종일 산딸기를 딴 탓인지 금세 피로해져 그만 잠이 들고 말았다.

하일링 할아버지, 숲속의 난쟁이들과 즐겁게 놀고 있는 처녀

앗! 하룻밤 만에 백 년이

얼마나 잤을까. 눈부신 햇살 때문에 처녀는 잠에서 깼었다. 그런데 이게 웬일인가. 어젯밤 그 귀엽고 예뻤던 집은 온데간데없고 처녀는 커다란 암벽 밑에서 자고 있는 것이었다.

'어젯밤 내가 꿈을 꾸었나?'

처녀는 고개를 갸우뚱하며 산에서 내려왔다. 그리고 마을로 갔는데, 이상하게도 자기가 알고 있는 그 모습이 아니었다. 동네 어귀로 들어가는 길도, 마을의 집들도, 그리고 무엇보다도 자기가 살았던 오두막도 다른 모양으로 변해 있었다. 그리고 마을에 다니는 사람들도 모두 모르는 사람들뿐이었다.

'도대체 이게 어찌된 일일까?'

처녀는 갑자기 머리가 어찌된 것만 같아 정신없이 미친 사람처럼 마을을 이리저리 돌아다녔다. 그리고 자기가 살았던 오두막 근처에서 그만 정신을 잃고 말았다.

얼마 후 처녀가 눈을 떴을 때 웬 할아버지가 처녀를 물끄러미 쳐다보고 있었다. 그 할아버지는 산에서 보았던 하일링 할아버지와 무척 닮아 보였다.

처녀는 자기가 겪었던 일을 할아버지에게 소상히 말하였다. 그랬더니 할아버지는 깜짝 놀랄 만한 이야기를 들려 주었다.

"그 참, 신기하기도 하지. 사실 백 년 전에 우리 조상 중 한 분이 산에 딸기 따러 갔다가 돌아오지 않은 사건이 있었어. 그때 그분의 아버지가 하도 애지중지 키운 딸이라 애통해 하며 이 이야기를 후손들에게 전하라고 유언한 후 죽고 말았지."

처녀는 그 이야기를 듣는 순간 마치 온몸이 굳는 것 같은 느낌을 받았다. 그렇다면 자신이 산에서 하룻밤을 자고 온 사이 세상은 백 년의 세월이 지났다는 이야기가 된다. 어떻게 이런 일이 일어날 수 있단 말인가!

다음날 처녀는 다시 산으로 올라가 그 암벽을 찾아냈다. 그러나 그곳에는 여전히 암벽만 우뚝 서 있을 뿐, 그때 보았던 집은 눈을 씻고 봐도 찾을 수 없었다.

이러한 사연 때문에 사람들은 그 암벽을 할아버지의 이름을 따서 '하일링 암벽' 이라 불렀고, 지금도 그 이름이 전해 내려온다.

파우스트(Faust) 박사의 전설

괴테(Johann Wolfgang von Goethe, 1749~1832)
독일의 대문호로 평생에 걸쳐 『파우스트』를 집필한 것으로 유명하다. 첫 집필은 1774년에 시작하여 1831년에 완성하였다.

파우스트는 실제로 15세기 독일에 살았다고 알려진 인물로서 그에 관한 '파우스트 전설'은 독일에서도 꽤 유명한 것 중 하나이다. 그러나 파우스트가 무엇보다 유명해진 것은 괴테* 덕분이라고 할 수 있다. 괴테는 파우스트 전설을 토대로 불후의 명작 『파우스트』를 남겼는데, 이는 지금도 반드시 읽어야 할 명작 중 하나로 손꼽히고 있다. 이제 이 무시무시하고 재미있는 '파우스트 전설' 속으로 들어가 보도록 하자.

마술에 빠진 파우스트

파우스트는 바이마르 근교에서 태어났으며, 그의 아버지는
당시 부농이었던 '요르크 겔라하' 라고 알려져 있다. 전해 오
는 이야기에 의하면, 어느 날 요르크 겔라하가 '파우스트' 라
는 이름의 시녀를 겁탈하여 태어난 아이가 바로 파우스트라
는 전설*도 있다. 여하튼 파우스트는 유복한 집안에서 자랐기
에 하고 싶은 공부를 마음껏 할 수 있었다. 어릴 때부터 수준
높은 교육을 받았다. 그가 청년이 되었을 때는 이미 비텐베르
크 대학에서 신학을 공부하여 신학 박사가 되어 있었다.

파우스트 전설의 유래

파우스트 전설은 16세기 독일에서 집
대성된 전설로서, 파우스트는 15세기
말에서 16세기에 걸쳐 실재했던 게오
르크 파우스트라고 하는 연금술사와
전설적 인물인 요하네스 파우스트라
는 마술사의 행적이 결부되어 형성된
인물이라고 전해진다. 남아 있는 문
헌으로는 1580년의 사본이 가장 오
래된 것이며, 이를 바탕으로 활자본
슈피스 판 『닥터 요하네스 파우스트
의 이야기』(1578)가 출판되었다.

그러나 파우스트는 오만하고 욕정에 가득 찼으며, 신비적인 것에 관심이
많았기 때문에 당시 유행하던 마술 공부에 심취하게 된다. 그는 특히 한 수
도원에서 만난 마술을 부리는 신부를 통하여 연금
술을 비롯하여 당시 알려져 있던 마술의 모든 것
을 배울 수 있었다. 이렇게 하여 수도원을 나온 파
우스트는 풋내기 마술사로서 그럭저럭 이름을 알
리는 존재가 되었다. 이 무렵, 파우스트는 게르하
우젠이라는 곳에서 우연히 전에 머물렀던 수도원
의 마술 신부를 만나게 되었다. 그는 마술에 정통
했기에 이미 이 지역에서 왕실과 많은 귀족에게
영향력을 행사하고 있었다.

마술을 부리는 파우스트

"오, 정말 반갑습니다. 저에게 이 지역의 귀족들을 좀 소개해 줄 수 있습니까?"

이때 마술 신부는 파우스트로부터 이상한 기운을 느끼기 시작했다.

'이건 분명 나를 능가하는 그 무엇이야!'

마술 신부의 소개로 파우스트는 단숨에 귀족 사회에서 유명한 마술사가 되었으며, 황제 앞에서 마술을 부리는 위치에까지 오르게 되었다. 드디어 황제 카를 5세 앞에서 파우스트는 마술을 펼치기 시작했다.

파우스트는 카를 5세 앞에서 알렉산더 대왕의 영혼이 피어오르는 마술을 선보였다. 바로 그때였다.

"저것은 내 마술을 모방한 것이오!"

한창 피어오르는 분위기를 깬 자는 다름 아닌 마술 신부였다.

악마와 계약을 맺다

좌절한 파우스트는 이후로 의학, 천문, 수리 등 온갖 학문에 심취한다. 그것은 우주의 궁극적인 진리가 무엇인지 알고자 하는 그의 욕구에서 나온 행동이었으나, 그 모든 노력에도 불구하고 그는 단 하나도 만족하지 못하였다. 결국 파우스트는 어느 날 그동안 자신이 모시던 신을 버리기로 결정하고 마술을 행하여 악마 메피스토펠레스를 지하 세계로부터 불러냈다. 어둠을 뚫고 나타난 메피스토펠레스가 음침한 목소리로 말했다.

"이 계약서에 혈서로 맹세하라."

계약서의 내용은 이러하였다.

"사후의 영혼을 대가로 24년간 현세의 쾌락을 마음껏 누리리라."

파우스트는 자신의 검지를 잘라 혈서로 그 계약서에 사인했다. 그러자 메피스토펠레스는 갑자기 검은 개로 둔갑하여 파우스트의 여행길을 따라나섰다.

메피스토펠레스는 쾌락을 맛보여 주기 위해 맨 먼저 파우스트를 술집으로 데리고 갔다. 이곳에서 온갖 쾌락을 즐긴 후에 다시 여행에 나선 파우스트는 그레첸이라는 아름다운 여인을 만나게 된다. 그녀와 사랑에 빠져 결혼까지 하게 되었으나 곧바로 불행이 닥쳐왔다. 파우스트로 인해 그녀의 어머니는 물론 오빠까지 죽게 되고, 이에 반미치광이가 된 그레첸이 파우스트와의 사이에서 낳은 아이를 죽이는 비참한 상황이 벌어진 것이었다. 결국 파우스트는 그녀를 뒤로 하고 그곳을 떠나야 했다.

비참한 결말

파우스트는 악마의 능력을 부여받았으므로 못할 것이 없었다. 그는 하늘의 별을 탐방하는가 하면 어둡고 침침한 지옥 세계도 방문하였다. 그리고 지옥에서 고대 그리스 전설의 미녀 헬레네(또는 헬레나)를 불러내어 그녀와 사

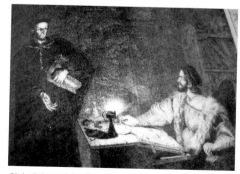

악마 메피스토펠레스와 계약을 맺는 파우스트

악마와 동행하는 파우스트

랑을 나누고 결혼하기에 이른다. 두 사람 사이에서 오이포리온이라는 아들도 태어나게 되었다. 그러나 행복은 여기까지였다. 이 아이는 하늘을 날고 싶은 욕망에 바위 끝에 서서 뛰어내렸는데, 그만 떨어져 죽고 만 것이다. 이 슬픔 때문에 헬레네도 저승으로 돌아가 버린다.

이후로도 파우스트는 수많은 곳을 다니며 온갖 향락과 퇴폐적인 생활을 일삼았다. 물론 중간에 그의 친구들이 파우스트를 말리며 악마에게서 벗어나 다시 하느님에게로 돌아오라고 충고하였다. 그러나 악마 메피스토펠레스와 함께 하고 있는 파우스트에게는 그 어떤 이야기도 들리지 않았다. 그는 계속해서 현실적 쾌락에 몸을 맡길 뿐이었다.

이러는 사이 어느덧 메피스토펠레스와 약속한 24년의 세월이 지나가고 말았다.

"후후. 드디어 24년의 세월이 지났다. 이제 약속한 대로 너의 영혼을 내놓아라."

파우스트는 그제야 제정신이 들었으나 이미 때는 늦고 말았다. 갑자기 천지가 진동하는 굉음이 온 세계에 울려 퍼졌다. 그와 동시에 파우스트는 숨이 멎는 고통과 함께 몸부림치며 지옥에 떨어지고 말았다. 그리고 그는 영원한 지옥의 형벌을 받으며 살아야 했다.

파우스트 전설 vs 괴테의 『파우스트』

괴테의 『파우스트 Faust』(제1부 1808, 제2부 1832)는 현재 전 세계의 초·중·고 학생들이 상식으로 알고 있어야 할 고전 중의 하나로 인식될 만큼 유명한 문학이 되었다. 그러나 『파우스트』는 다른 문학 작품과 달리 순수 창작이 아니다. 그것은 전설이 많기로 유명한 독일에서 전해 오던 '파우스트 박사의 전설'을 토대로 만들어진 것이다.

독일은 최후의 프로테스탄트(개신교) 국가로 불릴 만큼 신앙심이 강한 나라였다. 그러나 아이러니하게도 이런 독일에서 유독 발달한 것이 '악마 신앙'이다. 그래서 독일의 수많은 전설에는 악마가 등장한다. 이러한 악마가 등장하는 대표적인 전설 중 하나가 바로 '파우스트 박사의 전설'이다.

파우스트 전설에서 주인공 파우스트는 악마 메피스토펠레스와 계약을 맺은 후 온갖 쾌락을 즐기다가 악마에게 영혼을 빼앗겨 결국 지옥에 떨어지는 것으로 끝이 난다.

그러나 괴테의 『파우스트』는 결말이 다르다. 괴테는 파우스트가 추구하던 진리의 탐구와 학문적 열망에 초점을 맞추었으며, 비록 악마의 유혹에 넘어가 온갖 악을 행하지만 결국에는 신과 화해하고 지옥이 아닌 천국으로 가게 되는 '해피엔딩'을 선택했다. 훗날 수많은 작가가 파우스트를 소재로 괴테를 뛰어넘는 작품을 쓰려고 했으나 모두 실패했다고 한다.

LEGEND OF THE WORLD

프랑스의 전설 여행

✳ 1200년까지 프랑스 문학은 대부분 노래로 전해졌다. '종글뢰르'라는 노래꾼들이 시인들의 작품을 사서 방방곡곡을 떠돌아다니며 노래를 불렀던 것이다. 특히 '무훈시'가 인기였는데 그 중 '롤랑의 노래'가 가장 아름다우며 가장 오래된 것이다. 프랑스 설화 문학에서 프랑스 사람들의 상상력과 호기심을 자극하는 것은 고대 문학과 십자군 원정, 특히 '브르타뉴 설화'로 알려진 켈트족 전설이다. 아서 왕 전설도 이 전설에 뿌리를 두고 있다.

아름다운 도망자, 리날도와 안젤리카

서기 768년, 샤를마뉴(찰스 대제)*가 프랑크족의 황제 자리에 올랐다. 당시, 샤를마뉴 황제는 사라센 군과 이슬람교를 상대로 전쟁을 벌여 많은 영토를 차지한다. 이때 12용사라 불리는 영웅들이 샤를마뉴 황제를 받들었는데, 궁전에서 살며 왕과 친구로 지냈다고 해서 '팔라딘'이라 불린다. 이따금 황제는 내로라하는 기사들을 불러 잔치를 벌이고 실력을 겨루게 했다. 아름다운 여인이라도 나타나면 기사들은 사랑을 얻기 위해 목숨을 아끼지 않았다. 이 시절에 일어났던 이야기이다.

샤를마뉴(Charlemagne, 742~814)
프랑크 왕국의 제2대 국왕(재위 768~814년)으로 당시 사실상 서유럽의 정치적 통일을 달성한 인물로 평가받고 있다.

안젤리카의 유혹

오순절을 맞아 샤를마뉴 황제는 축제를 열었다. 12용사와 황제의 가신들, 파리에 머물고 있는 기독교인들과 이방인들이 궁전으로 모여들었다.

그런데 초대받지 않은 기사가 거인 네 명과 여인 한 명을 데리고 궁전에 나타났다. 여인은 눈부시게 아름다워 모두의 마음을 사로잡았다. 목소리도 어찌나 달콤한지 바위라도 녹일 것 같았다.

"폐하의 명성이 높아 직접 뵙기 위해 지구의 끝에서 왔습니다. 이 기사는 제 오라버니이며 저는 안젤리카라고 합니다. 오늘 폐하의 유명한 마상(馬上) 시합이 열린다 해서 제 오라버니가 자신의 용기를 증명하고자 왔답니다. 오라버니와 결투하여 쓰러진 자는 오라버니의 포로가 될 것이나, 오라버니를 이긴 자는 저를 얻을 것입니다."

안젤리카는 왕 앞에 무릎을 꿇고 앉아 대답을 기다렸다. 사실 안젤리카와 오빠 아르갈리아는 기독교 군대를 파멸시키기 위해 온 것이었다. 안젤리카는 모든 마술을 막아 낼 수 있는 마법의 반지를 끼고 있었고, 아르갈리아는 바람보다 빠른 마술의 말을 타고 무엇이든 닿기만 하면 쓰러뜨리는 마법의 창을 지니고 있었다.

12용사 가운데 마법사 말라기기만이 두 남매의 정체를 알아챘다. 그는 남매를 몰아내려 했으나, 안젤리카가 끼고 있는 마법의 반지 앞에서는 어떤 마술도 통하지 않았다. 오히려 남매한테 잡혀 지하 감옥에 갇혀 버렸다.

다른 사람들은 아무것도 눈치채지 못했다. 오로지 안젤리카를 갖고 싶어

안달했을 뿐이다. 12용사는 물론 이방에서 온 기사들도 결투에 나서는 바람에 소동이 일어났다. 결국 제비뽑기로 순서를 정하여 아스톨포가 첫 번째로 나서게 되었다.

결투와 추적

무슨 까닭에서인지 아스톨포는 번번이 말에서 떨어졌다. 두 번째로 스페인에서 온 페라우가 결투에 나섰으나 그는 역시 말에서 떨어졌다. 하지만 페라우는 물러나지 않고 칼을 들고 아르갈리아에게 덤볐다. 아르갈리아는 자

마상 시합을 벌이고 있는 기사들의 모습

신을 지키기 위해 말에서 내려 칼을 거두었다. 페라우가 의기양양해서 안젤리카와 결혼하겠다고 하자, 안젤리카는 얼른 마술 반지를 꼈다. 그리고는 오빠에게 '아르덴 숲'에서 만나자는 말을 남기고는 감쪽같이 사라졌다. 아르갈리아도 마술의 말을 타고 사라져 버렸다.

12용사 가운데 하나인 리날도가 안젤리카가 사라진 것에 마음 아파하며 뒤를 쫓았다. 롤랑도 그 뒤를 쫓아 말을 달렸다.

'아르덴 숲'에는 미움의 연못과 사랑의 연못이 있었다. 사랑의 연못물을 마시면 물을 마신 뒤 처음 눈에 띄는 생명체를 사랑하게 되고, 반대로 미움의 연못물을 마시면 사랑을 잊으며 사랑했던 사람마저 증오하게 된다.

리날도는 미움의 연못가에 이르렀다. 더위로 목이 말랐던 리날도는 미움의 물을 한 모금 마셨다. 그러자 안젤리카가 미워지고 안젤리카를 찾아다니는 일이 몹시 혐오스럽게 느껴졌다. 피로감과 허탈감에 지친 리날도는 잠이 들어 버렸다.

이때 안젤리카가 숲에 이르렀다. 사랑의 연못물을 마셔 목마름을 달래고는 다시 길을 떠났다. 그런데 꽃밭에서 리날도를 보고는 한눈에 사랑에 빠져 버렸다.

어찌해야 할 바를 모른 안젤리카는 백합과 들장미를 한 웅큼 따서 리날도의 얼굴 위에 하나씩 떨어뜨렸다. 놀라서 눈을 뜬 리날도는 경멸과 증오의 말을 퍼부으며 안젤리카로부터 달아났다. 안젤리카는 절망에 빠져 리날도가 누웠던 자리에 누워 울었다. 그러다 잠이 들었다.

이때 롤랑이 지나가다 안젤리카를 보았다. 넋이 빠져 멍하니 섰는데, 페라우가 나타나더니 질투심에 눈이 멀어 롤랑에게 결투를 신청했다. 어쩔 수 없이 결투는 시작되고, 안젤리카는 시끄러운 소리에 눈을 떴다가 크게 놀라서 숲속으로 달아났다.

페라우는 스페인 왕의 부름을 받아 스페인으로 떠나고, 롤랑은 안젤리카를 찾아 다시 추적을 계속하였다.

추적과 탈출

안젤리카는 리날도를 잊을 수가 없었다. 어떻게든 리날도를 얻고자 말라기기를 지하 감옥에서 꺼내 리날도를 자기 발 앞에 데려다 주면 큰 보상을 하겠다고 약속했다.

말라기기는 마술의 힘을 빌어 리날도를 찾아냈다. 그는 마술의 배에 리날도를 태워 마술의 섬으로 데려갔다. 리날도가 섬에 내리자 아름다운 궁전이 나타났다. 궁전으로 들어가자 아름다운 여인들이 리날도를 맞이했다. 온갖 진귀한 음식과 향기로운 술로 리날도를 대접했다. 달콤한 음악까지 들려 주니 리날도는 여인들에게 빠져 정신을 차릴 수가 없었다.

식사가 끝나자 한 여인이 리날도의 귀에 입술을 대고 속삭였다.

"이 섬과 이 성, 이곳에 있는 모든 것이 기사님 것이랍니다. 어느 왕비님이 오직 기사님을 위해 이 모든 것을 마련하셨답니다. 기사님은 정말 행복하신

분이에요. 기사님을 사랑하는 왕비님은 이 세상에서 누구보다 아름다우시니까요."

리날도는 왕비가 누구냐고 물었다.

"안젤리카라는 분이랍니다."

여인의 말이 끝나기도 전에 리날도는 벌떡 일어났다. 그는 뒤도 돌아보지 않고 궁전에서 빠져나와 배에 올랐다. 하지만 마음대로 배를 움직일 수 없었다. 배는 제멋대로 거칠게 나아가다가 리날도를 어두운 숲에 내던져 놓고는 사라져 버렸다.

마법의 힘에 걸려 리날도는 숲의 구덩이에 갇혔다. 구덩이에는 피범벅인 사람들의 머리가 걸려 있었다. 리날도가 놀라 입을 다물지 못하는데, 무시무시하게 생긴 노파가 나타나 이죽거렸다.

"잘되었군. 제물로 바칠 사람이 필요했는데."

이튿날 아침, 리날도는 괴물의 굴로 끌려갔다. 굴 안에서 리날도와 괴물 사이에 무시무시한 결투가 벌어졌다. 리날도는 괴물의 비늘에 아무런 상처도 낼 수 없었지만, 괴물은 무서운 발톱으로 리날도의 갑옷

무시무시한 괴물과 결투를 벌이는 리날도

을 뜯어냈다. 리날도는 빠져나갈 방법을 찾다가 들보를 하나 보고는 그곳으로 뛰어올랐다. 괴물은 리날도를 끌어 내리려고 계속해서 뛰어올랐다.

그때 허공에서 새소리가 나더니 안젤리카가 나타나 들보 끝에 내려앉았다. 마법의 반지를 꺼내며 사랑스러운 목소리로 말했다.

"내 사랑, 이걸 끼고 나와 함께 가요."

리날도의 대답은 간단했다.

"꺼져 버려! 너를 따라가느니 차라리 괴물한테 죽는 게 낫겠다."

안젤리카는 리날도를 죽게 하느니 떠나겠다며 품에서 밀랍 케이크를 꺼내 괴물한테 던졌다. 그리고 괴물의 머리 위에 올가미를 펼쳐 놓고는 리날도의 곁을 떠났다.

케이크를 먹은 괴물은 이빨이 밀랍으로 엉겨 붙자 화가 나서 길길이 날뛰었다. 올가미는 괴물의 몸을 친친 감아 버렸다. 이때다 싶어 리날도는 괴물의 등 위에 내려앉아 목을 붙잡고는 괴물이 죽을 때까지 놓지 않았다.

겨우 괴물로부터 벗어난 리날도는 아무리 둘러봐도 빠져나갈 방법이 마땅치 않았다. 딱 하나 있는 창문만이 밖으로 통하는 연결구인데, 아주 두꺼운 쇠창살로 가로막혀 있었다. 쇠창살은 너무 단단해서 금조차 그을 수 없었다. 리날도는 쇠창살을 붙잡고 끙끙대다가 우연히 손톱줄을 보았다. 손톱줄로 창살을 갈아 마침내 굴에서 빠져나왔다. 리날도는 도대체 그동안 몇 날 며칠이 지났는지 알 수 없었다. 리날도가 모르는 게 또 있었다. 손톱줄은 바로 안젤리카가 남겨 놓은 것이라는 사실이었다.

롤랑, 가장 뛰어난 용사

샤를마뉴로부터 검을 하사받고 있는 롤랑의 모습

샤를마뉴 황제의 12용사 가운데 가장 뛰어난 영웅은 바로 롤랑이다.

롤랑은 샤를마뉴 황제의 조카이기도 하다. 게다가 누구보다 용맹스럽고 충성심이 뛰어나 황제의 총애를 받았다.

롤랑한테는 목숨보다 더 아끼는 것이 있었으니, 그것은 바로 '절대 부러지지 않는 칼'이라는 '뒤랑다르'와 수십 리까지 울려 퍼지는 뿔피리 '올리팡', 그리고 죽음을 같이했던 친구들이다.

가늘롱의 음모

샤를마뉴 황제는 이교도들을 상대로 전쟁을 벌여 영토를 넓혔다. 그
런데 스페인의 사라센(이슬람교도들) 사람들만이 끝까지 저항을 했
다. 샤를마뉴 황제가 대군을 이끌고 쳐들어 가자, 스페인의 사라
센 사람들이 겁을 먹었다. 이에 스페인의 왕 마르실리아스는 샤를마
뉴 황제와 평화 협정을 맺고자 했다. 샤를마뉴 황제가 스페인에서 물러
나면, 그 대가로 공물을 바치고 기독교를 받아들이겠다고 한 것이다.

샤를마뉴의 신하인 가늘롱은 협정을 맺는 것에 적극 찬성하며,
자신이 마르실리아스 왕을 만나 담판을 짓고 공물을 받아 오겠다
고 했다. 대부분의 12용사들은 협정을 맺는 것에는 찬성했지만,
가늘롱을 보내는 것에는 반대했다. 가늘롱이 워낙 위선적이고 속임수가 많
아 믿지 못했던 것이다. 롤랑은 협정 자체를 반대했다.

하지만 황제는 가늘롱의 끈질긴 설득에 넘어갔다. 가늘롱은 롤랑과 12용
사를 증오하며 스페인으로 떠났다. 그리고 마르실리아스 왕을 만나 롤랑과
12용사를 죽일 음모를 꾸몄다.

샤를마뉴 대제의 조각상

습격

음모는 가려진 채, 평화 협정이 맺어졌다. 마르실리아스 왕은 황제에게 공
물을 바쳤다. 전쟁 배상금을 물고 볼모까지 내놓겠다고 약속했다. 황제는 가

늘롱의 보호를 받으며 고향으로 떠났고, 롤랑과 12용사는 마르실리아스 왕이 약속을 지키는지 감시하려고 남았다. 그들은 오직 2만의 정예 부대만을 데리고 론세스발레스 협곡에 진을 쳤다.

황제가 멀리 떠나자, 마르실리아스 왕은 기다렸다는 듯이 10만이 넘는 군사를 이끌고 론세스발레스 협곡으로 쳐들어 갔다. 계곡에 빼곡히 들어찬 사라센 군사들을 보자, 뛰어난 용사 올리비에가 급히 롤랑에게 말했다.

"어서 올리팡을 불게나. 그럼 황제가 우리를 도우러 올 걸세."

하지만 롤랑은 보검 '뒤랑다르'의 힘을 믿었다.

"죽지 않고 싸울 수 있는 한 올리팡을 불지는 않을 걸세."

튀르팽 주교가 승리와 축복을 위한 기도를 끝내자, 롤랑은 칼을 높이 들었다.

마르실리아스 군사와 롤랑 군사가 전투를 벌이고 있다.

"친구들이여, 말을 달려라! 이슬람교도들이 죽으러 온다."

롤랑의 군사들이 폭풍처럼 달려갔다. 적군의 기세도 만만치 않았다. 들판에 먼지가 휘몰아치고, 말발굽 소리가 하늘을 울렸다. 양쪽 군사들이 지르는 함성과 무기 부딪히는 소리가 론세스발레스 협곡에 메아리쳤다.

전투는 좀처럼 끝나지 않았다. 얼마나 많은 군사들이 죽었는지, 말들의 발목까지 피가 흥건했다. 그래도 이슬람교도들은 끝없이 몰려왔다. 롤랑의 군사들은 점점 지쳐 갔다.

12용사들의 죽음

12용사들도 지쳤다. 이를 악물고 싸웠지만, 쉴 새 없이 몰려드는 적군을 막을 수는 없었다. 결국 12용사들도 하나둘씩 죽고, 올리비에와 튀르팽 대주교만이 곁에 남자 롤랑은 비로소 올리팡을 불렀다. 뿔피리 소리가 론세스발레스 협곡을 진동시키자, 싸움터는 고요해졌다. 이슬람교도들은 싸움을 잊고 멍청하게 서 있다가 피리 소리가 사라지자 비로소 정신을 차렸다.

뿔피리 소리는 산맥을 넘어 황제의 귀에 닿았다. 그렇지 않아도 황제는 꿈속에서 롤랑의 위험과 가늘롱의 간계를 계시받은 터였다. 피리 소리의 뜻을 금방 알아차린 황제는 군대를 되돌리려 했다. 그러나 가늘롱이 가로막았다.

"평화 협정을 맺었는데 위험하다니요? 제 생각으로는 롤랑이 지금 사냥하다가 즐거워서 잠깐 피리를 분 것 같습니다."

황제는 분노에 차서 가늘롱을 묶어 말에 매달고는 론세스발레스로 군대를 돌렸다.

올리비에와 튀르팽, 그리고 롤랑의 죽음

얼마 남지 않은 롤랑의 군사들은 완전히 적에게 에워싸였다. 올리비에도 밀려오는 적을 막다가 칼에 찔려 쓰러졌다. 롤랑이 달려왔지만 너무 늦었다. 올리비에는 희미한 목소리로 말했다.

"슬퍼하지 말게. 살아서 고향으로 돌아가거든, 내 여동생이자 자네의 아내인 오르다에게 내 마지막 인사를 전해 주게나."

롤랑은 가슴이 찢어지는 듯한 아픔을 느끼며 올리팡을 불었다. 기절했던 올리비에가 눈을 떴다. 올리비에는 다시 힘이 솟는 것을 느끼며 일어섰다. 눈앞이 희미하고 발이 후둘거렸지만, 힘껏 칼을 휘둘렀다. 그러다가 하마터면 롤랑을 베어 죽일 뻔도 했다. 마지막 몸부림이었던 듯 올리비에는 다시 쓰러졌다. 롤랑은 올리비에를 끌어안고 눈물을 흘렸다. 올리비에를 위해 축복의 기도를 하자 올리비에도 롤랑을 위해 승리의 기도를 했다. 하지만 기도가 채 끝나기도 전에 올리비에는 눈을 감았다.

결국 롤랑과 튀르팽만 남았다. 적군들은 덤불로 위장을 하고 다가와 창을 던지거나 활을 쏘았다. 롤랑과 튀르팽은 날쌔게 달려 나가 적들을 해치우고 돌아오곤 했다. 적들의 시체가 산처럼 쌓였다.

얼마 못 가 튀르팽은 치명상을 입고 풀밭 위에 누웠다.

"다시 한 번 올리팡을 불게나. 황제께서 들도록 힘차게 말일세."

롤랑은 지칠 대로 지쳤지만 힘차게 올리팡을 불었다. 멀리서 황제의 뿔피리가 대답했다. 롤랑은 힘이 솟아 적군들 속으로 돌진했다. 번개처럼 가르는 뒤랑다르 밑으로 적의 머리가 가랑잎처럼 떨어졌다. 적들은 뿔뿔이 흩어졌다.

롤랑은 피를 철철 흘리면서도 적의 시체를 끌어다가 튀르팽 옆에 뉘었다.

"이교도들에게도 성스런 축복을 해주게."

튀르팽은 가까스로 두 손을 들고는 축복의 기도를 했다. 롤랑은 말할 수 없는 아픔에 사로잡혀 쓰러지며 중얼거렸다.

"물 한 모금만 마셨으면……"

튀르팽은 사랑하는 친구에게 물을 떠다 주고 싶었다. 마지막 힘을 다해 일어섰으나, 몇 걸음 못 가서 다시 쓰러지고 말았다. 두 손을 가슴 위에 얹고 두 눈으로는 하늘을 바라본 채, 평화스럽게 죽어 갔다.

롤랑은 튀르팽 앞에 무릎을 꿇고 울었다. 자신한테도 죽음이 다가옴을 느꼈다. 바위에 등을 기대고 눈을 감은 채 죽음을 기다렸다.

그때 쓰러져 있던 적군 가운데 한 병사가 일어났다. 부상을 입고 쓰러져서 죽은 체하고 있었던 것이다. 적군이 살금살금 다가가 롤랑의 칼을 빼앗으려 하자, 롤랑이 눈을 번쩍 뜨고는 뿔피리로 후려쳤다. 뿔피리는 박살 나고 병사는 죽었다.

롤랑은 슬픈 눈으로 뿔피리를 보다가 보검 뒤랑다르로 눈길을 돌렸다. 목숨보다 아꼈던 보검을 적군의 손에 들어가게 놔둘 수는 없었다. 롤랑은 마지막 힘을 다해 바위에 보검을 내리쳤지만, 뒤랑다르는 이빨 하나 나가지 않았다. 바위를 두 쪽으로 갈라놓은 채 위풍당당하게 번쩍였다.

"이 보검이 이교도의 손으로 넘어가지 않도록 도와주소서!"

롤랑은 기도하며 뒤랑다르를 등 뒤에 숨겨 놓았다.

점점 눈앞이 흐려졌다. 롤랑은 경건한 마음으로 하느님을 불렀다.

"제가 저지른 죄를 용서해 주소서!"

죽음이 다가와 영웅의 숨을 끊었다. 싸움터 위로 폭풍우가 몰아쳤다. 어느덧 싸움터는 다시 잠잠해지고 밤이 찾아왔다.

샤를마뉴 황제는 새벽녘이 다 되어서야 싸움터에 닿았다. 사랑하는 조카 롤랑의 시체를 보고 황제는 정신을 잃었다. 가까스로 정신을 차린 그는 롤랑을 껴안고 이마에 입 맞추었다.

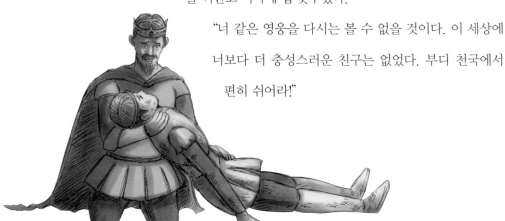

"너 같은 영웅을 다시는 볼 수 없을 것이다. 이 세상에 너보다 더 충성스러운 친구는 없었다. 부디 천국에서 편히 쉬어라!"

롤랑의 시체를 안고 흐느끼는 샤를마뉴 황제

영웅 전설

아서 왕, 엑스칼리버의 주인

아서 왕*은 6세기경 켈트족의 전설에 등장하는 영웅이다. 켈트족이 유럽 대륙에 퍼져 살았던 만큼, 아서 왕 전설도 여러 지역에서 변주되어 내려오고 있다.

프랑스에서는 12세기에 크레티엥드투루아가 『펠스발』 또는 『성배 이야기』를 대표로 아서 왕 전설을 전해 주었다. 이 전설에서는 아서 왕과 왕비를 중심으로 마법사 멀린과 기사들이 펼치는 무용담이 주를 이루어 기사도의 미덕을 강조하고 있다.

아서 왕(King Arthur)
5~6세기경, 기사도 정신으로 영국을 살린 전설적인 영웅으로 알려져 있다. 그러나 그가 역사상 실제 인물인지 가공의 인물인지에 대해서는 논란이 계속되고 있다.

아서, 모험을 떠나다

말을 탄 아서 왕의 늠름한 모습

콘월의 칼리웍이라는 곳에 안토르라는 사람이 살 았다. 안토르는 지혜롭고 용감해서 덕망이 높았다.

어느 날 밤, 낯선 사람이 찾아와 갓난아이를 맡기 며 사랑으로 길러 달라고 부탁했다. 그는 아이의 부 모가 누구인지 알려고 하지는 말아 달라고 신신당부 를 하고 떠났다.

안토르는 아이에게 아서라는 이름을 지어 주고 친아들 케이와 똑같이 길렀다. 최고의 교육을 시키 고 뛰어난 영웅과 기사가 있는 곳으로 데리고 다니 며 기사도를 가르쳤다.

안토르가 두 아들과 함께 오카니에의 로트 왕 궁정에서 머물 때였다. 궁정 에는 베디비어라는 외팔이가 있었는데 케이와 아서를 만나 단짝이 되었다. 케이는 놀라운 힘을 지닌 장수에다, 나무보다 더 높은 곳까지 키를 늘릴 수 있는 능력을 가지고 있었다. 베디비어는 누구보다 날쌨으며, 한 번 찌르면 치명상을 입히는 창을 가지고 있었다. 아서는 보통 키에 예쁘장한 얼굴을 하 고 있었지만, 누구보다 침착하고 지혜로웠다. 세 친구는 기사 서임을 받기 위해 무술을 열심히 닦았다.

어느 날, 세 친구는 용기를 시험해 보기 위해 길을 떠났다. 강가를 따라 걸 어가는데 웬 제단이 하나 떠내려 왔다. 제단은 신비한 물건이라 딱 세 번만

물에 뜨는 것이었다. 세 친구는 제단을 알아보고 물에서 건졌다.

날이 어두워져서 야영을 하는데, 아서가 호기심을 참지 못하고 제단 위에 고기를 얹었다. 그러자 제단은 저절로 움직이더니 고기를 집어 던졌다. 다른 것을 올려놓아도 마찬가지였다. 셋은 겁이 더럭 나서 제단을 처음 보았던 곳에 갖다 놓고 길을 떠났다.

강에서 안개가 짙게 피어올라 한 치 앞도 보이지 않았다. 셋은 말에서 내려 안개가 걷히기만을 기다렸다. 아침이 되어 드디어 안개가 걷혔을 때, 세 친구는 말이 없어졌다는 것을 알았다. 아무리 찾아봐도 말은 흔적조차 없었다.

셋은 두려움에 떨며 떠났다. 황야가 나타났다. 황야의 끝은 절벽이었다. 까마득한 절벽 아래에서는 파도가 몰아쳤다.

셋은 지치고 목이 말랐다. 케이가 물을 찾아 떠났다. 계곡을 헤매고 다니다가 드디어 우물을 하나 찾아냈다. 우물물을 뜨려고 하자, 웬 여자가 나타나 그의 팔을 붙잡았다.

"이 물은 내 것이야. 내 허락 없이는 아무도 물을 뜰 수 없어!"

여자는 머리끝부터 발끝까지 숯덩이처럼 새까맸다. 머리카락 끝에는 잿빛 갈기가 위로 솟구쳤고, 귀까지 찢어진 입 속에는 초록색 이빨이 칼처럼 솟아 있었다. 피부에는 온통 고름이 잡혀 있어 썩는 듯한 냄새를 피워 댔다. 다리는 갈고리처럼 휘어져 있고 손톱은 초록색으로 길게 뻗쳐 있어 무시무시했다.

하지만 케이는 용기를 내어 여자에게 다가갔다.

"이 넓은 황야에서 말을 잃어버리고 헤매고 있어요. 물을 길어 친구들 목이라도 축여 주면 안 될까요?"

"내 뺨에 입을 맞추면."

여자의 대꾸에 케이는 기겁을 했다.

"너 같은 괴물한테 입을 맞추느니 목말라 죽고 말겠다. 세상에서 가장 귀한 보물을 준다 해도 그런 짓은 못하겠다."

여자가 빈정댔다.

"이 물이 바로 세상에서 가장 귀한 보물인 걸!"

케이가 맥이 빠져 돌아가자, 이번에는 베디비어가 나섰다. 베디비어도 여자를 만났지만 그냥 빈손으로 돌아왔다. 드디어 아서가 나섰다.

아서는 서슴 없이 여자의 뺨에 입 맞추었다. 그러자 여자는 놀랍도록 아름답게 바뀌었다. 진주처럼 반짝이는 치아, 햇빛처럼 빛나는 눈, 딸기처럼 붉은 입술, 왕비처럼 우아한 몸매. 아서가 물었다.

"당신은 누구신가요?"

"나는 '왕의 권리'랍니다. 장차 왕이 될 분만 지금의 모습을 볼 수 있답니다. 이 두레박으로 물을 길어 친구들에게 주세요. 하지만 복종과 존경이라는 선물을 받기 전에는 물을 주지 마세요."

여자는 어디론가 사라졌다. 아서는 여자가 한 말의 뜻을 곰곰이 생각하며 물을 길었다. 그리고 하라는 대로 케이와 베디비어에게 복종과 존경의 맹세를 받고서야 물을 주었다. 그리고 셋은 궁정으로 돌아왔다.

왕국의 후계자

아서의 아버지 우서 펜드라곤이 죽었다. 우서는 아서를 단지 사생아라는 까닭으로 버린 것을 몹시 후회하였다. 마법사 멀린에게 아서를 돌봐주기를 부탁하며 죽었다.

우서에게 자식이 있었다는 사실을 아는 사람은 없었다. 왕국의 여러 가문들이 왕권이 자기의 것이라며 나섰다. 전쟁이 터질 것만 같았다.

그때 오랫동안 모습을 드러내지 않았던 멀린이 나타났다.

"신만이 왕을 선택할 수 있습니다. 성탄절에 왕국의 성채 앞에 모두 모이세요. 그날 신은 왕이 누구인지 가르쳐 주실 겁니다."

사람들은 멀린의 지혜를 믿었기에 모두 멀린의 말을 따랐다.

드디어 성탄절 이브, 빈부와 지위의 차이를 떠나 모든 사람들이 왕국의 성채 앞으로 모여들었다. 안토르도 케이와 아서를 데리고 왔다.

성탄절의 동이 틀 때, 이상한 소문이 퍼졌다. 멀지 않은 언덕에 돌층계가 있는데, 웬 검이 하나 박혀 있다는 것이었다. 왕국의 사람들이 모두 언덕으로 달려갔다. 과연 검이 있었다.

왕국의 대주교가 축복의 주문을 외며 성수를 바위와 검에 뿌리자, 돌층계 위에 황금으로 쓰여진 글귀가 나타났다.

아서 왕의 죽음, 번 존스 作
훗날 아서 왕은 전투에서 입은 부상으로 운명을 달리한다.

"신은 이 검을 뽑는 자를 왕으로 선택할 것이다."

대주교는 신의 뜻을 따르겠다고 선언했다.

맨 먼저 왕국의 군왕들과 대제후들이 칼을 뽑으려 했다. 하지만 칼은 꿈쩍도 하지 않았다. 다음에는 기사들이 나섰다. 하지만 모두 실패했다. 대주교는 평민에게도 기회를 주기로 했다.

이때 아서는 케이의 심부름으로 케이의 검을 찾고 있었다. 아서는 이리저리 헤매다가 신탁의 언덕을 지나게 되었다. 바위에 박혀 있는 검을 보자, 아서는 케이한테 가져다 줄 생각으로 검을 뽑았다. 검은 쉽게 뽑혔다.

아서가 건넨 검을 보고 케이는 무척 놀랐다. 아서한테는 아무 말하지 않고 아버지한테 달려갔다.

"아버지, 이 검을 보세요. 제가 바위에서 뽑았어요."

케이가 검을 뽑지 못한다는 사실을 알기에 안토르는 케이의 말을 믿지 않았다. 그는 케이를 얼러 기어이 진실을 알아냈다.

안토르는 아서를 불렀다.

"아들아, 이 검을 있던 자리에 도로 꽂아 놓아라."

아서는 시키는 대로 했다. 검은 쉽게 꽂혔다. 안토르는 아서의 발밑에 무릎을 꿇고 앉았다. 아서가 놀라서 말리자 안토르가 말했다.

"네가 눈도 뜨지 못하는 갓난아이였을 때, 어떤 사람이 너를 데려왔다. 그때부터 나는 너를 친아들로 키웠다. 네 친부모가 누구인지 신은 알 것이다. 그리고 오늘 신은 너를 왕으로 선택했다."

안토르는 아서를 데리고 대주교를 찾아갔다. 아서가 아직 기사 서임을 받지는 못했으나 검을 뽑아 보게 해 달라고 부탁했다. 대주교는 그러마고 했다.

다시 사람들이 돌층계 앞에 모였다. 대주교의 말에 따라 아서가 바위 앞으로 나아가 힘들이지 않고 검을 뽑았다. 검은 햇빛을 받아 번쩍이고, 아서의 얼굴에서는 위엄이 넘쳤다. 군중들이 외쳤다.

"왕이다! 신께서 왕을 선택하셨다!"

하지만 군왕들과 대제후들은 인정할 수 없었다. 기사 서임도 받지 못한 열일곱 살짜리를 왕으로 모셔야 한다니. 하지만 신은 아서를 선택했다. 따를 수밖에 없는 것이다. 왕국은 비로소 왕을 얻었다.

검을 뽑아든 위풍당당한 아서 왕. 그는 바로 이 검을 통하여 왕의 자리에 오를 수 있었다.

영웅전설

랑발, 아발론으로 간 기사

전설 속에 등장하는 아서 왕 휘하의 기사들로 원탁의 기사들은 아서 왕의 아버지 대 이전부터 만들어져 있었다. 13개 좌석에 12명의 기사들로 구성되어 있는데 이는 예수의 13제자(가롯 유다 포함)를 상징한다고 한다.

아서 왕에게는 최고의 기사들이 있었다. 그들은 바로 원탁의 기사*들로 신이 선택한 자들이었다.

원탁은 평등을 뜻한다. 집단의 원칙과 틀에 개인의 의지가 부딪힐 때, 기사들은 원탁에 둘러앉았다. 서로 생각이 달라 갈등이 생길 때에도 원탁에 둘러앉아 조화와 협력의 길을 찾았다. 원탁은 형제애를 바탕으로 공동체의 이상을 실현하려는 일종의 상징이었다.

세상에서 가장 아름다운 여인

랑발은 원탁의 기사들 가운데 가장 용감했다. 전쟁터에서 아서는 누구보다도 랑발을 믿었다. 그런데 이상하게도 상을 내릴 때마다 랑발은 빠져 있었다. 랑발은 서운함에 사로잡혀 왕궁을 빠져나가 홀로 헤매곤 하였다.

그날도 마찬가지였다. 랑발은 숲속의 풀밭에 누워 아서 왕에 대한 원망을 가라앉히고 있었다. 그런데 웬 아름다운 여인들이 나타나 인사를 하는 것이 아닌가.

"우리 주인 아씨가 당신을 모셔 오라 하십니다. 초대에 따를 마음이 있으시면 주인 아씨 계신 곳으로 안내해 드리겠습니다."

여인들의 아름다움에 감탄한 랑발은 더 생각할 것도 없이 여인들을 따라 나섰다. 잠시 후 꽃들이 만발한 들판에 은빛으로 빛나는 천막이 나타났다. 천막 안에는 햇살보다 눈부신 여인이 있었다. 랑발은 눈이 멀고 숨이 멎을 것 같았다. 여인의 달콤한 목소리에 분노에 찼던 가슴이 녹아내렸다.

"랑발, 사랑하는 랑발, 나는 오로지 당신을 행복하게 해주려고 이곳까지 왔어요. 당신이 기사답게 행동하는 한 나는 절대로 당신을 버리지 않을 거예요. 당신도 오로지 나만을 생각해야 해요."

랑발은 꿈을 꾸는 것 같았다.

"그리고 누구에게도 우리 사랑에 대해 말해서는 안 돼요. 한 명이라도 알게 되면 우리 사랑은 영원히 끝이에요."

랑발은 약속했다.

"이 세상에서 가장 아름다운 여인이여, 맹세하오. 절대로 말하지 않겠소."

여인은 랑발의 손에 반지를 끼워 주었다.

랑발에게 반지를 끼워 주는 여인. 이 반지를 돌리면 여인이 나타난다.

"이 반지가 당신에게 행복을 가져다 줄 거예요. 당신이 원하는 것이 모두 이루어질 겁니다. 나를 보고 싶으면 이 반지를 한 번만 살짝 돌려 주세요. 그럼 내가 나타날 거예요. 하지만 당신의 눈에만 내가 보일 겁니다."

여인은 랑발을 끌어안고 입맞춤을 했다. 랑발의 마음에 뭐라 말할 수 없는 행복감이 물결쳤다. 사랑의 감정에 몸이 떨리고 숨이 막혔다. 여인이 베일로 랑발을 감싸자, 눈부신 빛이 둘을 휘감았다. 랑발은 정신을 잃고 쓰러졌다.

랑발은 곧 정신을 차렸다. 천막도 아름다운 여인도 여인의 시종들도 보이지 않았다. 꿈을 꾼 것 같았다. 손의 반지만이 꿈이 아니었다고 말해 주고 있었다. 랑발은 행복에 겨워하면서 돌아왔다.

랑발의 인생이 바뀌었다. 왕궁의 기사치고 랑발의 도움을 받지 않은 기사는 없었다. 랑발은 더 이상 외롭지 않았다.

어느 날, 아서 왕이 잔치를 열었다. 다른 기사들은 모두 아름다운 여인과 팔짱을 끼고 나타났는데, 랑발만이 혼자였다. 왕비가 다가가 물었다.

"외로움을 즐기나요, 기사님?"

랑발은 머뭇거리다 솔직하게 대답했다.

"제 몸과 마음은 제 가슴 속의 여인에게 빠져 있답니다, 왕비님."

"혹시 그 여인이 못생겨서 데려오지 않은 건가요?"

"못생기다니요? 세상에서 가장 아름다운 여인이랍니다. 지금 여기 있는 어떤 여인도 그녀의 아름다움을 따라잡지는 못할 겁니다."

왕비는 몹시 불쾌해졌다. 아서 왕에게 달려가 랑발의 오만함을 전했다. 아서 왕도 기분이 나빠져 랑발을 불렀다.

"자네의 여인이 왕비보다 아름다운가?"

랑발도 기분이 나빠져 왕을 쏘아보았다.

"그렇습니다. 왕비님보다 백 배는 더 아름다울 겁니다!"

아서 왕은 치밀어 오르는 분노를 가까스로 눌렀다.

"그런 말을 함부로 지껄이다니, 죽어 마땅하나 네 뻔뻔스런 말을 증명할 수만 있다면 용서하겠노라."

랑발은 자신의 경솔함을 후회했다. 사랑이 날아갈 것 같은 불길함에 사로잡혔으나, 어쩔 수 없이 모든 사실을 털어놓았다. 아서 왕은 비아냥거리며 말했다.

"그렇다면 당장 증거를 보여라. 마법의 반지를 돌려 보란 말이다!"

하지만 반지는 이미 힘을 잃었다. 해가 지도록 돌리고 또 돌려도 여인은 나타나지 않았다. 말소리도 들리지 않았다. 랑발은 절망에 사로잡혔으나 비겁하게 도망칠 생각은 없었다. 그는 아서 왕과 왕비, 그리고 모든 기사와 귀족 부인들이 보는 앞에서, 하늘이 쩌렁쩌렁 울리도록 소리를 쳤다.

"내 마음속의 여인은 아서 왕의 궁전에 있는 어떤 여인보다 훨씬 아름답습니다. 왕비님보다도 아름답습니다!"

아발론으로

그때 어디선가 말발굽 소리가 들리더니 눈부시게 아름다운 여인 둘이 나타났다. 숲속에서 랑발을 천막으로 이끌었던 여인들이었다. 그리고 곧 랑발의 여인이 나타났다. 우유처럼 흰 말을 타고 달려왔는데, 이 세상의 어떤 여인도 그 아름다움을 따를 수 없었다. 왕궁의 모든 사람들이 여인의 아름다움

흰 말을 타고 온 여인의 아름다움에 감탄하는 사람들

에 깊이 허리를 숙였다.

여인은 맑은 목소리로 말했다.

"자, 이제 판결을 내리세요. 내가 바로 랑발을 사랑하는 여자입니다. 여러분이 나를 인정한다면 나를 사랑한 랑발도 용서해 주세요."

아서 왕과 왕비는 랑발의 말이 사실이었음을 인정해야 했다. 왕궁에 있는 모든 사람들도 랑발의 여인이 가장 아름답다고 입을 모아 말했다.

그제야 여인은 말머리를 돌려 왕궁을 떠났다. 랑발이 그 뒤를 쫓아가며 애원했다.

"날 원망하지 말아요. 내 경솔함을 용서해 주시오."

여인은 뒤도 돌아보지 않았다. 랑발은 애원하며 쫓아갔다.

그때 강물이 세차게 밀려 오더니 모든 것을 집어삼킬 듯 날뛰었다. 여인이 뒤를 돌아보며 말했다.

"더 이상 따라오지 말아요. 물살이 당신을 삼켜 버릴 거예요."

하지만 랑발은 여인을 따라 강물 속으로 뛰어들었다. 물살이 랑발을 덮치며 집어삼키려 했다. 그제야 여인은 랑발에게 손을 뻗었다. 그리고 자신이 사는 요정의 나라로 랑발을 데려갔다.

여인이 사는 나라는 바로 아발론이었다. 신이 내리는 축복을 받은 사람만이 아발론에 갈 수 있었다. 랑발이 가기 전까지는 그 어떤 사람도 아발론에 가지 못했다. 랑발이 처음이었다.

요정 멜뤼진

　프랑스 전설에는 요정과 괴물에 얽힌 것이 많다. 켈트족부터 프랑크족에 이르기까지 다양한 민족들이 프랑스를 이룬 만큼 전설에서도 여러 문화의 흔적이 나타나는데, 비슷한 이야기라도 지역에 따라 주제와 형식이 조금씩 다르다. 요정 '멜뤼진'에서는 켈트 문화가 느껴지고, '엄지 동자'와 '푸른 수염'은 여러 이야기가 있으나 버려짐에 대한 공포와 복수가 바탕에 깔려 있다.

　요정과 괴물에 얽힌 이야기는 많으나, 짜임새 있고 흥미진진한 이야기를 골라 여기에 소개한다.

삼촌을 죽이다

래몽당은 삼촌인 에메릭 백작을 따라 멧돼지 사냥을 떠났다. 그들은 숲에서 엄청나게 큰 멧돼지를 만났으나 그만 놓치고 말았다. 백작이 지치자 래몽당은 자기가 말을 지키겠다며 좀 쉬라고 말했다. 백작은 래몽당에게 말고삐를 넘겨 주며 몇 번이고 말했다.

"멧돼지가 나타나면 어깨를 찔러라. 세게, 아주 세게 말이야."

백작이 숲으로 들어간 지 한참 만에 래몽당은 아주 큰 멧돼지를 보았다. 래몽당은 용감하게 창을 던졌다. 멧돼지가 쓰러지자 백작이 이른 대로 날카로운 칼로 멧돼지의 어깨를 여러 번 찔렀다. 래몽당은 흥분에 들떠 자신이 찌른 것이 멧돼지가 아니라 삼촌이라는 사실을 알지 못했다. 창자까지 수십 번 찌르고 나서야 비로소 자신이 얼마나 끔찍한 짓을 했는지 깨달았다.

래몽당은 얼이 빠진 채 숲속을 헤매고 다녔다. '요정의 샘' 앞을 여러 번 지난 것도 몰랐고, 요정 멜뤼진이 부르는 소리도 듣지 못했다. 삼촌이 지른 외마디에 사로잡혀 밤새도록 미친 듯이 말을 달렸다.

멧돼지로 착각한 채 삼촌을 칼로 마구 찔러죽이는 래몽당

이상한 약속

동이 트자 멜뤼진이 래몽당의 말고삐를 잡고 이름을 불렀다.

"래몽당, 신 말고 당신을 도울 수 있는 사람이 있다면 그건 바로 나예요. 당신이 실수로 삼촌을 죽였다는 것을 알고 있어요. 당신이 저와 결혼해 준다면 당신의 불행을 기쁨으로 만들어 드릴게요."

마다할 까닭이 없었다. 래몽당이 좋다고 하자 멜뤼진이 말했다.

"고마워요. 그런데 한 가지 약속을 해주세요. 토요일에는 절대로 나를 보려 하지 말아요."

래몽당은 몹시 궁금했으나 멜뤼진의 말에 고개를 끄덕였다.

"토요일에는 당신의 재산을 늘리고 당신 가문의 명성을 높이는 일을 할 거니까요."

요정 멜뤼진
요정 멜뤼진은 인어의 일종으로 여겨지고 있다(존 콜리어, 1899년 作).

그리고 설사 우연히 보아서는 안 될 것을 보더라도 절대로 말하지 않겠다는 약속도 했다.

결혼식은 '요정의 샘' 가까이에서 열렸다. 멜뤼진은 요술을 부려 막사와 원두막과 누각을 세웠다. 요리사들이 바쁘게 움직이며 음식을 만들고, 시종들은 진귀하기 짝이 없는 음식과 향기로운 술을 날랐다. 수많은 손님들이 래몽당의 결혼을 축하하러 몰려들었다. 사람들은 래몽당의 아내가 과연 누구인지 몹시 궁금해 했으나, 래몽당은 질문을 피하며 무술 시합을 열었다. 결혼식은 무사히 끝나고 멜뤼진은 래몽당에게 달콤하게 속삭였다.

"사랑하는 내 남편, 래몽당. 당신 친구들과 친척들이 나에 관해서 물어보았는데도 당신은 아무 말도 하지 않았어요. 이렇게만 약속을 지킨다면 당신은 최고의 권력자가 될 거예요. 하지만 약속을 어기면, 당신과 당신의 자손들은 파멸하고 말 거예요."

래몽당은 다시 한 번 굳게 약속을 했다.

약속은 깨지고

래몽당과 멜뤼진은 아들만 열 명을 낳았다. 그런데 하나같이 무시무시하고 괴상스럽게 생겼다. 성격도 난폭하여 돌보던 유모까지 잡아먹을 정도였다. 가장 어린 두 아들 티에리와 레모네만이 사람의 생김새를 갖추었다. 그래도 멜뤼진은 아이들 모두에게 젖을 물리고 따뜻하게 품어 주었다.

공사가 있는 곳에는 언제나 멜뤼진이 나타났다. 성을 짓고 길을 뚫고 다리를 만들고 온갖 건물을 세웠다. 사랑하는 남편 래몽당의 가족에게도 훌륭한 성을 지어 주었다. 그리고 토요일이면 일꾼들에게 빵과 포도주, 고기를 넉넉히 나누어 주곤 하였다.

그러나 멜뤼진은 자신을 모욕하는 사람들에게는 가차 없이 벌을 내렸다. 바다를 움직여 성벽을 부수고 성을 쓸어 버렸다. 하늘을 날면서 돌을 뿌려 댔다.

한편, 래몽당은 멜뤼진을 아름답고 자애로운 아내로만 알고 있었다. 밖에서 어떤 일을 하고 다니는지는 전혀 알지 못했다.

그런데 래몽당의 귀에 점점 이상한 말이 들려왔다. 래몽당의 아내가 그토록 부자이고 능력이 대단하다면 마녀임이 틀림없다는 것이었다.

래몽당은 수치심과 분노에 사로잡혔다. 때마침 토요일이었음에도 불구하고 그는 멜뤼진의 방으로 달려갔다. 방문은 잠겨 있었고 아무리 밀어도 꼼짝하지 않았다. 래몽당은 칼로 벽을 쑤셔 구멍을 뚫었다. 멜뤼진은 욕조에 있었다. 금실 같은 머리를 풀어헤치고 눈부신 알몸을 씻어 내리고 있었다. 숨소리도 내지 않고 지켜보던 래몽당은 소스라치게 놀랐다. 멜뤼진의 허리 밑이 뱀의 모습이었다. 래몽당은 도망치다시피 집 밖으로 빠져나왔다.

목욕하는 멜뤼진을 엿보다가 소스라치게 놀라는 래몽당

멜뤼진은 이 모든 것을 지켜보고 있었다. 하지만 아무 말도 하지 않았다. 래몽당이 멜뤼진에 대해 아무에게도 말을 하지 않았기 때문에 약속이 깨진 것은 아니었다.

그러던 어느 날, 여섯째 아들이 수도사인 친동생을 죽였다. 자신은 싸움터에서 적을 죽이는 것으로 명성을 쌓는데, 동생이 늘 모든 사람이 형제라 말하고 다니는 것에 화가 났던 것이다. 그래서 동생이 머무는 수도원에 불을 지르고 수도사들까지 모조리 죽여 버렸다.

수도사 아들을 끔찍이도 사랑했던 래몽당은 치를 떨며 멜뤼진을 원망했다.

"이건 악마나 할 짓이야! 어미라는 여자가 괴물이니 자식들도 괴물일 수밖에. 악마 같은 놈들."

그때 하필 그곳에는 많은 사람들이 함께 있었다. 말하지 말아야 할 것을 말하고야 만 것이었다. 물은 엎질러지고 다시 주워 담을 수 없었다.

멜뤼진은 분노를 참을 수 없었으나 침착하게 말했다.

"내 아버지는 스코틀랜드의 왕 엘리나스예요. 사슴 사냥을 하다가 샘의 요정한테 홀려 결혼을 했어요. 요정은 아버지한테 한 가지 맹세를 받아 냈어요. 해산을 할 때 절대로 보지 않아야 아이를 갖겠다고요. 아버지는 약속을 했지만 지키지는 못했어요. 어머니가 세 딸을 낳아 씻기는 모습을 본 거예요.

어머니는 아버지와 헤어졌어요. 딸들을 데리고 아발론 섬으로 갔지요. 우리가 열다섯 살이 되자, 어머니는 아버지의 이야기를 들려 주었어요. 나는 어머니를 대신해서 아버지를 벌하겠다고 마음먹었어요. 어머니가 가르쳐 주는 마법을 착실하게 배웠지요. 언니들을 설득해서 아버지를 도저히 빠져나올 수 없는 산에 가두어 버렸어요.

그런데 어머니는 오히려 우리를 저주했어요. 큰언니를 새장에 새처럼 가두고, 둘째 언니한테는 아버지의 보물을 지키게 했어요. 그리고 나한테는 가장 끔찍한 벌을 내렸어요. 금요일까지는 여자의 모습으로 지내지만, 토요일에는 괴물이 되어 지내야 했지요. 그것도 갇혀서 말이에요.

하지만 어떤 남자가 나와 결혼해 주고 토요일에만 나를 만나지 않는다면, 설사 내가 괴물이라는 사실을 알더라도 입을 다물어만 준다면, 나는 보통 여자처럼 살 수 있었어요. 나는 다른 여자들처럼 그저 그렇게 사는 게 꿈이었거든요.

그러다가 당신을 만난 거지요. 나는 당신한테 모든 것을 주었어요. 하지만 당신은 나를 배반했어요. 당신 때문에 나는 영원히 구원받을 수가 없게 되었어요. 심판의 날이 올 때까지 이런 모습으로 살아야만 하는 거예요. 래몽당, 당신이 원망스러워요."

말을 마치자마자 멜뤼진은 창 밖으로 날아갔다. 뼈아픈 탄식의 소리를 내면서 성탑을 세 번 돌고는 사라졌다.

그 뒤로 밤이면 그곳에서는 슬픈 비명 소리가 났다. 멜뤼진이 두고 간 어린 아기 티에리와 래모네를 잊지 못해 찾아오는 소리다.

잘 지켜보라. 그럼, 멜뤼진을 볼 수 있을 것이다.

엄지 동자

엄지 동자의 꾀

옛날에 아들만 일곱을 둔 나무꾼 부부가 살았다. 가난한 살림에 자식들은 아직 어려서 먹고사는 게 몹시 힘들었다. 게다가 막내아들은 허약하고 말이 없어서 부모의 애를 태웠다.

막내아들은 태어날 때 크기가 엄지손가락만 했다. 그래서 '엄지 동자'라 불렸는데, 형제들은 '잘못 태어난 아이'라며 아주 업신여겼다. 하지만 엄지 동자는 아들들 가운데 가장 똑똑하고 지혜로웠다.

어느 해 심한 가뭄이 들었다. 며칠 동안 굶주린 끝에

샤를 페로(Charles Perrault, 1628~1703)
전설로 전해져 오던 엄지 동자를 동화라는 새로운 문학 장르로 완성하였다. 그의 작품에는 『엄지 동자』, 『백설공주』, 『푸른수염』 등이 있다.

나무꾼 부부는 아이들을 버리기로 결정했다. 굶어 죽는 꼴을 보느니 차라리 버리는 게 낫다는 생각이 들어서였다. 엄지 동자는 한숨 소리에 잠이 깼다가 부모의 이야기를 모두 들었다. 그래서 밤새도록 한숨을 쉬다가 날이 밝자마자 시냇가로 갔다. 하얀 조약돌을 주워 주머니에 가득 담고는 집으로 돌아왔다.

부부는 아이들을 데리고 숲으로 갔다. 아이들에게는 잔가지를 주워 나뭇단을 만들라 이르고는 나무를 베는 척했다. 그리고 아이들이 하나둘 멀어지자 얼른 도망쳤다.

아이들은 두려움에 떨며 울어 댔다. 오직 엄지 동자만이 침착했다.

"형들, 겁낼 것 없어. 내가 집으로 데려다 줄게. 나만 따라 와."

숲길에는 엄지 동자가 떨어뜨린 조약돌이 하얗게 빛났다. 덕분에 엄지 동자와 형제들은 무사히 집으로 돌아올 수 있었다.

아이들을 보자 나무꾼 부부는 뛸 듯이 기뻐했다. 때마침 돈이 생겼기 때문이었다. 오래 전에 돈을 빌려 갔던 사람이 비로소 돈을 갚은 것이다.

하지만 돈은 금방 떨어졌다. 부부는 다시 슬픔에 빠져 아이들을 내다 버리기로 했다. 이번에도 우연히 엄지 동자는 부모의 말을 듣게 되었다. 그런데 문이 잠겨 있어 조약돌을 주우러 갈 수가 없었다. 생각다 못한 엄지 동자는 빵을 먹지 않고 모아 두었다.

다시 부모를 따라 숲으로 갈 때, 엄지 동자는 빵을 조금씩 떼어 떨어뜨렸다. 하지만 집으로 가려고 보니 한 조각도 보이지 않았다. 새들이 다 쪼아 먹은 것이었다.

식인귀에게 잡히다

아이들은 숲속에서 길을 잃고 헤맸다. 엄지 동자가 길을 찾으려고 나무 위에 올라서니, 멀리서 불빛이 보였다. 불빛을 따라 한참 동안 걸어가자 커다란 집이 나타났다. 문을 두드리니 마음씨 좋아 보이는 여자가 문을 열었다. 하지만 아이들이 길을 잃었다며 재워 달라고 하자 안절부절 못하며 말했다.

"이를 어쩌면 좋니. 내 남편은 아이들만 잡아먹는 식인귀란다."

"숲속의 늑대들한테 잡아먹히느니 아주머니의 남편한테 잡아먹히는 게 나아요. 아주머니가 잘 말하면 우릴 살려 줄지도 모르고요."

엄지 동자의 애원에 식인귀의 아내는 아이들을 침대 밑에 숨겼다.

식인귀는 집에 들어오자마자 코를 킁킁거렸다.

"신선한 살냄새가 나. 아이들 살냄새가 난다구."

식인귀의 아내는 뜨끔했으나 아무렇지도 않은 얼굴로 대구했다.

"송아지 냄새일 거예요. 당신한테 해주려고 손질을 했거든요."

식인귀는 믿지 않았다. 냄새를 따라가더니 금방 아이들을 찾아내었다. 식인귀는 길길이 날뛰었다.

"나를 속이다니, 나쁜 것 같으니라구."

아이들이 두 손을 싹싹 빌며 용서해 달라고 했지만 식인귀는 들은 척도 하지 않았다. 큰 칼을 가져와 숫돌에 쓱쓱 갈았다.

아내는 떨리면서도 느긋한 척 말했다.

"아이들이라고는 말라 비틀어져서는, 어디 먹을 데가 있어요?"

식인귀는 문득 아이들을 살펴보더니 얼굴을 찌푸렸다.

"으흠, 그래. 너무 마르기는 했어. 며칠 배불리 먹이라구. 통통하니 살이 찌면 잡아먹게."

아내는 아이들한테 먹을 것을 넉넉히 주었다. 하지만 아이들은 겁에 질려 아무것도 먹지 못하였다. 끔찍하게도 식인귀의 딸 일곱 명이 와서는 아이들을 깨물며 피를 빨려고 하였다. 아내는 딸들을 일찍 재웠다. 그리고 옆 침대에 엄지 동자 형제를 재웠다. 엄지 동자는 살그머니 일어나 식인귀의 딸들이 쓰고 있는 금관을 벗겨 내고 대신 자신들의 모자를 씌웠다.

자정쯤 식인귀가 깨어났다. 그런데 갑자기 아이들을 죽이지 않은 것이 후회스러웠다. 바로 아이들을 해치우려고 칼을 빼어 들었고 아이들이 자는 방

자신의 딸인 줄 모르고 죽이는 식인귀와 이를 벌벌 떨며 지켜보는 엄지 동자

으로 가서 머리를 휘어잡는 데 금관이 만져졌다.

"간밤에 내가 술을 너무 마셨군."

식인귀는 옆 침대로 가서 머리를 더듬었다. 과연 모자가 만져졌다. 다시 볼 것도 없었다. 식인귀는 거침없이 목을 베고는 바로 잠이 들었다.

엄지 동자는 조용히 형제들을 깨웠다. 그리고는 담을 넘어 밤새도록 달렸다. 조금만 더 가면 집인데, 식인귀가 뛰어오는 게 보였다. 엄지 동자는 형제들을 데리고 바위 밑으로 숨었다. 식인귀는 하필 아이들이 숨어 있는 바위 위에 앉아 쉬다가 잠이 들었다.

그 틈에 엄지 동자는 형제들을 도망치게 하고는 식인귀의 장화를 벗겨 자기가 신었다. 장화는, 신은 사람의 발에 맞추어 늘거나 줄고, 한 걸음에 70리를 가는 마술 장화였다. 덕분에 한달음에 식인귀의 집으로 갈 수 있었다.

엄지 동자는 식인귀의 아내한테 거짓말을 늘어놓았다.

"아줌마 남편이 도적 떼한테 잡혔어요. 보물을 가져 오지 않으면 아저씨를 죽이겠대요. 마침 제가 지나가는데 아저씨가 불렀어요. 빨리 집으로 가서 집에 있는 보물을 다 가지고 오랬어요. 그래서 이 장화도 주었고요."

식인귀의 아내는 엄지 동자의 말을 믿고 가진 것을 모두 내주었다. 엄지 동자는 식인귀의 재산을 가지고 의기양양하게 집으로 돌아갔다.

푸른 수염

질 드 레(Gilles de Rais)
프랑스 귀족으로 수많은 아동 살해를 저지른 악인으로 유명하며, 이러한 실제 경험을 바탕으로 푸른 수염 전설이 만들어졌다.

푸른 수염의 남자와 결혼하다

옛날에 수염이 푸른 남자가 살았다. 멋진 성에 금은 보화가 넘치고 황금 마차까지 있었지만, 어떤 여자든 푸른 수염을 보기만 하면 달아났다. 그럴 만큼 푸른 수염은 끔찍하고 무시무시했다.

이웃에 사는 귀족의 딸들도 푸른 수염을 두려워하기는 마찬가지였다. 푸른 수염이 여러 번 혼담을 넣었지만, 아무도 시집을 오려 하지 않았다. 푸른 수염도 문제였지만, 이미 여러 차례 결혼을 했는데 아내들이 어떻게 되었는지 아무도 몰랐기 때문이기도 했었다.

어느 날 푸른 수염이 이웃 사람들을 성으로 초대했다. 물론 귀족의 부인과 딸들한테도 초대장을 보냈다. 사람들은 푸른 수염의 거대한 성을 보고 놀랐다. 소풍과 사냥, 춤과 잔치, 어찌나 즐거운지 사람들은 머무는 동안 잠도 자지 않고 놀았다. 마침내 귀족의 작은딸은 푸른 수염이 그다지 무섭게 느껴지지 않았다. 오히려 푸른 수염의 정중함에 감동받아 청혼을 받아들이기로 했다.

결혼하고 한 달이 지나자, 푸른 수염은 일 때문에 지방에 다녀와야 한다고 말했다. 열쇠 꾸러미를 내밀며 몇 번이고 다짐을 받았다.

"심심하면 친구들을 불러 마음껏 놀아요. 이 열쇠들로 열 수 있는 곳을 다 보여 줘도 되지만, 회랑 끝 작은 방만은 열지 말아요. 혹시라도 그 방문을 연다면, 아주 끔찍한 일이 생길 거요."

열쇠를 건네주는 푸른 수염의 모습

아내도 몇 번이고 약속을 하며 남편을 보냈다.

푸른 수염이 떠나자마자 아내의 친구들이 몰려왔다. 아내는 친구들을 끌고 다니며 성의 구석구석을 보여 주었다. 꿈도 꾸지 못할 만큼 귀한 것들이 곳곳에 쌓여 있었다. 친구들은 아내의 부와 행복을 부러워하며 마음껏 즐겼다.

하지만 아내는 회랑 끝 작은 방에만 마음이 쏠려 있었다. 남편의 말이 떠올랐지만 솟구치는 호기심을 억누를 수 없었다. 그래서 친구들 몰래 작은 방으로 갔다.

몹시 어두워서 아무것도 보이지 않았다. 어둠에 눈이 익자, 바닥이 온통 끈적끈적한 피로 덮여 있는 것이 보였다. 그리고 벽에는 여자들의 시체가 주렁주렁 걸려 있었다. 바로 푸른 수염과 결혼했던 여자들이었다.

아내는 심장이 멎을 것만 같았다. 비틀거리는 바람에 쥐고 있던 열쇠가 바닥으로 떨어졌다. 아내는 가까스로 정신을 차려 열쇠를 줍고는 서둘러 방을 떠났다. 열쇠에 피가 묻은 것을 보고 닦았지만 피는 전혀 지워지지 않았다. 어느 것으로 닦아도 마찬가지였다. 열쇠가 마법에 걸려 있었던 것이다.

바로 그날 저녁, 푸른 수염이 소식도 없이 돌아왔다. 날이 밝자 열쇠를 돌려 달라고 했다. 아내는 사시나무 떨듯 벌벌 떨며 열쇠를 건네주었다. 푸른 수염은 의심에 차서 물었다.

"이 열쇠에 왜 피가 묻어 있는 거요?"

"저도 모르겠어요."

"모르겠다고? 이런 거짓말쟁이. 좋아, 당신도 그 방으로 가. 거기서 본 여자들 맨 끝에 걸려 있으라구!"

아내는 푸른 수염의 발밑에 엎드려 용서를 빌었다. 눈물에 젖은 눈으로 푸른 수염을 쳐다보며 말했다.

"마지막으로 신께 기도를 하고 싶어요. 시간을 좀 주세요."

"말 그대로 조금만 주지. 더는 안 돼!"

푸른 수염이 나가자 아내는 재빨리 언니를 불렀다. 성의 첨탑으로 가서 오빠들이 오는지 봐 달라고 했다. 오빠들이 보이면 빨리 오라고 신호를 보내

달라고 부탁했다. 언니는 시키는 대로 첨탑의 꼭대기로 올라갔다.

한편 아래층에서는 푸른 수염이 커다란 칼을 휘두르며 소리치고 있었다.

"빨리 내려와. 꾸물거리면 내가 올라갈 거야!"

아내는 잠시만 기다려 달라고 말하고는 언니를 불렀다.

"언니, 아무도 안 보여?"

"안 보여. 뿌옇게 빛나는 태양하고 푸른 벌판뿐이야."

푸른 수염이 화가 나서 소리를 질렀다.

"빨리 내려와!"

아내는 간다고 대답하고는 다시 언니를 불렀다.

"언니, 아무것도 안 보여?"

"커다란 먼지구름이 보여. 양 떼야."

푸른 수염이 수많은 아동과 여성을 살해하는 모습을 그린 작품

푸른 수염이 당장이라도 뛰어 올라올 듯 소리쳤다.

"빨리 안 내려올 거야? 내가 올라간다!"

아내는 겁에 질려 언니를 불렀다.

"언니, 아무것도 안 보여?"

언니는 기쁨에 차서 말했다.

"오빠들이 달려와. 내가 빨리 오라고 신호를 보내고 있어."

푸른 수염은 성이 흔들릴 정도로 소리를 질러 댔다. 아내가 내려가자 머리 채를 움켜잡고 칼을 번쩍 들었다. 아내가 애처로운 눈빛으로 쳐다보며 마지 막 기도를 하고 싶다고 빌었으나 들은 척도 하지 않았다. 그리고 칼을 내리 치려는데 누군가 문을 쾅쾅 두드렸다. 푸른 수염은 멈칫했다.

푸른 수염의 최후

문이 열리더니 손에 칼을 든 기사 두 명이 달려들었다. 그리고는 푸른 수 염의 몸을 칼로 찔러 죽였다. 아내는 심장이 오그라들어 숨도 쉬지 못하고 있었다.

푸른 수염한테는 재산을 물려줄 사람이 없었다. 그래서 아내가 모두 물려 받았다. 아내는 재산의 일부를 언니가 결혼하는 데에 썼다. 그리고 오빠들한 테 장교직을 얻어 주는 데에도 썼다. 그리고 나머지는 푸른 수염을 잊게 할 만큼 착한 사람을 만나 결혼하는 데 썼다.

떠도는 영혼에 관한 전설

작은 정어리 요정

프랑스 전설에는 떠도는 영혼에 얽힌 이야기도 적지 않다. 요정에게 사로

잡혀서, 사랑하는 사람을 잊지 못해서 등 까닭은 여러 가지이다.

그 중 요정과 관련된 이야기 하나를 여기에 소개한다.

정어리 요정과의 만남

"배고프지? 하지만 어쩌겠니. 고기는

안 잡히고, 어쩌다 잡아도 팔리지가 않으니.

네 아빠가 일거리를 찾고는 있는데, 늙었다고

실제 정어리의 모습

아무도 안 써 준단다. 차라리 네가 일자리를 찾는 게 빠를 것 같구나."

어머니의 말에 앙토닌은 일거리를 찾으러 나섰다. 하루 종일 섬을 뒤지고 다니다가 가까스로 그물 고치는 일거리를 얻었다. 배고픔을 참으며 일했지만, 빵 한 조각 값밖에는 받을 수 없었다. 게라도 잡아 가족과 함께 먹으려고 바닷가 바위 밑을 헤집고 다녔다.

그런데 바닷물 속에서 정어리가 반짝거렸다.

"앙토닌! 앙토닌! 내가 보이니?"

"그래. 보여."

"뭘 찾고 있니?"

"하루 종일 일해서 겨우 빵 한 조각을 얻었는데 같이 먹을 음식이 없어. 게라도 들고 가면 부모님이 좋아하실 것 같아서……"

앙토닌에게 마법의 막대기를 건네는 정어리의 모습

"그럼, 이 막대기를 가져가. 식탁을 세 번 두드리면서 먹고 싶은 것을 말하면 바라는 게 모두 나올 거야. 그리고 내 도움이 필요하면 언제든지 여기로 와."

앙토닌은 집으로 가자마자 정어리의 말대로 했다. 과연 말하는 것은 모두 나왔다. 어머니는 배불리 먹어 나른한 목소리로 말했다.

"무엇이든지 부탁하라고 그랬지? 그러면 가서 옷 좀 달라고 해. 입을 것이 없잖니. 하지만 바위에 미끄러지지 않게 조심해라."

앙토닌이 정어리에게 가서 부탁하자 정어리는 집에 가서 기다리라고 했다.

이튿날 아침, 앙토닌네 오두막에는 온갖 좋은 옷들이 가득했다. 어머니는 옷을 입어 보다가 한숨을 쉬며 말했다.

"그런데 앙토닌, 이 좋은 옷들을 어디에 두면 좋겠니? 집이 너무 작아서 옷을 둘 곳이 없구나. 정어리한테 집 한 채만 부탁해 보렴."

이번에도 정어리는 집에 가서 푹 자라고만 했다.

이튿날 아침, 앙토닌네 오두막은 멋진 성으로 바뀌어 있었다. 사람들이 바쁘게 움직이며 성탄 전야의 잔치를 준비하고 있었다. 넓은 정원에는 마차가 한 대 있었고, 말들이 땅을 걷어차고 있었다.

다시 제자리로

앙토닌과 부모는 마차를 타고 시내로 갔다. 모두 아주 멋진 옷을 입고 있어서 마치 귀족 같았다. 앙토닌의 부모는 사람들을 볼 때마다 상냥하게 인사를 하였다.

그런데 웬 거지가 덜덜 떨며 다가오더니 손을 내밀었다.

"너무 춥고 배가 고파요. 마님, 제발 도와주세요."

그러나 앙토닌의 어머니는 쌀쌀맞게 거절하며 동전 한 닢 주지 않았다.

꿈 같은 축제를 즐긴 뒤, 세 식구는 달콤한 잠에 빠져들었다.

하지만 이튿날, 모든 게 사라졌다. 성은 오두막으로, 화려한 옷들은 누더기로 바뀌어 있었다. 어머니는 슬퍼하며 앙토닌을 졸랐다. 할 수 없이 앙토닌은 바위로 달려갔다. .

하지만 바다 속에서는 더 이상 빛이 나지 않았다. 정어리를 불러도 아무 대답이 없더니, 한참 만에야 말소리가 들려왔다.

"어제 시내에서 거지를 만났지? 거지는 바로 나였어. 나는 너희에게 모든 것을 주었는데 너희는 나를 돕지 않았어. 그래서 준 걸 모두 빼앗은 거야. 그래도 난 네가 좋아. 네 어머니한테만 화났을 뿐이야. 그러니 작은 농장 하나는 줄게. 너희들이 열심히 일하면 먹을 것은 나올 거야."

목소리는 사라졌다.

며칠 뒤, 앙토닌은 황금빛 배를 보았다. 바위틈에 웬 낯선 소녀가 있는 것도 보았다. 소녀는 노래를 부르며 물속으로 뛰어들었다. 노래를 부르며 헤엄치더니 배에 오르자마자 감쪽같이 사라졌다.

노랫소리를 듣고서야 비로소 앙토닌은 깨달았다. 소녀가 바로 정어리라는 것을. 요정의 마술에 걸려 정어리가 되었다는 것을.

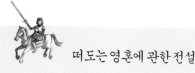
밤에 빨래하는 여자

빨래하는 여자

어느 날 '안'이 집으로 돌아올 때였다. 다리를 건너는데 이상한 소리가 들렸다. 빨랫감을 찰박찰박 두드리는 소리, 빨래를 짜는 소리. 이렇게 어두운 밤에 누가 빨래를 하나 싶어 안은 의아했다.

벌판에 하얀 빨래가 연기처럼 휘날리는 게 보였다. 웬 여자가 강가에서 뿌연 누더기를 비틀어 짜고, 물속에 담갔다가 두드리고, 빨랫줄에 걸 것처럼 공중으로 내던졌다. 그러다가 문득 안을 쳐다보았다.

안은 몹시 무서웠다. 그런데 여자에게서 눈길을 뗄 수가 없었다. 여자가 끌어당기는 것 같았다. 여자가 있는 곳으로 가면 행복할 것만 같았다. 하지만 그래서는 안 된다는 생각이 머리를 스쳤다. 안은 정신을 차리고는 있는 힘을 다해 집으로 달렸다.

아버지에게 자신이 보았던 것을 말하자, 아버지는 몹시 걱정했다.

"망령들이야. 죽은 여자들인데 안식을 찾지 못하고 이승을 떠도는 거야. 뭔가 큰 고통을 씻으려고 하는 것 같아. 자신의 슬픔이 강물에 떠내려 가기를 바라면서 영혼을 빨아 너는 거지. 혹시 여자가 너한테 말을 걸더냐?"

안은 고개를 저었다.

"그래, 그 여자들은 그저 빨래만 한단다. 그래도 밤에는 절대로 그 다리 쪽으로는 얼씬도 않겠다고 약속을 해라."

안은 약속을 했지만, 순전히 아버지를 안심시키기 위해서였다.

머리를 감고 있는 여자를 다리 위에서 보고 있는 안

그리운 얼굴

며칠 뒤 안은 아버지가 잠든 틈을 타 강으로 갔다. 여자는 머리를 감고 있었다. 강물 위에 뜬 머리채가 마치 안개 보자기 같았다. 여자는 머리채를 크게 돌려서 건지더니 물을 짜 냈다. 그 모습을 보면서 안은 속으로만 물었다.

'내가 여기 있는 것을 모르나요? 왜 나를 보지 않나요?'

여자가 일어나 안을 보았다. 눈길도 없이 뭉개진 얼굴이 미소로 떨렸다. 안의 입술에서 어렸을 적 노래가 흘러 나왔다.

여자가 사라졌다. 강물 위로 다시 안개가 떠다녔다. 안은 무척 피곤했기에 집으로 돌아와 깊은 잠에 빠졌다.

이튿날, 안은 몹시 슬펐다. 아침밥을 준비하다가 문득 소리쳤다.

"아버지, 어젯밤에 엄마를 만났어요."

아버지는 말없이 들었다.

"엄마 얼굴을 얼마나 보고 싶었는데……. 내 마음이 엄마를 알아보았어요. 엄마는 아주 가까이에 있었는데 얼굴을 보지 못했어요."

"네게는 아주 가까운 것처럼 느껴지겠지만, 엄마는 아주 멀리 있단다. 그래도 엄마는 네가 엄마를 사랑한다는 것을 알고 있어. 그러니 저승의 문턱으로 자꾸 가지 마라. 너는 이승에서 살아야 해."

하지만 안은 엄마의 얼굴을 보고 싶어 견딜 수가 없었다. 그래서 다시 강으로 달려갔다. 그리고 다리 위에서 귀를 기울였다.

갑자기 여자가 바람처럼 나타났다. 키스를 보내는 듯 손바닥을 펼쳐서 숨을 불어 날렸다. 안은 자기도 모르게 피리를 꺼내서 불었다. 그리고 강물 위로 줄을 던졌다. 줄은 여자의 몸에 감겼다. 안은 줄을 끌어당기면서 중얼거렸다.

"엄마를 이 저주받은 강에서 꺼내고 말 테야."

여자가 다리에 거의 이르자, 안은 마을로 발길을 돌렸다. 희미하지만 무거운 형체가 딸려 왔다. 안은 혼자 다짐했다.

"안, 돌아보지 마. 피리도 멈추지 마. 엄마가 다리 위로 올라오면, 이쪽 세계로 발을 들여놓으면, 그때 봐. 그때 엄마 얼굴을 보자."

드디어 마을로 들어서는 길이 보였다. 한 발짝 두 발짝, 거의 도착했다. 안은 그만 살짝 뒤를 돌아보고 말았다. 순간 그렇게도 보고 싶어 하던 얼굴이 사라졌다. 안의 입에서 피리가 떨어졌다.

그때 아버지가 달려와 안을 끌어안았다. 안의 머리를 쓰다듬으며 달랬다. 안은 깊은 잠에 빠졌다.

버드나무 한 그루

이튿날, 안은 아버지와 함께 바람을 쐬러 나갔다. 다리 어귀에 들어섰을 때 안은 깜짝 놀랐다. 빨래터, 여자가 있던 자리에 버드나무 한 그루가 있는 것이었다. 무성한 나뭇가지들이 강물에까지 늘어져서 마치 머리카락이 떠 있는 것 같았다.

안은 달려가 오랫동안 나무를 껴안았다.

'더 이상 이 강가에는 고통받는 영혼이라고는 없을 거야. 더 이상 밤에 빨래하는 여자도 없을 거야. 엄마는 안식을 얻으셨어.'

잠자는 곰, 아서

켈트족은 자신들의 문명을 문자로 남기지 않았다. 게다가 전쟁에 패해 다른 문명에 흡수되거나 비주류 주변 문명으로 물러나야 했다. 그래서 켈트 문명에 뿌리를 둔 이야기는 없거나 매우 드물다. 켈트족이 기원전 수세기 동안 유럽 땅의 삼분의 이를 차지했던 것을 떠올려 보면 매우 안타까운 사실이다.

이후 유럽 여러 나라에서 '아서 왕 전설'이나 '원탁의 로망'을 쓰고 노래했건만, 이 이야기들이 고대 켈트에 뿌리를 두고 있다는 사실을 어느 누구도 인정하고 싶어 하지 않았다.

그러나 유럽 각지에 흩어져 있는 '아서 왕 전설'에는 유럽인들이 잃었던, 또는 부인하고 싶었던 켈트의 야만적인 원시성과 자유분방함이 도도하게 흐르고 있다. 유럽인들의 핏속에서 잠자고 있는 '원초적 유럽'을 슬그머니 건드린다.

'아서'는 고대 켈트어로 '곰'이란 뜻이다. 겨울잠을 자는 곰처럼, 지금 아서 왕은 전설의 섬 아발론에서 자고 있다. 어쩌면 새로운 유럽의 건설을 위해서 두 눈을 뜰지도 모를 일이다. 신비의 검을 쳐들며 외칠지도 모를 일이다. 분열된 유럽에 대통합의 이상을 이루기 위하여.

아서 왕의 검

LEGEND OF THE WORLD

Chapter.

04

북유럽의 전설 여행

❋   북유럽은 다른 지역에 비해 우리에게 덜 알려진, 그래서 우리에게 이국적 매력으로 다가오는 그런 곳이다. 이들의 판타지적 마법 이야기는 재미와 신비스러움을 동시에 전해 주고 있다. 거칠면서도 환상적인 느낌이 드는 북유럽 전설들을 여기에 소개한다.

영웅 전설

바이킹(Viking) 전설

우리가 흔히 알고 있는 바이킹*은 바다의 약탈자로 난폭하고 흉악한 해적들이다. 바이킹들은 그들 특유의 도전 정신으로 세계를 휩쓸었는데, 특히 유럽인들에게 북방에서 온 강인한 민족이라는 인상을 확실하게 심어 주었다.

바이킹들은 도깨비뿔 같은 뾰족한 투구를 쓰고, 한쪽 손에 방패를 다른 손에는 창이나 칼을 들고 순식간에 상대편을 바람처럼 침략했다. 삽시간에 남자들을 죽이고 여자와 아이들을 납치했으며, 보물을 훔치는 솜씨는 귀신이 곡할 정도였다. 사람들은 바다 근처에서 바이킹의 배인 노르가 보이면 벌벌 떨며 도망치기에 바빴다. 자, 이제 이들의 이야기 속으로 들어가 보자.

바이킹

원래는 스칸디나비아에서 덴마크에 걸쳐 많이 있는 바이크(Vik, 협강)에서 유래한 말이다.

8세기부터 11세기까지 300년간 온 세계를 휘젓고 다녔으며, 그들이 침략한 부유한 수도원이나 도시에서는 자신들을 공격한 바이킹에 대한 무시무시한 기록들을 남겼다. 바이킹들이 민족 대이동을 시작한 것은 인구 증가에 의한 토지의 협소화 때문으로 보인다.

바이킹 전사, 에릭

　　바이킹 전사 중 에릭은 노르웨이와의 전투에서 지고 난 뒤 바이킹 전사 70명과 함께 처형을 기다리고 있었다. 에릭은 전투에서 죽지 못한 것을 아주 원통해 하고 있었다. 에릭 옆에는 늙은 바이킹 전사 비외른이 죽음을 기다리며 한숨을 쉬었다. 에릭은 전투에서 패한 것보다 자신의 최후가 전쟁터가 아니라 교수대라는 사실에 몹시 격분하고 있었다.

　　"이렇게 죽음을 기다리고 있다니 정말 창피한 일이야. 차라리 무기를 주고 죽을 때까지 싸우라고 할 일이지."

　　늙은 전사 비외른이 에릭을 안타까운 눈으로 바라보며 말했다.

　　"자네 몇 살인가?"

　　"열여덟 살이오."

　　비외른은 혀를 끌끌 찼다.

　　"그렇게 오래 살았는데 참 바보로군."

　　그 말을 들은 에릭의 얼굴이 붉어졌다.

　　"왜요?"

　　"저 노르웨이인들은 우리가 부끄럽게 죽기를 바라는 거야. 저들은 우리가 목숨을 살려 달라고 애걸하는 약한 모습을 보고 싶은 거지."

　　"그렇군요. 우리는 영웅처럼 죽을 겁니다."

　　그 말에 늙은 전사의 얼굴에 그늘이 졌다.

바이킹의 옷차림
도깨비뿔 같은 투구를 쓰고 방패와 무기를 들고 있다.

"그보다는 죽지 않는 게 더 낫지. 내게는 처자식들이 딸려 있네. 내가 죽으면 그들은 고생을 면치 못할 걸세. 자네도 고향에서 기다리는 부모님이 계시지 않은가?"

"예."

"나 역시 죽음은 두렵지 않아. 그러나 가족을 생각하면 슬픈 생각이 드는 건 어쩔 수 없네."

에릭은 침묵에 잠겼다가 밧줄을 풀기 위해 몸을 뒤틀었다. 늙은 전사는 고개를 가로저으며 옛 시를 읊조렸다.

주위를 둘러보니 두렵기만 하구나.
하늘에는 핏빛 구름 그림자가 떠 있네.

에릭의 꾀

에릭은 길게 자란 머리를 뒤로 젖히며 말했다.

"그럼, 죽지 않아도 부끄러운 일은 아니군요."

"하지만 그럴 방법이 있겠나?"

에릭이 미처 대답도 하기 전에 그들을 사로잡은 노르웨이 공작이 다가와 큰 소리로 말했다.

"공손한 태도로 노르웨이의 노예가 되겠다고 말하면 살려 주겠다."

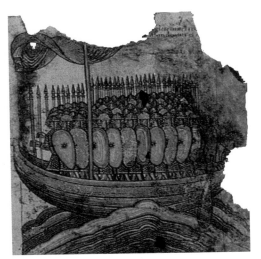
바이킹 전사들을 태운 배의 모습

바이킹 전사들은 모두 노르웨이 공작을 노려보았다.

노르웨이 공작은 웃으며 병사들에게 처형을 시작하라는 듯 고개를 끄덕였다.

첫 번째 바이킹이 밧줄에서 풀려나 한 걸음 앞으로 나와 턱을 내밀고 죽음을 기다렸다. 그의 머리가 베어지자 바이킹들은 환호성을 질렀다.

"멋지게 죽었어."

두 번째 바이킹 전사는 12월의 하늘처럼 잿빛 머리를 가진 전사였다. 그가 죽을 때에는 환호성이 더 작아졌다.

세 번째 전사가 죽을 때에는 환호가 더 작아졌다.

이제 남은 바이킹은 67명뿐이었다. 이때 에릭이 일어섰다.

"다음은 나요."

에릭이 나서자 바이킹들은 서로 먼저 죽겠다며 앞다투어 나섰다. 용감한 바이킹들이지만 젊은 에릭이 먼저 죽는 것을 보기는 원치 않았기 때문이다.

"안 돼. 나야. 내 차례야."

노르웨이 공작이 비웃음을 흘리며 명령했다.

"꼬마를 처형해라."

에릭이 노르웨이 공작에게 말했다.

"잠깐. 내 머리털 때문에 칼날이 무뎌질지 모르오. 그러니 다른 병사에게 내 머리카락을 잡고 있게 하시오."

노르웨이 공작은 병사 하나를 시켜 머리카락을 잡으라고 명령했다.

사형 집행인이 칼을 높이 치켜들었다가 내리칠 때 에릭은 재빨리 머리를 뒤로 뺐다.

칼날이 병사의 손목을 내리치는 순간, 병사는 비명을 질러 대며 펄쩍펄쩍 뛰다가 잘린 손을 보고는 기절했다. 바이킹들은 우와 함성을 질렀다.

노르웨이 공작은 웃음을 터뜨렸다.

"재미있는 걸 보여 줬으니 살 자격이 있다. 풀어 주어라."

그러나 에릭은 노르웨이 공작에게 말했다.

"다른 바이킹들이 풀려나기 전에는 나도 풀려날 수 없습니다."

노르웨이 공작은 그의 용기에 감탄해 바이킹 전사들을 모두 풀어 주었다.

바이킹이 발견한 빈란드

에릭은 배 25척과 많은 사람들을 데리고 그린란드로 떠났으며, 중간에 폭풍을 만나 겨우 14척만이 그린란드에 도착할 수 있었다. 에릭은 이들과 마을을 일구고, 노르웨이를 오가며 털가죽 장사를 하며 살았다.

에릭은 에릭손이라는 아들을 두었는데, 그는 아주 크고 힘이 세고 잘생겼으며, 뛰어난 지도자로서의 자질도 갖추고 있었다.

에릭손은 타고난 바이킹의 후손이었으므로, 모험심을 주체하지 못하고 서기 1001년 서쪽 바다로 모험을 떠났다.

에릭손이 처음 도착한 곳은 배핀 섬이었는데, 그곳을 '평평한 돌의 땅(Helluland)'이라 이름 지었다. 그리고 남쪽으로 계속 항해해 풀이 우거지고 모래가 깔린 땅에 닿아 '숲의 땅(Markland)'이라 불렀다.

에릭손은 다시 이틀을 더 항해해 세 번째 땅에 도착했다. 이곳은 땅의 북쪽 끝에 있는 섬으로 날씨가 맑았으며 풀잎마다 이슬이 초롱초롱 맺혀 있었다. 또한 풀밭과 숲, 강물에는 연어 떼가 넘쳤는데 바이킹들의 마음을 사로잡기에 부족함이 없었다.

"이곳을 빈란드라 부르겠다. 이곳에 오래도록 머무를 수 있도록 집을 지

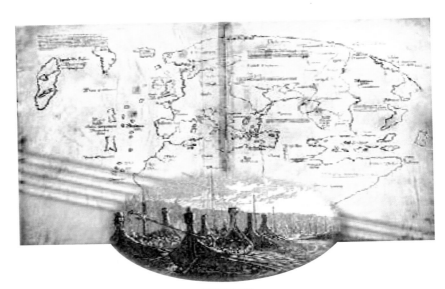

바이킹의 지도

스크랠링 인디언 부족과 **토르발드** 일행이 전투를 벌이고 있다.

어라."

에릭손은 빈란드에 약 1년간 머물다가 다시 그린란드로 떠났다.

빈란드에 두 번째 방문한 이는 에릭손의 동생인 토르발드였다. 토르발드는 바이킹 30명을 이끌고 정착했는데 이상한 사람들과 만나 싸우게 되었다. 그들은 바로 토박이인 스크랠링 인디언 부족이었다. 이 부족은 자기네 땅을 지키기 위해 용감하게 싸웠으며 토르발드는 전투 중 배에 화살을 맞았다.

바이킹들의 치료법과 무덤

바이킹들은 배에 화살을 맞은 토르발드의 몸에 외투를 덮어 체온을 유지시켜 주었다. 그리고 양파와 약초를 넣어 만든 특별 음식을 먹었다.

바이킹들은 음식이 소화될 때까지 기다렸다. 상처의 냄새를 맡아보자 양파와 약초 냄새가 났다. 창자에 구멍이 뚫린 것이었다. 바이킹들은 토르발드가 죽을 것을 알고 상처를 꿰매 주지 않았다.

몇 시간 뒤 바이킹들은 토르발드를 전사들의 천국인 발할라로 보낼 준비를 마쳤다.

바이킹들의 장례 방식은 두 가지로 전해지는데, 하나는 자신이 쓰던 물건들과 함께 배에 넣어져 바다로 보내는 것으로 비교적 지위가 높은 귀족들의 장례법이었고, 다른 한 가지는 땅에 묻은 다음 돌로 둥그렇게 무덤의 표시를 해 놓는 방식이었다.

바이킹의 무덤. 돌로 둥그렇게 무덤을 표시한다.

빈란드의 정체는 아메리카

세 번째로 빈란드를 방문한 지도자는 칼세프니였다. 그는 빈란드를 바이킹의 식민지로 삼으려고 바이킹 160명과 가축을 배 세 척에 태우고 왔다.

칼프세니는 바닷가를 보고 감탄하며 외쳤다.

"멋진 모래밭이다."

칼세프니는 바이킹들을 데리고 3년간 머무르며 토박이 인디언 스크랠링족과 싸움을 벌였다. 이때 인디언 스크랠링족이 얼마나 거세게 저항했던지 결국 칼세프니는 아름다운 빈란드를 포기하고 돌아갈 수밖에 없었다.

빈란드를 찾은 마지막 바이킹은 에릭손의 누이인 프레이디스였다. 그러나 그녀 역시 빈란드에서 살지 못하고 물러났다.

이후 빈란드는 바이킹의 역사에서 사라졌다. 이 빈란드는 지금의 아메리카라고 전해진다. 아메리카 신대륙을 발견했다고 알려진 콜럼버스보다도 앞선 셈이다.

빈란드에 남아 있던 바이킹들은 인디언 속에 녹아들어 인디언이 되었다고도 하고, 모두 인디언에게 몰살되었다고 전해지기도 한다.

이렇게 해적의 왕으로 명성을 떨쳤던 바이킹들은 어느 순간 그 자취를 찾을 수가 없게 되었다.

칼레발라 - 핀란드

핀란드의 위치
북유럽 발트 해 부근에 있는 국가로 스칸디나비아 3국 중 하나에 속한다. 1917년에 독립하여 오늘에 이르고 있으며 수도는 헬싱키이다.

옛날엔 지금의 핀란드 땅이 칼레발라라는 이름으로 불렸다. 이곳에 베이네뫼이넨이라는 이름의 훌륭한 주술사가 살고 있었는데, 그의 이야기가 지금까지도 전해지고 있다. 베이네뫼이넨의 모험이 널리 알려지게 된 까닭은 폭력적인 그들의 신화와는 다르게 노래와 지혜로 위기를 탈출하는 이야기이기 때문이다.

베이네뫼이넨

옛날, 베이네뫼이넨이라는 사람이 있었는데 그에게는 친구가 둘 있었다. 하나는 태양과 달을 만든 대장장이 일마리넨이었고, 다른 하나는 젊은 주술사 레민케이넨이었다.

칼레발라* 옆에는 포욜라라는 극한의 땅이 있었다. 마녀 로우히가 포욜라를 지배하고 있었는데, 힘센 전사와 주술사가 많은 곳이었다.

포욜라가 공포와 두려움의 땅이었는데도 불구하고 그곳에는 사람들이 늘 우글거렸다. 그 까닭은 포욜라의 처녀들이 매우 아름답고 사랑스러웠기 때문이었다. 이 처녀들은 하늘의 무지개에 앉아 황금을 짰다. 포욜라는 자연의 신비스런 힘을 가진 여자들의 나라였던 것이다. 그러나 영웅들에게 포욜라의 여주인 로우히는 두려운 상대였다.

마법의 절구 산포를 훔치다

베이네뫼이넨의 친구인 대장장이 일마리넨은 포욜라의 여주인 로우히에게 마법의 절구인 산포를 만들어 주고 그녀의 딸과 결혼했다.

대장장이 일마리넨은 한동안은 잘 살았으나, 어느 날 갑자기 아내가 죽고 말았다. 일마리넨은 극심한 비탄에 빠져 넋을 잃었다. 베이네뫼이넨은 실의에 빠져 있는 일마리넨을 찾아갔다.

『칼레발라』
북유럽 핀란드의 영웅 서사시로 아름다움을 칭송하는 이야기이다.
베이네뫼이넨은 노래와 지혜의 힘으로 위기를 넘긴다. 어떤 정당한 이유가 있더라도 전쟁은 승자에게도 희생을 강요하는 공허한 것이다.
『칼레발라』는 19세기 중엽 러시아로부터 독립하려는 감정이 고조된 시기에 작곡가 시벨리우스의 유려한 음악과 더불어 핀란드 독립 운동의 상징이 되었다.

"자네 언제까지 이러고 있을 텐가? 자네의 아내가 죽은 이상 마법의 절구 산포를 포욜라에 둘 필요가 없지 않은가? 그러지 말고 우리 같이 산포를 되찾아와 이곳을 비옥한 결실의 땅으로 만들지 않겠나?"

"자네 말이 옳아. 그것은 내가 만든 것이니까."

산포는 대지에 풍요를 내리는 마법의 절구였던 것이다.

베이네뫼이넨은 주술의 노래를 불러 군대를 만들었다. 둘은 배를 만들어 타고 산포를 찾으러 출발했다.

도중에 친구인 레민케이넨이 합류했다. 이윽고 포욜라의 성에 도착한 베이네뫼이넨 일행은 여주인인 마녀 로우히를 찾아갔다.

"산포를 되찾으러 왔습니다."

"멀쩡한 놈들이 말도 안 되는 소리를 하는군. 그럼 내 딸을 되돌려 줘."

마녀 로우히는 면박을 주며 자신의 군사들에게 베이네뫼이넨 일행을 잡아들이라고 명령했다. 로우히의 군사들이 다가오자 베이네뫼이넨은 칸탈레를 켜며 노래했다. 군사들은 베이네뫼이넨의 칸탈레 소리에 모두 잠이 들었다.

베이네뫼이넨은 마법의 최면 바늘로 군사들의 눈에 잠을 잔뜩 찔러 넣었다. 포욜라 땅 전체가 깊은 잠에 빠지자 세 사람은 산포를 찾아내 배에 실었다.

산포는 망가지고

산포를 무사히 훔쳐 낸 베이네뫼이넨 일행은 좋아라 하며 즉시 배를 출발했다. 배를 띄운 지 사흘이 지난 날, 레민케이넨은 노래를 불렀다. 노랫소리에 놀란 두루미 한 마리가 날아올랐다. 두루미가 포욜라 상공으로 날아오르자 잠의 마법이 풀리고 말았다. 잠에서 깨어난 마녀 로우히는 몹시 화가 났다.

"나의 딸 안개와 연무를 데려와라."

안개 딸과 연무 처녀는 어머니 로우히의 명령으로 일행의 배가 방향을 잡지 못하도록 짙은 안개를 내뿜었다.

마녀 로우히는 바다 괴물 이크투르소와 우크를 보냈다. 그러나 이크투르소는 베이네뫼이넨의 칸탈레 소리에 힘을 잃고 물러났다. 반면 우크는 태풍을 일으켜 베이네뫼이넨의 칸탈레를 깊은 바다 속에 빠뜨렸다.

마녀 로우히는 칼을 잘 다루는 검사 백 명, 활을 잘 쏘는 궁수 천 명을 배에 태우고 무서운 기세로 베이네뫼이넨 일행을 쫓아갔다. 베이네뫼이넨은 적이 가까이 다가오자 부싯깃과 부싯돌을 바다에 던져 암초를 만들어 적의 배를 난파시켰다.

마녀 로우히는 자신이 직접 독수리와 비슷한 마조로 변신했다. 마조는 자신의 날개에 군사들을 태우고 베이네뫼이넨이 이끄는 배의 돛대에 내려앉았다.

마조가 날카롭고 거대한 발톱으로 산포를 낚아채려 하자 레민케이넨이 덤벼들었다. 그러자 마조가 레민케이넨에게 빈정댔다.

"너는 전에 싸움질은 더 이상 하지 않겠다고 어머니와 맹세하지 않았느냐? 너는 네 어머니를 기만하는구나."

베이네뫼이넨은 바로 이때가 기회라고 여겨 배의 끝에 있는 노를 집어 들어 마조의 발톱을 후려쳤다.

마조는 뱃머리로 추락해 새끼발가락만 남고 발톱이 모두 빠져 버렸고, 날개에 타고 있던 검사와 궁수들은 모두 북쪽 바다에 빠져 죽었다. 마조는 남은 힘을 모아 새끼발가락으로 산포를 들어 바다에 던졌다. 자신이 가질 수 없으면 남도 주기 싫었던 것이다.

결국 산포는 조각조각 부서져 깊은 바다 속으로 가라앉았다. 바다에 산포의 파편이 가라앉자 바다는 더욱 푸르고 맑아졌다.

베이네뫼이넨은 산포의 남은 파편들을 긁어모아 칼레발라 곳에 뿌렸다. 이곳이 훗날 핀란드로 불리게 되었던 것이다.

마조가 새끼발가락으로 산포를 들어 바다에 던지는 장면

앨프 – 노르웨이

앨프는 요정을 뜻하는 말로 원래는 알브라는 옛날 노르웨이어에서 유래된 것이다.

앨프는 두 종류로 알려져 있는데, 그 중 하나인 료스앨프는 밝고 환하며 아름다웠다. 료스앨프들은 천지의 중간에서 살기 때문에 빛을 많이 받으며 살 수 있었다. 가끔 인간 세계로 내려와 새, 나비 등과 함께 꽃밭에서 춤을 추었다. 또한 인간들에게 친절하며 다정했기 때문에 신과 인간 모두에게 사랑받는 종족이었다.

그에 반해 다크앨프들은 지하 세계에서 살았는데, 칠흑보다 검고 심술궂었다. 다크앨프들은 얼굴도 못생기고 등도 구부러진 외모를 가졌으며, 가끔 사람들에게 상처를 입히거나 병을 옮기기도 하였다.

게으른 청년 프레릭

노르웨이의 한 시골 마을에 프레릭이라는 젊은 청년이 살고 있었다.

프레릭은 잘생긴데다 기타 치는 솜씨가 일품이어서 뭇 처녀들의 가슴을 설레게 했다. 프레릭은 잘생긴 자신의 얼굴만 믿고 일은 하지 않고 빈둥거리며 게으름만 피웠다.

어느 날 프레릭은 다른 날과 마찬가지로 시원한 나무 그늘에 기대 기타를 치며 앉아 있었다. 이때 우연히 나뭇가지에 앉아 쉬고 있던 앨프가 프레릭을 보고는 그 모습에 반하고 말았다.

앨프는 자신만큼이나 아름다운 프레릭에게 다가가 모습을 드러냈다.

"저는 앨프예요. 당신을 본 순간 저는 넋을 잃고 말았어요. 저와 함께 요정의 나라로 가지 않으실래요?"

프레릭은 금발을 휘날리며 미소 짓는 앨프에게 마음을 홀딱 빼앗겼다.

"그러지요."

프레릭이 승낙하자 앨프는 웃으며 말했다.

"요정의 나라에서는 모든 것이 풍요롭기 때문에 일할 필요도 없어요."

프레릭은 그 말에 기쁨을 감출 수 없었다.

요정의 나라가 지겨워진 프레릭

처음 요정의 나라에 들어선 프레릭은 너무나 아름다운 모습에 멍했다. 그

요정의 나라에서 온갖 즐거움을 맛보고 있는 프레릭

곳은 아름다운 꽃과 향기로운 과일이 가득했고, 아름다운 요정들이 프레릭 곁에서 시중을 들어 주었다. 목이 마르면 꿀이 흐르는 냇가로 가 꿀을 듬뿍 마셨다. 그렇게 몇 년이 흐르자 프레릭은 무료해지기 시작했다. 아무 일도 하지 않은 채 지내려니 온몸이 뒤틀릴 지경이었다.

프레릭이 따분해 하자 앨프가 다가와 물었다.

"무슨 걱정이 있나요?"

"다시 인간 세계로 돌아갈 수는 없나요?"

앨프는 프레릭에게 미소를 지으며 답했다.

"요정의 세계에 들어온 이상 다시 인간 세계로 돌아갈 수는 없어요."

프레릭은 고개를 끄덕여 아무렇지도 않은 척했지만, 그 말을 들은 순간부터 인간 세계로 돌아가고 싶은 마음이 더 강하게 일어났다.

다시 인간 세계로 돌아오다

무의미하게 지내던 어느 날이었다. 앨프들은 7년마다 한 번씩 자신이 가장 좋아하는 것을 지옥에 바쳐야 하는 날이 있었는데 그날이 점점 다가왔다.

앨프는 자신이 가장 좋아하는 프레릭을 지옥에 바치기는 싫었다. 그래서 프레릭을 공물로 바치지 않고 잠시 인간 세계로 되돌려 보내기로 결심했다.

"프레릭, 당신과 헤어지기는 싫지만 지옥에 보내지 않으려면 어쩔 수 없군요. 잠시 동안 인간 세계에 가 있어요. 며칠 안에 당신을 찾으러 갈게요."

프레릭은 인간 세계로 돌아오자마자 논과 밭으로 나가 일을 하기 시작했다. 프레릭의 이마에서 땀이 흘러 내렸다. 프레릭은 뿌듯한 마음이 생겨 다시는 인간 세계를 떠나고 싶은 마음이 없어졌다.

프레릭은 기분이 좋아 휘파람을 불었다. 그때 앨프가 다시 프레릭을 찾아왔다.

"나의 프레릭, 이제 요정의 나라로 돌아가도 돼요. 나와 같이 떠나요."

프레릭은 단호한 얼굴로 앨프에게 말했다.

"저는 요정의 나라로 가지 않겠어요. 땀 흘려 일하는 기쁨을 깨닫게 되었답니다. 저를 이해해 주세요."

앨프가 계속 애원해 보았지만 프레릭의 마음을 돌릴 수는 없었다.

트롤의 체인즐링 - 스웨덴

북유럽 사람들은 트롤*을 여러 가지 형상으로 생각한 듯하다. 지역에 따라 어느 곳에서는 발톱과 이빨이 날카로운 괴물의 모습을 하고 있으며, 난폭하고 곤봉 같은 무기를 잘 다룬다고 한다. 또 다른 곳의 트롤은 교양이 있으며 음악을 감상할 줄 안다고 한다.

트롤은 이런저런 장난을 많이 쳤는데 사람들이 가장 심하다고 여긴 것은 체인즐링이다. 이것은 트롤이 '아이를 바꿔치기 하는 장난을 한다'는 뜻으로, 아이가 이상하게 변한 것을 트롤의 짓이라 여긴 것이다. 아마도 아이의 변화를 트롤의 짓으로 돌리고 싶었던 듯하다.

트롤

어슴푸레한 그림자 속에서만 목격되기 때문에 그 모습에 대해서는 분명치 않으며 몸과 머리가 거의 붙어 있다는 정도만 알 수 있다고 한다.
유럽의 여러 나라에서 트롤은 공통적으로 흉측한 얼굴에 피부는 바위처럼 딱딱하며, 어금니가 난 입과 길고 예리한 발톱을 가진 괴물의 모습으로 알려져 있다. 그리고 종종 예측할 수 없는 난폭한 행동을 일삼는 것으로 유명하다.

예쁜 비앙카 공주의 탄생

옛날 어느 나라에 아이가 없는 왕과 왕비가 살았다. 부부는 아들이든 딸이든 자식을 하나 갖는 게 소원이었다.

그러던 어느 해 왕비는 예쁜 딸을 낳았다. 왕과 왕비는 공주에게 비앙카라는 이름을 지어 주었다. 비앙카 공주는 왕과 왕비를 꼭 닮은 아이였다.

비앙카 공주의 유모는 백작 부인이었는데 나이가 많아 꾸벅꾸벅 졸기 일쑤였다. 그래서 밤에는 두 명의 유모가 요람의 양끝에서 공주를 돌보며 잠을 잤고, 낮에는 백작 부인이 공주를 돌보았다.

어느 날 백작 부인은 비앙카 공주의 요람을 성 근처의 숲에 내려놓았다.

숲 주변에는 키가 큰 장미꽃과 아카시아 꽃이 만발해 향기가 그윽했다. 또 공주를 위해 잘 꾸며 놓은 분수대에서는 물이 뿜어져 나오고 있었다.

사람들은 요람 주위에 모여 들어 입을 모아 말했다.

"부드럽고 사랑스러운 아기야."

그때 요람 뒤편의 검은 숲에서 트롤이 지나가다가 비앙카 공주를 보게 되었다.

트롤의 아내가 낳은 여자 아기

트롤에게는 아내와의 사이에서 낳은 딸이 있었다. 아기 트롤은 까만 피부와 찢어진 눈, 헝클어진 머리를 하고 있었다.

트롤은 비앙카 공주를 보고 나서 집으로 돌아와 아내에게 말했다.

"내가 갖고 싶은 아이를 보았소."

트롤의 아내는 자신의 아이를 끔찍하게 예뻐하며 사랑하고 있었던 터라 잘라 말했다.

"트롤이 트롤을 낳았으면 된 거예요."

그러나 트롤은 비앙카 공주를 머릿속에서 떨쳐 낼 수가 없었다. 그래서 날마다 아내에게 말했다.

"우리 그 아이를 훔쳐 옵시다. 그 아이 옆에 있는 할멈은 날마다 꾸벅꾸벅 졸고 있단 말이오."

아내는 극구 반대했지만 남편과 싸우느라 하루도 마음 편히 지낼 날이 없었다.

뒤바뀐 아이

트롤의 아내는 밤이고 낮이고 계속되는 남편의 잔소리에 결국 지치고 말았다. 아내는 아기 트롤을 요람에서 꺼내 남편에게 주었다.

트롤은 아기를 안고 비앙카 공주의 요람으로 들어가 살짝 아기를 바꿔치기했다. 그때 백작 부인은 가볍게 코를 골고 있었다.

잠에서 깨어난 백작 부인은 아기가 바뀐 것을 알지 못하고 아기 트롤을 성에 데려다 놓았다.

백작 부인이 졸고 있는 사이 아이를 바꿔치기하는 트롤

왕비는 아침마다 비앙카 공주를 들여다 보았다. 왕비는 비앙카 공주의 눈이 사악한 검은 눈동자로 바뀐 것을 보고 놀랐다.

"이게 대체 누구야? 우리 아이는 어디 있느냐? 이 아이는 내 아이가 아니야."

백작 부인은 몹시 당황하였다.

"그럴 리가 없습니다. 제가 계속 지키고 있었습니다."

왕과 왕비는 의사를 불러 어찌된 일인지 물었다.

의사는 고개를 갸우뚱거렸다.

"이런 경우는 처음 봅니다. 하지만 곧 괜찮아질 겁니다. 우유로 목욕을 시키고 꽃 침대에 눕히면 예전의 모습으로 바뀔 것입니다."

의사는 이상한 처방을 내리고는 가버렸다. 백방으로 수소문해 또 다른 의사를 불렀지만 모두 고개를 가로저으며 돌아갔다.

왕비는 시녀들을 시켜 공주를 따뜻한 우유로 목욕시키고 제비꽃 향기가 그윽한 침대에 눕혀 놓았다. 그러나 공주는 예전의 모습으로 돌아오지 않았다. 왕비는 실망하여 한숨을 쉬었다.

"이 아이는 내 아이가 아니야."

한편, 그 시간 트롤은 비앙카 공주를 들여다 보며 몹시 기뻐하고 있었다.

"어때? 예쁘지?"

그러나 트롤의 아내는 남편을 비웃었다.

"잘 빨아 놓은 하얀 수건 같군요. 너무 창백해요. 혈색이 왜 이 모양인지, 나 원 참. 당신이 데려왔으니 당신이 키워요."

트롤은 아기를 침대에 눕혔다. 베개와 이불이 엉겅퀴와 거친 밀짚이어서인지 비앙카 공주는 울기 시작했다.

"얘가 왜 우는 거지?"

아내가 말했을 때 남편 트롤은 벌써 밖으로 나가 향기로운 풀을 모아 새 침대를 만들고 있었다. 새 침대에 누운 아기는 그제야 울음을 그치고 잠이 들었다. 아내는 이런 비앙카 공주가 아주 못마땅했다.

다르게 자라는 비앙카 공주와 트롤

트롤의 세계에서 아버지들은 태어난 아이에게 침을 뱉으며 이렇게 말하는 게 고작이었다.

"태어났구나. 우리 아기."

궁에 사는 트롤 아기는 왕과 왕비와는 외모부터 너무 다른 아이였고, 세례를 받을 때까지 변하지 않았다.

왕이 왕비를 보며 말했다.

"비앙카의 눈동자가 어째서 까만색일까? 태어날 때는 당신이나 나처럼 푸른색이었는데."

"그러게요."

왕비는 한숨만 내쉬었다.

트롤 공주는 말도 잘 듣지 않고 말썽만 부리고 다녔다. 갖고 싶은 물건이 생기면 그 물건을 줄 때까지 땅바닥에서 발버둥 치며 울었다. 옷을 사 주어도 금방 넝마가 될 정도로 끌고 다녔다. 또한 백작 부인의 머리에 모래를 뿌리고 신발을 감추었다.

왕은 엉덩이를 때렸지만 트롤 공주가 끔찍하게 소리를 지르자 곧 겁을 집어먹었다. 결국 왕은 트롤 공주를 이기지 못하고 오냐오냐 하며 기르게 되었다.

반면, 트롤의 집에 사는 비앙카 공주는 온화한 성품이었다. 말을 안 듣는 일도 없었고, 싫다고 대꾸하

왕이 트롤 공주의 엉덩이를 때리면 끔찍하게 소리 지르며 왕을 놀래킨다.

는 일도 없었다. 트롤의 아내는 그것이 너무 마음에 들지 않아 화를 냈다.

"너는 이것도 예, 저것도 예라고만 하는구나. 이 몹쓸 것."

비앙카는 엄마에게 사랑받지 못한다는 것을 느꼈다. 하지만 숲속에는 친구들이 많았다. 비앙카 공주는 새와 다람쥐, 두꺼비와도 잘 지냈다.

어느 날 트롤의 아내가 산비둘기를 냄비 속에 집어넣자 비앙카는 눈물을 뚝뚝 흘렸다.

"트롤의 아이는 비둘기 때문에 울지 않아. 너는 정말 이해할 수가 없구나."

비앙카 공주와 트롤 공주의 결혼

어느덧 두 아이는 결혼할 나이가 되었다. 트롤 공주는 이상하긴 했지만 예쁘게 자랐다. 열일곱 살이 되어도 성격은 별반 달라지지 않아서 옷시중을 드는 하녀의 따귀를 때리는 일이 다반사였다.

백작 부인이 야단을 치면 이렇게 대구했다.

"더 이상 잔소리는 듣고 싶지 않아요. 의자에 앉아 잠이나 자요. 나는 그냥 내버려 두고 말예요."

트롤 공주는 여전히 제멋대로였다. 공주가 화가 나서 채찍을 휘둘러 거울을 깨뜨려 버린 날, 왕과 왕비는 자신들은 더 이상 공주를 감당할 수 없다는 것을 깨달았다. 그래서 서둘러 공주를 결혼시키기로 했다.

"딸로 지내는 것보다는 누군가의 아내가 된다면 분명 나아질 거야."

트롤 공주의 신랑감은 젊은 공작이었는데, 아무도 공주의 본성에 대해 말해 주지 않았다. 트롤 공주도 공작을 좋아했다. 그러나 공주가 본색을 드러내는 데는 시간이 얼마 걸리지 않았다.

젊은 공작은 트롤 공주가 유모인 백작 부인에게 혀를 내밀며 조롱하는 것을 보고 놀랐다. 공작이 화를 내며 트롤 공주를 말리자 공주는 도리어 화를 벌컥 내며 고함을 질렀다.

"내가 어떻게 하길 바라는 거예요? 내가 당신보다 신분이 높다는 걸 잊지 말아요."

둘이 같이 말을 타고 나갔다가 돌아올 때도 트롤 공주는 혼자서 빠른 속도로 달려 늦게 돌아온 공작을 놀려 댔다.

"말 타 본 적이 없나 봐요."

다음날이면 아무 일도 없었다는 듯이 공작을 치켜세웠다.

"당신은 멋진 남자예요. 정말 달콤해요. 당신을 먹어 버릴 거예요."

공작은 날이 갈수록 트롤 공주가 무섭고 두려워졌다. 도망이라도 치고 싶었지만 공작의 아버지가 허락하지 않았다.

"내 며느리는 공주다. 이런 명예는 흔치 않아."

한편, 비앙카 공주도 예쁘게 성장했다. 어느 날 트롤이 아내에게 말했다.

"트롤의 성에 딸을 데리고 가야겠소."

"다른 트롤들이 우리가 아이를 훔쳐 왔다는 것을 모두 알게 될 거예요. 당신이나 나를 닮은 구석이 한 군데도 없으니까."

트롤은 비앙카 공주를 데리고 성에 들어갔다.

성에는 다른 트롤들로 가득했고 냄새가 코를 찔렀다. 비앙카가 성 앞에서 주춤거리자 아내 트롤이 떠밀었다.

"제대로 처신해. 내 말 명심하는 게 좋을 거다."

비앙카는 온갖 금으로 치장한 트롤 왕과 왕비를 보았다. 옆에는 트롤 왕과 왕비의 하나밖에 없는 트롤 왕자가 서 있었다. 트롤 왕자가 비앙카를 보고 뾰족한 이를 드러내며 웃었다.

비앙카는 무서워서 아내 트롤 뒤에 숨었다. 트롤 왕자가 비앙카에게 춤을 신청하며 커다란 귀를 펄럭거렸다. 비앙카는 무서워서 기절하고 말았다. 아내 트롤은 비앙카에게 물을 끼얹었다.

"정신 차려. 왕자가 널 마음에 들어 한다는구나. 너는 숲을 지배하는 트롤 왕비가 되는 거야."

트롤 왕자는 비앙카에게 마음을 빼앗겨 버린 것이다. 비앙카는 도망치기로 결심했다.

성 안에서 트롤들을 보고 놀라는 비앙카 공주

원래의 자리로 돌아온 공주와 트롤

한편 트롤 공주도 젊은 공작이 슬슬 지겨워지기 시작했다.

공작도 날이 갈수록 트롤 공주를 무서워했으며, 공주는 시아버지와 시어머니 앞에서도 함부로 행동했다. 트롤 공주는 너무 따분했고 자신을 바라보며 놀라기만 하는 이 집 식구가 짜증났다. 트롤 공주는 공작 집안의 식구가 되지 않기로 결심했다.

둘의 결혼식 날짜는 공교롭게도 같은 날이었다. 비앙카와 트롤 공주는 도망치다가 서로를 비껴 지나게 되었다. 그곳은 남편 트롤이 아기를 바꾼 곳이기도 했다.

왕비는 분수대에 앉아 생각에 잠겨 있었다. 그때 왕비 앞에 자신을 꼭 닮은 비앙카 공주가 서 있었다. 왕비는 탄성을 지르며 비앙카를 껴안았다. 비앙카 역시 왕비가 자신의 어머니라는 것을 금방 알 수 있었다.

트롤 공주는 길을 벗어나 아내 트롤이 장작을 패다가 욕을 퍼붓는 것을 보고 웃음을 터뜨렸다. 아내 트롤은 딸을 알아보고 울부짖으며 껴안았다.

"내 딸이구나."

아내 트롤은 트롤 공주의 머리카락을 마구 헝클어 뜨리고 만족한 얼굴로 딸을 사랑스럽게 바라보았다.

얼마 후 두 쌍이 결혼식을 올렸다. 젊은 공작과 비앙카 공주, 트롤 왕자와 트롤 공주의 결혼식이 양쪽에서 성대하게 치러졌다.

요정, 요괴에 관한 전설

드레우 - 노르웨이

물개에게 작살을 던진 어부

옛날에 가난한 어부 엘리아스가 살고 있었다. 그는 카렌이라는 아내와 둘이서 살았다. 카렌은 부지런했기 때문에 옆에 있는 목사관 일을 거들며 살림을 보탰다.

카렌은 목사관 일을 할 때마다 아무도 없는 곳에서 무시무시한 비명과 고함 소

노르웨이(Norway)
스칸디나비아 3국 중 하나이며 1905년 독립하여 오늘에 이르고 있다. 수도는 오슬로(Oslo)이며 켈트족과 게르만족으로 구성되어 있다.

리를 듣곤 했다. 어느 날 카렌은 겨울에 양들에게 먹일 풀을 베러 갔다가 언덕에서 아주 가까운 곳에서 비명 소리를 들었다. 카렌은 너무 무서워서 그쪽으로 얼굴도 돌리지 못했다.

엘리아스와 카렌은 해마다 아이를 낳아서 7년이 지났을 때는 아이가 여섯

이나 되었다. 둘은 그동안 저축한 돈으로 노가 세 쌍 달린 고기잡이배를 살

생각에 부풀어 있었다.

엘리아스는 앞으로 살 배에 대해 곰곰이 생각하면서 길을 걷다가 바닷가

옆 바위에 앉아 있는 드레우와 마주쳤다. 엘리아스는 꾸물대지 않고 작살로

드레우를 내리찍었다.

드레우는 무서운 이빨을 드러내며 피맺힌 눈으로 엘리아스를 노려보았다.

엘리아스는 망가진 작살을 버려 두고 그 자리를 서둘러 떠났다. 그 후 엘리

아스는 그 일을 바로 잊어 버렸다.

얼마 후 엘리아스는 고기잡이배를 샀다. 배는 엘리아스에게 큰 기쁨이었

기 때문에 밤에도 등불을 들고 배를 보

러 가곤 했다.

그날 밤도 배를 보러 나갔는데 배

의 반대편에서 드레우 얼굴

이 얼핏 보였다. 그 얼굴은

잠시 동안 엘리아스를 심

술궂게 노려보다가 사라졌

다. 엘리아스는 괴물이 배를

망가뜨릴까 걱정되어 배 옆을 떠

나지 않았다. 그는 배 옆에 있는 바위에

작살로 드레우를 내리찍는 엘리아스와 이를 노려보는 드레우

서 나는 으스스한 소리를 분명히 들을 수 있었다.

"다섯 쌍의 노가 달린 배를 타는 날은 조심해야 할 거다. 엘리아스."

다섯 쌍의 노가 달린 배를 사다

어느덧 세월이 흘러 엘리아스의 큰아들이 열여섯 살이 되었다.

엘리아스는 가족을 모두 세 쌍의 노가 달린 배에 태워 라넨 항으로 출발했다. 이제는 다섯 쌍의 노가 달린 배도 다룰 수 있겠다고 생각했기 때문이다. 집에 남아 있는 사람은 그가 얼마 전에 고용한 핀족 소녀 하나뿐이었다.

엘리아스는 라넨 항에서 팔려고 내놓은 배들을 꼼꼼하게 살펴보았다. 그때 그의 눈에 띈 것이 있었다. 배 주인은 엘리아스가 배 주위를 얼쩡거리자 말했다.

"더 이상 고쳐 달라고만 하지 않는다면 싸게 팔겠소."

"그럽시다. 싸기만 하다면."

흥정은 즉각 이루어졌다. 배의 밑바닥은 배를 만든 주인이 악마의 지시대로 만들었기 때문에 훌륭했다. 엘리아스는 배의 훌륭한 점을 간파했다. 그는 배를 아주 잘 알고 있었던 것이다.

엘리아스는 배를 싼값에 산 것이 기뻤기 때문에 바로 집으로 출발하지 않고 시장에 들렀다. 그는 가족들과 즐길 수 있는 크리스마스 음식을 사고 브랜디를 마셨다.

엘리아스는 아내와 여섯 아들을 태우고 새로 산 배의 키를 잡았다. 엘리아스의 가족이 넓은 바다에 다다랐을 때 폭풍이 불기 시작했다. 물보라가 배 아래에서 철썩거리며 부서졌다. 엘리아스의 배는 파도 위를 넘실댔다.

낯선 배의 출현

엘리아스가 키를 잡고 아내와 아이들이 물을 퍼내며 한창 폭풍우와 싸우고 있을 때였다. 엘리아스의 배 옆으로 선원을 가득 실은 낯선 배가 다가왔다.

이상한 점은 낯선 배도 엘리아스와 같은 방향으로 달리고 있다는 것과 한 번도 그 배를 보지 못했다는 사실이었다. 엘리아스는 배에 관심이 많아서 근처의 고깃배들은 다 알고 있었던 것이다.

낯선 배는 엘리아스의 배와 경쟁이라도 하려는 듯 바싹 따라붙었다. 가까이 있었지만 엘리아스는 선원들의 얼굴을 전혀 볼 수가 없었다.

날씨는 점점 더 험악해지고 있었다. 하룻밤이 지나고 또 밤이 지나갈 때까지 낯선 배는 엘리아스의 배를 따라다니며 괴롭혔다.

바다는 모든 것을 삼키고

갑자기 큰 파도가 높게 밀어닥쳤다. 그때 옆의 배에서 무시무시한 고함 소리가 들려왔다. 파도가 지나간 뒤 아내인 카렌이 가슴을 쥐어뜯는 목소리로 울먹이며 말했다.

"엘리아스, 바다가 막내와 다섯째를 삼켰어요."

"돛 줄을 잘 잡아. 안 그러면 다른 애들도 잃게 돼."

바다는 더 거칠어지고 있었다. 그때 잠시 안 보였던 낯선 배가 또다시 나타났다. 엘리아스는 낯선 배의 선원을 힐끗 보았다. 그 얼굴은 흡사 시체처럼 보였다. 엘리아스의 등에 소름이 돋았다.

우레 같은 소리가 나며 큰 파도가 밀려왔다. 배가 뒤집힐 것 같은 파도가 지나간 후, 엘리아스는 아내와 넷째 아이가 없어진 것을 알았다.

이때 엘리아스는 무시무시한 고함 소리와 함께 아내가 자신을 부르는 안타까운 소리를 동시에 들었다.

폭풍우, 파도와 싸우는 엘리아스의 가족들. 아내와 아이들이 물에 빠져 허우적거리고 있다.

"세상에 이런 일이."

엘리아스는 아내를 따라가고 싶은 심정이었으나 남은 아이들을 구해야 한다는 생각이 들었다.

다시 낯선 배가 나타났을 때 엘리아스는 분명히 보았다. 선원의 방수모 아래에 찍혀 있는 쇠못을. 그 쇠못은 자신이 드레우를 찔렀던 바로 그것이었다.

엘리아스는 지난 일을 돌이켜 보고 이 항해가 마지막 항해임을 직감했다. 바다에서 드레우를 만나면 살아날 희망이 없다는 이야기를 수없이 들었던 것이다. 그러나 엘리아스는 아이들이 겁을 먹을까 두려워 아무 말도 하지 않고 하느님께 기도했다. 엘리아스는 뱃길을 잃어버렸고, 아이들은 칭얼댔다.

"아이 추워. 이러다 얼어 죽겠다."

엘리아스는 아이들만 없다면 낯선 배를 들이박고 싶다는 감정이 끓어올랐다. 드레우가 원하는 대로 자신이 가진 모든 것을 빼앗긴다고 생각하자 부르르 몸서리가 쳐졌다.

새벽 서너 시경 까치놀이라고 불리는 커다란 파도가 다가왔다.

"오, 하느님! 얘들아, 배가 물속에 빠지면 힘을 다해 노받이로 바치고 있어야 한다. 배가 물 밖으로 나올 때까지 절대 놓으면 안 된다."

거품이 부글거리는 파도가 엘리아스의 배를 덮쳤다, 들어 올렸다 다시 가라앉혔다. 이때 한 아들이 물에 빠져 사라졌다. 파도가 자꾸 들이쳤고 또 한 아이가 힘을 잃고 지쳐 바다 속으로 미끄러졌다.

엘리아스의 마지막

엘리아스가 몇 번이나 도와달라고 소리쳤지만 망망대해에서 소용없는 짓이었다. 결국 엘리아스는 모든 것을 포기하고 큰아들에게 말했다.

"나도 곧 죽게 될 것 같다. 너는 남자답게 버티기만 한다면 살아날 수 있을 거라고 굳게 믿는다."

엘리아스는 드레우에 관해서 큰아들에게 말해 주었다. 그리고 자신의 은시계를 아들에게 주었다.

아들은 죽은 사람처럼 창백한 아버지의 얼굴과 뭉텅뭉텅 끊어져 있는 머리카락을 보고 마지막 숨을 거두려 한다는 것을 알았다. 아들은 어떻게 해서든 아버지를 살리려고 애썼다.

"나는 네 엄마 곁으로 간다. 몸조심하고 꽉 붙잡고 있어야 한다."

말을 마치자 엘리아스는 배 꼭대기에서 떨어졌다. 그러자 바다가 잔잔하게 가라앉았다. 이때 날이 서서히 밝아오고 아들은 배를 조종하는 것이 쉬워지는 것을 느꼈다. 아들은 살 수 있다는 희망이 점점 커지는 것을 느꼈다. 날이 완전히 밝자 아들은 자신이 집 근처에 있다는 것을 알았다.

집에 있던 핀족 소녀는 도와달라는 소리를 듣고 바닷가로 뛰어 나왔다. 아들은 그녀의 도움을 받아 집으로 무사히 돌아왔다.

아들은 한동안 핀족 소녀의 간호를 받으며 누워 지냈다. 이후로는 절대 고기잡이를 나가지 않았으며, 소녀와 결혼하여 숲으로 들어가 살았다. 사람들은 그가 정신이 조금 이상해졌다고 말하곤 했다.

유령을 업은 소녀 - 스웨덴

양복장이들의 제안

옛날 한 농부의 집에 양복장이들이 묵으며 일을 하고 있었다. 그들은 여기저기 떠돌면서 일했는데, 사흘 전부터 이곳에 머무르며 일을 하고 있었던 것이다.

어두침침한 방에서 일을 하고 있을 때 어린 소녀가 우유를 들고 들어왔다. 나이 든 양복장이가 다른 양복장이들에게 권했다.

"우리 잠깐 쉬었다 하자."

양복장이들은 일손을 잠시 멈추었고 가장 젊은 양복장이가 소녀에게 물었다.

"마을 교회에 유령이 나온다는데 정말이야?"

"네, 토레 에페라는 유령인데 밤마다 교회에 있어요."

양복장이들은 소녀가 아무렇지도 않게 말하자 놀리고 싶은 생각이 들었다.

"교회에 가서 그 토레 에페를 데리고 오지 않겠니? 네가 그래 줄 수 있다면 좋은 옷을 만들어 주마."

"좋아요. 내가 가서 유령을 데려 올게요."

소녀는 벌떡 일어나 나갔다. 양복장이들은 당황해 하여 소녀를 말리려고 했으나 소녀는 이미 교회를 향해 가 버렸다.

소녀는 가족들 몰래 교회로 성큼성큼 걸어갔다.

교회에 유령이 나온다는 소문이 돌고 나서는 밤에 교회를 찾는 사람이 아무도 없었다.

유령을 업고

소녀는 교회에 도착해 입구에 있는 층계를 천천히 올라갔다. 그리고 교회의 문을 열었다. 끼익 문이 열리는 소리가 소름 끼치도록 크게 들렸다. 금방이라도 무엇이 툭 튀어나올 것만 같았다.

교회당 안은 깜깜했고 소녀는 손으로 벽을 더듬으며 앞으로 나갔다. 벽 한쪽에 무엇인가 검은 물체가 웅크리고 있었다.

"당신이 토레 에페군요. 당신을 보고 싶어 하는 사람들이 있어요. 같이 가도 되겠죠?"

유령은 아무 대꾸도 없었다. 소녀는 긍정의 대답이라 생각하고 유령을 업고 질질 끌며 교회를 나왔다.

집으로 돌아온 소녀는 양복장이들에게 유령을 보여 주었다.

"토레 에페예요."

양복장이들은 유령의 미라 같은 모습에 잔뜩 겁을 집어먹고 몸을 부들부들 떨었다.

소녀가 양복장이들에게 말했다.

"의자라도 권해야지요."

양복장이들은 겁이 나서 의자를 밀고 모두 뒤로 물러났다.

유령을 업고 온 소녀를 보고 겁먹은 양복장이들이 우왕자왕하고 있다.

토레 에페가 양복장이들 쪽으로 천천히 걸어가 섬뜩한 눈으로 쳐다보았다. 양복장이들은 무서워서 정신을 잃을 것만 같았다. 그들은 바닥을 기어 소녀에게 다가가 부탁했다.

"제발 저놈을 교회에 다시 데려다 줘. 그러면 좋은 옷을 한 벌 더 만들어 주마. 꽃무늬로 해주겠어."

양복장이들은 떨리는 목소리로 겨우 말했다.

유령의 부탁

소녀는 다시 토레 에페 유령을 등에 업고 교회로 향했다.

교회에 도착해 소녀가 유령을 내려놓으려 하자 유령은 소녀의 몸에서 떨어지지 않았다. 유령은 팔로 소녀의 목을 조였다. 소녀는 괴로워서 몸부림쳤다. 그러자 유령은 더 강하게 목을 조여 왔다.

"토레 에페, 이 손을 풀어 주세요."

유령이 비로소 입을 열었다.

"오늘 밤 강가로 가서 '안나, 토레 에페를 용서하느냐?' 이렇게 세 번 외친다고 약속하면 팔을 풀겠다."

"알았어요. 약속할게요."

유령은 소녀의 목을 조였던 팔을 풀었다. 유령이 가르쳐 준 강가는 교회에서 꽤 멀었다.

강가에서 외치다

소녀는 교회에서 나와 길고 험한 길을 뚜벅뚜벅 혼자서 걸어 강가에 다다랐다. 강물은 달빛을 받아 빛나고 있었다. 소녀는 무섭도록 조용한 강가에서 약속대로 세 번 외쳤다.

"안나, 토레 에페를 용서하느냐? 안나, 토레 에페를 용서하느냐? 안나, 토레 에페를 용서하느냐?"

소녀가 세 번 외쳤을 때 강물 위로 젊은 처녀가 나타났다. 머리카락과 옷이 흠뻑 젖어 있었다. 처녀는 대답했다.

"토레 에페가 진심으로 뉘우쳤다면 용서해요."

처녀는 이렇게 말하고 사라졌다.

소녀가 교회로 되돌아오자 토레 에페 유령은 비통한 목소리로 조급하게 물었다.

"그 여자가 뭐라고 했지? 나는 그 여자와 한 약속을 어기고 다른 여자와 결혼했다. 그 여자가 강물에 뛰어들어 죽은 것은 모두 다 내 탓이다."

"그녀는 용서한다고 했어요."

소녀의 말을 들은 토레 에페는 마음이 놓이는 모습이었다.

"약속을 지켜 준 답례를 하고 싶으니 새벽에 다시 와 주겠니?"

소녀는 약속대로 새벽에 교회로 가 보았다.

토레 에페가 앉았던 자리에 유령은 없고 금화가 가득 든 나무통이 있었다.

그 뒤로 토레 에페의 유령은 완전히 자취를 감추었다고 한다.

귀신의 술잔 - 덴마크

귀족, 공개회의에 소집되다

옛날 덴마크의 왕이 공개회의에 귀
족들을 소집했다. 그런데 한 귀족이
너무 늦게 도착하는 바람에 묵을 곳을
구하지 못했다. 날이 금세 어두워지자
귀족은 체면 불구하고 근처에 있는 한
객줏집으로 무작정 들어갔다.

덴마크(Denmark)
1849년 입헌군주제 국가로 시작하여 오늘에 이르고 있으며 다민족으로 구성된
국가이다. 수도는 코펜하겐(Copenhagen)이며 수많은 섬으로 이루어져 있다.

"여기도 방이 모두 찼습니까?"

"사실 방이 하나 있긴 있습니다만 권하고 싶진 않습니다."

"어째서 권하지 않는단 말이오?"

"예, 그 방은 귀신들이 나와서 법석을 떠는 무시무시한 방이기 때문입니다."

귀족은 그 말을 듣고 빙그레 웃으며 말했다.

"나에게 그 방을 주시오. 난 두려움을 모르는 용기 있는 사람이라오."

객줏집의 주인은 고개를 갸웃거리며 거북한 표정을 지었다. 그러자 귀족은 한 마디 더했다.

"귀신 따위는 겁나지 않소. 램프 하나만 탁자 위에 놓아 주시오."

객줏집의 주인은 여전히 찜찜한 표정으로 겨우 대답했다.

"그렇다면 할 수 없죠. 분명히 말씀드리지만 전 책임이 없습니다."

귀신이 나오다

밤이 절반도 지나지 않을 때였다. 갑자기 방구석에서 달그락거리는 소리가 들려왔다. 귀족은 생각지도 못한 소리에 정신이 번쩍 들었다. 달그락 소리는 점점 커져 방 여기저기서 들리기 시작했다. 귀족은 두려움에 사로잡혀 몸을 덜덜 떨었다.

달그락달그락대는 소리가 점점 가까이 들리더니 벽난로 속에서 사람 다리 하나가 툭 떨어졌다. 귀족은 서지도 앉지도 못하고 떨고만 있었다. 뒤이어 팔 하나가 툭 떨어지고 다음에는 몸통, 다시 팔다리, 그리고 마지막으로 머리통이 떨어졌다. 몸의 각 부분들은 서로 달라붙어 완전한 사람 모습으로 변신했다. 귀신은 궁중 집사의 모습처럼 보였다.

벽의 곳곳에서 많은 시체 조각들이 모여들었다. 시체 조각들은 재빨리 사람 모습으로 변신했다. 결국 방 안은 귀신들이 떼거지로 몰려 북적거리게 되었다. 귀족은 한 귀퉁이에서 몸을 벌벌 떨며 서 있을 뿐이었다. 객줏집 주인 앞에서 떵떵거리던 귀족의 모습은 온데간데 없었다.

귀족은 많은 귀신들 틈바구니에서 밖으로 도망칠 엄두도 내지 못했다. 사람 모습을 완전히 갖춘 귀신들은 빠른 속도로 식탁을 차렸다. 식탁 위는 훌륭한 음식과 금잔, 은잔들로 장식되었다.

귀신 중 하나가 혼이 반쯤 나간 귀족과 눈이 마주치자 은잔 하나를 내밀며 이렇게 말했다.

"당신도 이리로 와서 대접을 좀 받으세요. 자, 우리 축배를 듭시다."

식탁을 차리며 북적대는 귀신들 틈에서 귀족은 두려움에 떨고 있다.

은잔을 남기고

귀신은 귀족에게 은잔을 손에 쥐어 주었다. 귀족은 당황하여 은잔을 잡았으나 뼛속까지 스며드는 두려움에 자신도 모르게 크게 외쳤다.

"오, 하나님 도와주십시오."

이 말이 떨어지자마자 우당탕거리는 소음과 함께 귀신들이 갑자기 사라졌다. 조용한 방 안에는 고급스런 은잔만이 귀족의 손에 달랑 쥐어져 있었고 식탁 위의 램프가 은은히 불을 밝히고 있을 뿐이었다. 귀족은 기뻐하며 은잔을 손바닥으로 쓸어 보았다.

날이 밝자 객줏집의 주인이 문을 두드렸다.

"괜찮으십니까?"

"그럼요, 이것 보시오. 귀신들에게 은잔까지 얻었소이다."

객줏집 주인은 은잔을 보자 욕심이 나서 말했다.

"이건 저의 집에서 나온 물건이니 당연히 저의 것입니다."

귀족은 말도 안 되는 소리라며 일축했다. 둘은 은잔의 주인이 자신이라고 우겨 댔다. 소문은 왕의 귀에까지 들어가게 되었다.

왕도 귀신의 은잔이 욕심이 나서 이렇게 명령했다.

"무슨 소리. 내가 공개회의를 소집했고, 그래서 귀족이 그 집에 머무르게 된 것이니 은잔은 내 것이다. 당장 내 앞에 가져와라."

결국 귀족과 객줏집의 주인은 왕에게 은잔을 빼앗기고 말았다.

북유럽, 바이킹의 후예

　스칸디나비아 반도에 살던 북유럽 사람들은 세상이 다양하게 나뉘어 있다고 생각했으며 그 중심에 오딘 신이 있다고 여겼다. 즉, 세상이 신들의 세계, 거인들의 세계, 그리고 요정들의 세계, 난쟁이들의 세계, 인간들의 세계 등으로 나뉜다고 본 것이다. 이러한 독특한 세계관은 이국적이고 신비한 느낌을 지닌 전설들을 곳곳에 전했다.

　중세 유럽의 형성에 지대한 영향을 끼친 북유럽의 나라들은 바로 스칸디나비아의 네 나라 노르웨이, 덴마크, 스웨덴, 핀란드이다. 북유럽에 위치한 이 나라들은 우리가 몰랐던 또 하나의 유럽으로 수백 년 동안 가리워져 있었으며, 시간의 베일을 벗겨 보면 백조가 된 『미운오리새끼』로 유명한 안데르센을 낳은 곳이기도 하다. 북유럽 사람들의 조상 바이킹들은 그들의 뛰어난 항해 기술로 찾아낸 땅에 '그린란드'라는 이름을 붙였다. 일부 학자들은 에릭이 사람들을 현혹하려고 일부러 얼음 땅에 그런 이름을 붙였다고 주장한다.

　하지만 현재 옛날의 그린란드라고 예상되는 곳, 카시아수크의 목장이 무성한 풀로 가득 차 있는 것을 본다면 과장이 아님을 알 수 있다. 그곳에는 자작나무와 버드나무, 소나무와 낙엽송들이 울창한 숲을 이루고 있다.

　혹독한 자연환경을 극복하고, 새로운 땅을 찾아 결연히 길을 나서고, 또 그 속에서 독특한 북극 문화를 창조하며 살았던 북유럽의 바이킹과 그 후예들의 정서를 엿볼 수 있다 .

－ MBN TV 참조－

LEGEND OF THE WORLD

Chapter.

05

동유럽의 전설 여행

✳   영국의 전설은 오래 전 아일랜드에 자리 잡았던 켈트인에게서 유래한 이야기들이 많다. 이 중에는 영웅담뿐만 아니라 각종 요정들에 관련된 이야기들이 많이 전해지는데 이는 켈트 신화와 무관치 않다. 오늘날 우리에게 전해지는 신데렐라나 백설공주 같은 유명한 동화들은 영국의 설화들 속에서 여러 가지 다양한 모습으로 우리에게 전해진다동유럽 지역은 우리들에게 북유럽보다도 더욱 미지의 세계로 남아 있는 곳이다. 과연 이곳에도 유럽의 다른 지역 같은 흥미진진한 전설이 전해 올까? 가장 유명한 귀신으로 자리잡은 드라큘라가 바로 이곳 출신이다. 이곳에 전해지는 귀신이나 요괴의 경우 서민들의 일상 생활에 관여하는 경우가 많다.

드라큘라의 전설 – 루마니아

루마니아 트란실바니아 지방에는 역사상 가장 잔인하다고 알려져 있는 드라큘라가 살던 성이 있다. 성의 이름은 브란 성인데, 이곳에는 잔혹했던 드라큘라에 대한 이야기가 전해지고 있다.

드라큘라는 1427년 씨기쇼아라에서 왈라키아 왕국 블라드 왕의 차남으로 태어났다. 그 시절 왈라키아 왕국은 여러 나라의 지배를 받고 있었기 때문에 드라큘라는 어린 시절부터 볼모로 보내졌다.

그의 아버지는 엄청난 몸값을 지불하고 드라큘라를 루마니아로 데려왔다. 하지만 드라큘라는 다시 헝가

씨기쇼아라의 드라큘라 생가

리에 볼모로 잡혀 가는 신세가 되고 만다. 이러한 볼모 생활은 어린 드라큘라에게 사람들에 대한 적개심을 가지게 만들었던 것 같다. 드라큘라는 영주가 된 뒤 적에게 모진 형벌을 가했으며, 자신의 백성들에게도 몹시 잔혹했다.

냉혈한이어서일까? 드라큘라는 자존심을 굽히지 않고 적에게 끝까지 대항해 싸웠다. 지금도 루마니아 국민들은 드라큘라를 영웅으로 생각하는 듯하다.

드라큘라의 비위를 맞추는 한 수도사

드라큘라가 1456년 왈라키아 왕국으로 돌아와 영주로 있을 때의 일이다. 드라큘라는 브란 성* 근처에 있는 프란체스코 수도원에 새로운 수도사들이 파견되어 온 것을 알게 되었다.

드라큘라는 본래 의심이 많은 성격이어서 수도사들을 만날 때에는 자신의 성으로 불러 왕좌에 앉아서 대면했다.

이때 브란 성으로 불려 온 수도사는 세 명으로 한스, 미카엘, 요셉이었다. 그들은 이미 드라큘라의 소문을 들었던 터라 긴장하고 있었다. 드라큘라는 미카엘 수사

브란 성(Bran Castle)
루마니아의 브라쇼브에 있는 성으로 블라드 드라큘라가 머물렀던 성이라 하여 드라큘라의 성으로 불리었다. 이후 브람 스토커의 소설 『흡혈귀 드라큘라』가 대히트를 기록하면서 이곳은 동유럽 최고의 관광지가 되었다.

를 향해 물었다.

"내가 지금까지 영주의 책무를 보느라 본의 아니게 죽인 사람들이 꽤 많았지만, 신께서 나를 위한 자리 하나쯤은 천국에 마련해 두었겠지? 어떻게 생각하느냐?"

미카엘 수사는 드라큘라의 악행을 들었던 터라 어떻게 대답해야 할지 몰라 망설였다. 드라큘라는 죽은 후에 죄를 용서받는 일을 가장 중요하게 생각하고 있었던 터라 헛기침을 하며 재차 물었다.

"내가 이 땅에서 고통받으며 비참하게 사는 사람들의 짐을 덜어 주었다고 할 수 있으며, 이것은 신의 관점에서 성자로 볼 수도 있지 않느냐? 그리고 나는 속죄의 의미로 수도원을 짓고, 기부를 하고 잊혀진 자를 위해 예배를 드렸는데 어떻게 생각하느냐?"

미카엘 수사는 드라큘라를 안심시키기 위해 전전긍긍했다.

"폐하께서는 구원을 얻으실 수 있습니다. 신은 항상 자비로우십니다."

미카엘 수사는 아첨의 말로 겨우 목숨을 부지할 수 있었다.

드라큘라에게 바른말을 하는 수도사의 비참한 최후

드라큘라는 다른 수사의 긍정적인 대답과 위로도 필요했기 때문에 미카엘 수사 옆에 있던 한스 수사에게도 물었다.

"수사여, 정직하게 대답하라. 죽음 뒤에 나는 천국에 갈 수 있느냐?"

블라드 더 임펠러
블라드 체페슈, 블라드 3세, 블라드 드라큘라로도
불린다.

한스 수사는 평소에도 신념이 확고했던 사람이었다.

"폭군인 폐하는 무고한 사람들의 피로 더렵혀졌으므로 죽어서도 고통에서 헤어 나오지 못할 것입니다. 당신은 악마에게 붙들려 영원토록 지옥에 갇힐 것입니다."

드라큘라는 한스 수사의 말을 듣고 분노에 휩싸였으나 무표정하게 말했다.

"더 할 말이 있거든 해 보거라."

한스 수사는 이왕 죽은 목숨이라 생각하고 설교를 멈추지 않았다.

"당신은 사악하고 교활하며 무자비한 살인자입니다. 임신한 여성을 죽이는 행위는 그 무엇으로도 용서받지 못합니다. 당신이 죽여 버린 그 아이들은 당신에게 아무 잘못도 하지 않았습니다. 당신은 그 아이들의 피에 몸을 담그고 있는 겁니다. 당신으로 하여금 이렇게 끔찍한 짓을 저지르게 하는 것이 무엇인지 변명해 보십시오."

드라큘라는 분노를 억누르고 차분하게 대꾸했다.

"농부가 잡초를 제거할 때는 반드시 땅속 깊이 파고 들어간 뿌리를 뽑아야 한다. 뿌리를 뽑지 않으면 잡초가 다시 자라게 되지. 사람도 역시 어린아이라고 내버려 두었다가는 나중에 장성하여 적이 될 것이 당연하다. 그 아이를 살려 두었다가는 반드시 아비와 어미의 복수를 할 것이다."

이 말을 들은 한스 수사는 마지막을 각오하고 대꾸했다.

"당신 같은 사람이 천국의 자리를 탐내다니요? 어처구니가 없군요. 당신에게 죽은 이들이 모두 신께 복수를 해 달라고 기도할 것이오. 당신은 다른 사람의 말에 귀를 닫고 사니 반드시 지옥에 떨어질 겁니다. 몹시 어리석군요."

드라큘라는 분노로 정신을 잃었다. 그는 벌떡 일어나 칼로 한스 수사의 머리, 눈, 코, 입을 마구 찔렀다. 특히 입을 칼로 쿡쿡 쑤셔 댔다.

한스 수사의 머리와 눈, 코, 입 등에서 피가 솟구쳤고 주변은 순식간에 피범벅이 되었다. 한스 수사는 자신의 피가 흥건한 바닥에서 고통으로 몸부림치다 숨을 거두었다.

드라큘라는 본보기를 보이기 위해 너덜너덜한 수사의 시체를 끈으로 묶어 말뚝에 거꾸로 매달았다. 그리고 그 시체 말뚝을 프란체스코 수도원 앞에 세워 두었다. 옆에는 수사의 당나귀를 죽여 같이 매달았다.

나머지 수사들은 한스 수사의 끔찍한 모습을 보고 새파랗게 질려 수도원에서 도망쳤다. 그 중 하나였던 야곱 수사는 여러 수도원을 전전하며 도피 생활을 했는데, 자신의 눈앞에서 벌어진 일을 다른 수도사들에게 전하였다.

블라드 체페슈
드라큘라라 불리는 블라드 체페슈의 '체페슈'는 꼬챙이라는 뜻이다. 그가 이렇게 불린 이유는 가시가 박힌 큰 바퀴를 사람 몸 위로 지나가게 해 온몸에 구멍을 내고, 장대로 깎아 만든 창으로 항문을 찔러 입으로 나오게 하는 잔인한 처형을 즐겼기 때문이다.

게으른 여인에게 가혹했던 드라큘라

드라큘라는 지나치게 깔끔했으며 자신의 성을 빈틈없이 다스렸던 영주였다. 그는 군복이 흐트러진 군인을 보면 즉시 처형했다.

시민들에게도 단정한 모습을 강요했다. 손이 느리거나 실수를 자주하는 사람들을 참지 못했는데, 특히 게으른 사람에게는 가혹할 정도로 냉혹했다.

어느 날 드라큘라가 지나는 길에 웃옷의 길이가 유난스레 짧은 농부를 만나게 되었다. 농부가 입은 바지도 다리에 달라붙어 허벅지가 민망하게 드러나 보일 정도였다.

드라큘라는 농부를 불러 물었다.

"아내가 있느냐?"

"예, 폐하."

드라큘라는 농부에게 깐깐하게 말했다.

"네 아내는 게으른 여자로구나. 그런 여자는 내 영토에서 살 자격이 없다. 내가 알아서 처벌하겠다."

농부는 놀라서 두려움에 떨며 고했다.

"폐하, 제발 용서해 주십시오. 저는 괜찮습니다. 제 아내는 집을 떠나지 않고 늘 정직합니다."

드라큘라는 웃으며 말했다.

"너는 부지런하고 좋은 사람이구나. 너 정도면 훌륭한 아내와 살아야 한다."

드라큘라의 부하 두 명이 농부의 아내를 잡아 궁정으로 끌고 가 두 손을 자르고 말뚝형에 처했다.

드라큘라는 다른 여자를 불러 농부와
결혼시키며 주의를 주었다.

"전 부인은 게으른 여자였기에 그에 마
땅한 벌을 받았다. 너는 처신을 잘하리라
믿겠다."

두 번째 아내는 부들부들 떨며 드라큘
라의 말을 가슴에 새겼다. 그 뒤로 얼마나
열심히 일했는지 따로 식사할 시간조차 없을 정도였다.

농부의 아내는 한쪽 어깨에 빵을, 나머지 어깨에는 소금을 얹어 놓고 쉼 없
이 일하며 먹었다고 한다.

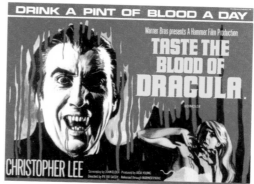

드라큘라는 이후로 영국의 괴기 소설가 브람 스토커에 의해 가공의
인물로 탄생되어 수많은 영화의 주인공으로 대활약하였다.

빈민을 태워 죽이다

드라큘라의 시절에도 거리에는 부랑자와 빈민들이 떠돌고 있었다. 거지들
은 거리를 떠돌고 구걸하며 살았다.

드라큘라는 워낙 깔끔한 성격인지라 거리를 돌아다니며 사는 그들을 못마
땅하게 생각하고 있었다.

이런 때에 한 사람이 거지들에게 물었다.

"어째서 일을 해서 살 생각을 하지 않는 겁니까?"

한 부랑자가 대답했다.

"이렇게 하루 종일 걸어 다녀도 일을 찾지 못한다면 그게 과연 내 책임인가요?"

이들의 이야기를 전해 들은 드라큘라는 일을 할 수 있는 거지들이 얼마나 되는지 알아보았다. 그리고 곰곰이 생각에 잠겼다.

'이들은 다른 사람들이 흘린 땀으로 먹고 산다. 한마디로 쓸데없는 종족인 것이다. 이들이 하는 짓은 절도와 다름없다. 어떤 면에서는 강도보다 더 나쁘다고 할 수 있다. 내 땅에서 이런 종족들이 살게 할 수는 없다.'

드라큘라는 결심을 하고 전국의 거지들에게 옷과 먹을 것을 준다고 발표했다. 이를 듣고 거지들이 모여들었다. 드라큘라는 시종들을 시켜 모두에게 의복을 나누어 주고 진수성찬을 차려 놓은 건물로 안내했다.

부랑자들은 뒤에서 쑥덕거렸다.

"정말 영주답군. 이 모든 음식과 옷은 백성들의 세금이 아닌가 말이야."

"이봐, 그래도 더 이상 예전의 영주가 아니지 않은가?"

빈민들은 진수성찬을 게걸스레 먹기 시작했다. 와인도 최고급으로 아주 달콤한 것이었다. 그들은 와인을 먹고 몸도 가누지 못할 정도로 취했다.

이때 드라큘라는 건물의 문을 밖에서 걸어 잠그고 불을 질렀다. 건물은 활활 타올랐고, 불길이 안에 있는 사람들을 차례로 삼켰다.

꺄아악 지르는 비명 소리와 울음소리, 살려 달라고 애원하는 소리가 건물을 뒤흔들었다. 그렇다고 드라큘라가 불을 꺼줄 리 없었다.

결국 아무도 거지들을 도와주지 않았고, 이들은 뜨거운 화마에 고통으로 몸을 뒤틀었다. 연기에 질식해 죽은 이도 부지기수였다. 불길 속에서 그들은 모두 잿더미가 되었다.

드라큘라는 쓸모없는 백성들은 모두 제거했다고 생각했다. 그러나 드라큘라의 생각은 틀린 것이었다. 부랑자들은 그가 죽은 지 오랜 세월이 흐른 현재에도 많은 수가 살고 있으니 말이다.

어리석은 드라큘라의 정부

드라큘라에게는 정부가 있었다. 그녀의 집은 외딴 곳이었으며 어둡고 음침했다. 여인은 드라큘라의 육체적 쾌락을 충족시키기에 적합했다. 그만큼 이여인은 드라큘라의 취향에 딱 맞았지만 그 이상도 이하도 아니었다. 정부는 드라큘라를 늘 만족시키려고 노력했다.

어느 날 드라큘라의 안색이 나빴다. 그녀는 드라큘라의 기운을 북돋우기 위해 말했다.

"아주 기쁜 소식이 있습니다."

"그게 무엇이냐?"

"제가 임신을 했습니다."

"그럴 리가 없다."

드라큘라가 눈살을 찌푸렸다.

런던의 마담 투소 박물관의 '공포관' 입구에 세워져 있는 블라드 드라큘라의 모습

"사실이라면 분명 기뻐하실 것입니다."

"절대 그런 일은 있을 수 없다."

드라큘라는 발까지 동동 구르며 아니라고 소리쳤다.

여인은 드라큘라가 거짓말을 한 자에게 어떤 벌을 내리는지 알고 있었다. 그렇지만 되돌리기에는 너무 늦었다.

드라큘라는 칼을 빼 들고 말했다.

"절대 그런 일이 있을 수 없다는 걸 보여 주마."

드라큘라는 칼집에서 빼낸 칼로 그녀의 말을 확인하기 위해 배를 갈랐다. 드라큘라는 죽어 가는 여인을 향해 차갑게 웃었다.

"내가 그런 일은 없다고 하지 않았느냐?"

드라큘라는 죽어 가는 여인을 그대로 두고 집을 나왔다.

그는 자기의 여인에게까지 잔인하리만큼 가혹했다.

드라큘라의 죽음

냉혹한 군주였던 드라큘라는 투르크족과의 전투에서 죽음을 당하고 만다.

드라큘라 군대는 투르크족을 무자비하게 학살했는데, 드라큘라는 그 광경을 한눈에 보고 싶어 언덕 높은 곳으로 올랐다. 드라큘라의 군대 쪽에서 그가 투르크족이라 오인하여 창을 던졌다. 드라큘라는 자신의 군대 쪽으로 몸을 돌려 칼을 꺼내 공격했으나 다음 순간 군사들이 한꺼번에 덤벼들어 드라큘라를 마구 찔렀다. 드라큘라는 온몸이 피투성이가 되어 숨을 거두었다. 드라큘라를 죽인 사람들은 투르크족이 보낸 암살범이었던 것으로 추측된다.

투르크족은 드라큘라가 죽었다는 것을 알리기 위해 그의 목을 잘라 여러 사람들이 거니는 길에 걸어 두었다. 드라큘라의 목 없는 시신은 수도사들이 거두었다고 전해지는데 정확한 무덤의 위치는 알 수 없다.

그러나 세상 사람들은 드라큘라가 죽어서도 죽지 않고 계속 살아 숨 쉬는 존재라고 생각했다. 그리고 얼마 후 드라큘라는 흡혈귀 드라큘라가 되어 소설 속 주인공으로 우리 곁에 다시 등장했다.

드라큘라의 최후
정체를 알 수 없는 군사들이 드라큘라에게 달려들어 죽이고 있다.

진흙 거인, 골렘 – 체코

골렘
마법이나 마술 등에 의해 만들어진 사람 형태를 띤 인형이나 로봇을 뜻한다. 주로 진흙으로 만들어진 골렘이 널리 알려져 있다.

유럽 사람들의 이야기에는 거인들이 항상 등장한다고 해도 과언이 아니다. 거인과 난쟁이 이야기는 신비스럽고 무서우며 재미있다.

그 중에 진흙으로 구워진 골렘 거인 이야기는 우리에게도 조금 알려져 있는데 무척이나 흥미롭다.

꿈의 지시를 받은 베카엘 율법사

옛날 프라하(체코의 수도)에 베카엘이라는 이름의 율법사가 살고 있었다. 베카엘은 유대교의 율법사로 지혜와 학식을 고루 갖추었고 마법에도 능통한 사람이었다.

당시의 유대인들은 기독교인들과 다른 이웃들에게 박해를 받고 있었다. 베카엘은 유대교에 몸담고 있었으므로 이 사실을 매우 안타까워했다.

어느 날 베카엘의 꿈에 천사가 나타났다.

"당신의 마음이 참으로 훌륭하군요. 유대인들을 위한 전사를 만드세요. 진흙으로 빚은 그가 당신과 유대인들을 적들로부터 지켜 줄 겁니다."

"진흙으로 빚으라고요?"

"그렇소. 골렘을 만들어 보시오."

다음날 아침 베카엘은 꿈의 계시를 곱씹어 보고 유대인들을 위하여 진흙 거인을 만들기로 결심했다.

베카엘은 그날부터 열심히 고문서를 찾아보았다.

마침내 베카엘은 진흙 인형을 만드는 법을 알아냈다.

골렘은 죽은 자의 시종
유대인들의 전설에는 골렘이 죽은 자의 시종이라고 되어 있다. 보통 때는 냇가 옆에서 진흙이나 나뭇가지 등으로 변신하여 있다가 적이 나타나면 즉시 골렘으로 변하여 싸운다고 전해진다.

골렘을 만드는 베카엘

베카엘은 자신의 사위와 수제자를 조용히 불렀다.

"앞으로 어려운 일을 해야만 하니 단단히 각오를 하도록 해라."

사위와 수제자는 고개를 끄덕였다.

마침내 모든 준비를 끝마친 베카엘은 사위와 수제자를 데리고 도시에서 멀리 떨어진 곳으로 떠났다. 세 사람은 모자가 달린 하얀 겉옷을 걸치고 있었다.

그들은 커다랗고 <u>으스스</u>한 창고로 들어가 진흙으로 거대한 인형 골렘을 만들었다. 베카엘 수사가 사위에게 말했다.

"이봐, 자네는 불의 속성을 지녔으니 주문을 외며 골렘 주위를 일곱 바퀴 돌게."

사위가 주문을 외우며 골렘 주위를 돌았다. 골렘의 몸을 이루는 진흙이 마르며 불에 달아오른 쇳덩이처럼 벌겋게 되었다.

베카엘 수사가 수제자에게 말했다.

"물의 속성을 가진 자네가 주문을 외며 골렘 주위를 일곱 바퀴 돌게."

수제자가 그대로 하자 진흙 거인 골렘의 몸이 식으며 얼굴과 피부가 오그라들어 사람처럼 되었다.

베카엘 수사가 마지막으로 주문을 외며 골렘 주위를 일곱 바퀴 돌고 골렘의 입에 작은 양피지 조각을 넣었다. 그러자 골렘이 벌떡 일어나 베카엘 수사가 준비해 놓은 옷을 주섬주섬 입었다. 골렘은 베카엘 수사의 뒤를 조용히 따르기 시작했다.

베카엘의 아내는 거대한 골렘이 집 안으로 들어오자 깜짝 놀랐다. 베카엘은 놀란 아내에게 말했다.

"교회의 일을 맡아볼 사람이요. 이름은 요셉이고 집안일은 시키지 마시오."

골렘은 항상 얌전히 앉아 있었으며 말은 한 마디도 하지 않았다. 하지만 토요일이 되면 불안해 하며 안절부절 못했다. 두 눈이 사악해지면 베카엘 수사는 골렘의 혀 밑에 있는 양피지 조각을 바꿔 주었다.

　베카엘 수사조차 골렘의 힘이 어느 정도인지 가늠하지 못했으며 조금은 두려운 생각까지 들었다.

　골렘은 양피지 조각을 입에 물고 프라하 시내를 돌아다니다 나쁜 짓을 하는 사람들을 보면 혼내 주었다.

　박해를 받던 유대인들은 골렘에게 많은 도움을 받았다. 또 골렘이 귀한 사람이건 천한 사람이건 가리지 않고, 나쁜 짓을 한 사람만 혼내 주었기 때문에 골렘을 존경하는 사람까지 생기기 시작했다.

골렘이 양피지 조각을 입에 물고 프라하 시내를 돌아다니며 나쁜 짓을 하는 사람을 혼내 주고 있다.

하녀를 찾아낸 골렘

어느 날 프라하 시내에 기독교 신자인 하녀가 사라졌다. 부활절을 며칠 앞둔 날이었기에 하녀가 없어진 것은 큰 사건이었다.

하녀의 피로 부활절 빵을 만들려고 했다는 둥, 하녀를 잡아간 것이 골렘이라는 둥 흉흉한 소문이 퍼져나갔다. 그러자 유대인들조차 골렘을 두려워하여 슬슬 피하게 되었다.

베카엘 율법사는 골렘을 조용히 불렀다.

"무조건 하녀를 찾아와야 해."

골렘은 고개를 끄덕였다. 골렘이 여기저기 돌아다니며 말없이 하녀를 찾아다니자 소문이 더 흉악하게 돌았다. 사람들은 뒤에서 수군거렸다.

"요셉(골렘의 이름)이 그 하녀의 집에 몰래 들어가는 것을 누가 봤대."

"요셉이 하녀를 잡아 죽이겠다고 했대."

"유대인들이 골렘에게 시킨 짓이래."

사람들은 골렘이 원래부터 벙어리였다는 사실조차 잊었다.

마을은 큰일이 벌어질 것같이 살벌한 분위기였다. 너도나도 모두 밖으로 나와 유대인들과 골렘을 잡아 죄를 물어야 한다고 아우성칠 바로 그때였다.

골렘이 하녀를 어깨에 둘러메고 나타났다.

사람들은 하녀에게 그동안 무슨 일이 있었던 거냐고 물었다.

"빨래를 하다 하늘을 보니 문득 고향 생각이 났어요. 그래서 하던 빨래를 그냥 놔두고 고향으로 갔어요. 어제 갑자기 골렘이 느닷없이 나타나서 나를 들쳐 메고 이곳까지 걸어온 거예요. 이게 대체 무슨 일이래요?"

하녀는 이렇게 호들갑스럽게 떠들어 댔다.

오누이의 결혼을 막은 골렘

프라하에 있는 유대인 마을에 두 상인이 살고 있었다. 어찌된 일인지 한 상
인의 아이들은 모두 쇠약하고 병에 잘 걸렸으며, 다른 상인의 아이들은 혈색
이 좋고 건강했다.

어느 날 산파가 두 상인의 집에서 아이들을 받았는데 병약한 아이만을 낳
는 산모가 무척 안된 생각이 들었다. 그래서 몰래 두 집안의 아이를 바꿔치
기했다. 산파는 나이가 들어 죽고 그 일은 그냥 잊혀지는 듯했다.

사내아이들은 자라서 다른 상인의 딸을 사랑하게 되었다. 드디어 결혼식 날
을 맞이하였다. 결혼식 도중 불길하게도 베카엘 율법사는 포도주를 엎었다.

베카엘 수사는 골렘을 불러 새 포도주
를 가져오게 시켰다. 골렘은 지하 창고로
새 포도주 병을 가지러 가다 갑자기 몸을
돌려 되돌아왔다. 골렘은 종이 위에 무언
가를 써서 베카엘에게 주었다.

'신랑과 신부 둘은 오누이 사이입니다.'

깜짝 놀란 베카엘 율법사는 결혼식을

1920년에 상연되었던 영화에 등장하는 골렘의 모습

연기하고, 골렘으로 하여금 산파의 혼령을 불러오게 했다.

베카엘 율법사는 산파의 혼령에게 말했다.

"추호의 거짓도 없이 말해야 합니다. 두 집안의 아이를 바꿔치기했습니까?"

무덤에서 불려온 산파의 혼령은 흐느끼며 고백했다.

"제가 그랬습니다. 양심의 가책이 죽어서까지 쫓아다녀서 괴롭습니다."

"그것을 어떻게 증명할 수 있소?"

산파의 혼령은 조용히 말했다.

"제 딸이 가지고 있는 궤짝 속에 제가 받은 아이들의 이름이 적혀 있는 종이가 있습니다. 저를 용서하십시오."

베카엘 율법사는 엄하게 말했다.

"오누이에게도 용서를 빌어야 하오."

산파의 혼령은 오누이를 찾아가 사실을 말하고 용서를 빌었다.

오누이는 산파를 용서하고, 자신들이 죄를 짓지 않게 해줘서 고맙다는 말을 골렘에게 전했다.

골렘의 마지막

어느 날 율법사 베카엘의 딸이 몹시 아팠다. 때문에 베카엘 율법사는 정신이 산만하여 골렘의 양피지 조각을 바꿔 주는 일을 깜빡 잊고 말았다.

골렘은 힘이 넘쳐나 미친 듯 거리를 뛰어 다니며 닥치는 대로 창문을 부수

고 마을 집들의 문을 벌컥 열어젖혔다. 또 집

안으로 무작정 들어가 가구를 짓밟고

그릇들을 던졌다. 골렘은 지붕

위로 올라가 이쪽 집 지붕

에서 저쪽 집 지붕으로

마구 뛰어 다녔다.

골렘이 이렇게 난동

을 부리자 사람들은

유대교회(회당이라 불림)

로 우르르 몰려와 항

의했다.

골렘이 미친 듯이 거리를 뛰어 다니며 닥치는 대로 부수고 있다.

율법사는 마침 시편 92편을 읽고 있는 중이었다.

"당신들의 괴물을 좀 어떻게 해 보시오."

많은 사람들이 교회 밖에서 아우성치자 베카엘 율법사는 밖으로 나올 수
밖에 없었다. 베카엘 율법사는 마을로 가 골렘을 찾아 불렀다. 골렘이 다가
오자 베카엘은 혀에 양피지 조각을 바꾸어 넣어 주었다.

골렘은 다시 얌전해졌고, 베카엘 율법사는 교회로 다시 돌아와 시편 92편을
읽었다. 이후로 유대교인들은 시편 92편을 두 번씩 읽는 관습이 생겼다고 한다.

그러나 그 일 이후 베카엘 율법사는 골렘을 그냥 둘 수가 없었다. 베카엘은
사위와 수제자를 불러 골렘을 다시 생명 없는 진흙으로 되돌려 놓았다.

서리 왕, 모로즈카 – 러시아

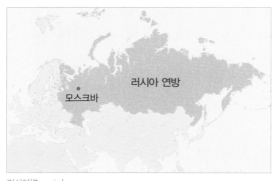

러시아(Russia)

구소련 당시 세계 최강국의 하나였으나 1991년 12월 31일 구소련이 해체되면서 러시아 독립국가가 되었다. 수도는 모스크바이며 현재에도 영토 면적으로는 세계 최고를 자랑하고 있다.

홀아비의 재혼

옛날 어느 나이 많은 홀아비가 딸과 둘이서 살고 있었다.

어느 날 홀아비는 딸이 하나 딸린 과부와 재혼을 했다. 과부는 처음에는 홀아비의 딸을 귀여워하는 척하였다. 그러나 얼마 되지 않아 과부는 홀아비 앞에서도 딸을 구박하기 시작했다.

과부는 홀아비의 딸이 하는 짓이 이것도 저것도 다 마음에 들지 않았다. 그래서 홀아비 딸이 하는 일에 대해 매사에 트집을 잡았다. 그러나 사실 홀아비의 딸은 아주 훌륭한 소녀였다.

홀아비의 딸은 해가 뜨기 전부터 일어나 캄캄한 밤이 되도록 일을 해야만 했다. 과부가 사람을 제대로 볼 줄 아는 사람이었다면 소녀는 귀여움을 독차지하면서 살았을 테지만, 지금은 눈물이 마를 새 없이 울며 지내야 했다. 어쨌든 과부는 자신의 딸만 귀히 여기며 어떻게 해서든 홀아비의 딸을 내쫓으려고 별렀다.

어느 날 과부가 홀아비에게 소리쳤다.

"이제 더 이상 참을 수가 없어요. 저 애를 내보내세요. 따뜻한 당신 친척 집 말고 정신이 번쩍 들 만큼 추운 들판으로 보내요. 저 꼴 좀 안 보고 살 수 있게 해 달란 말이에요."

홀아비는 딸을 내보내기가 싫어서 이런저런 말로 과부를 설득해 보았다.

서리 왕을 만나다

과부가 사나운 목소리로 날카롭게 소리를 질렀다.

"당장 저 애를 들판에 데려다 놓으란 말예요."

홀아비는 하는 수 없이 두꺼운 외투를 걸치고 썰매를 끌고 숲속으로 향했다. 홀아비는 과부의 눈치를 살피느라 담요 한 장 가져가지 못하고 딸을 데리고 숲으로 들어갔다. 숲속 전나무 밑에 딸을 내려놓은 홀아비는 딸을 위해 성호(십자가 모양)를 긋고 기도했다. 홀아비는 딸의 이마에 입을 맞추고 딸이 죽는 것을 차마 볼 수 없어 황급히 그곳을 떠났다.

홀아비의 딸은 전나무 아래에서 훌쩍훌쩍 울었다. 그때 숲에서 쩍쩍 갈라지는 소름끼치는 소리가 들려왔다. 그것은 서리 왕이 이 나무에서 저 나무로 뛰어 다닐 때 나는 소리였다.

홀아비의 딸이 쭈그려 앉은 전나무에 서리 왕이 다가왔다.

"난 빨간 코 서리 왕 모로즈카다."

홀아비의 딸은 무서워서 덜덜 떨었지만 공손하게 말했다.

"안녕하세요? 서리 왕 모로즈카 님. 하나님이 저를 구하려고 당신을 보내셨군요."

서리 왕이 홀아비 딸에게 털외투를 선물로 주고 있다.

서리 왕은 홀아비의 딸을 얼려 죽이려고 생각했지만 상냥한 말을 듣고 마음을 바꾸어 털외투를 주었다. 딸은 털외투를 입자 몸이 녹는 것을 느꼈다. 서리 왕은 이곳저곳을 뛰어 다니다 전나무 밑으로 다시 와서 말했다.

"난 빨간 코 서리 왕 모로즈카다."

"어서 오세요. 서리 왕 모로즈카 님. 하느님이 제 영혼을 데려 가려고 당신을 보내셨군요."

"네 영혼은 필요 없어. 너에게 선물을 주겠다."

서리 왕이 준 선물 상자에는 결혼할 때 필요한 온갖 혼수용품이 가득 들어 있었다. 이불과 옷은 아주 훌륭한 것들이었다. 선물을 준 서리 왕은 다시 이곳저곳을 다니다가 홀아비 딸에게로 돌아왔다. 홀아비 딸은 다정한 말로 인사를 했다. 그러자 서리 왕은 홀아비 딸에게 금과 온갖 보석으로 수놓은 아름다운 옷을 선물로 주었다.

한편, 홀아비 딸이 죽은 줄만 알았던 과부는 장례식에 쓸 빵을 구우며 말했다.

"숲으로 가서 딸의 시신을 가져 와요. 장례를 치르게."

홀아비가 시신을 찾으러 썰매를 타고 나가자 탁자 밑에 있던 개가 컹컹 짖어 댔다.

"컹컹. 홀아비 딸은 아름다운 옷을 입고 오지만 과부의 딸은 신랑감이 하나도 없네. 컹컹."

과부는 소리쳤다.

"이런 쓸모없는 개 같으니. 자, 빵을 줄 테니 다시 짖어 봐. '과부의 딸에게 는 신랑감이 모여들지만 홀아비의 딸은 뼈가 되어 돌아오네' 라고."

개는 빵을 받아먹고 다시 짖었다.

"컹컹. 홀아비 딸은 아름다운 옷을 입고 오지만 과부의 딸은 뼈가 되어 돌아 오네."

과부는 때리기도 하고 빵을 주기도 하며 다시 짖어 보라고 했지만 개는 같 은 말만 되풀이했다.

과부의 딸, 서리 왕을 만나다

과부가 개에게 협박을 하고 있을 때 문이 열렸다.

홀아비가 선물 상자를 잔뜩 들고 들어왔고, 그 뒤로 홀아비의 딸이 아름다 운 옷을 입고 들어섰다. 홀아비의 딸이 꽁꽁 얼어 죽었을 거라고 생각했던 과 부는 깜짝 놀라고 말았다.

잠시 후 과부가 홀아비에게 말했다.

"내 딸도 썰매에 태우고 그곳에 데려다 줘요."

홀아비가 썰매를 매자 과부는 자신의 딸에게 두터운 외투를 입혀 앉혔다. 과부는 홀아비에게 어서 가라고 재촉했다. 숲속에 도착한 홀아비는 걱정스럽 게 과부의 딸을 바라보다가 집으로 돌아왔다.

과부의 딸이 전나무 밑에서 쭈그려 앉아 있을 때 서리 왕이 나타났다.

"난 빨간 코 서리 왕 모로즈카다."

과부의 딸이 신경질을 부리며 소리쳤다.

"당신 따위를 알게 뭐야. 안 그래도 추워 죽겠는데. 썩 꺼져."

서리 왕은 화가 나서 더 가까이 다가갔다.

"이제 좀 따뜻해졌지?"

"지옥에 떨어져라. 온몸이 꽁꽁 얼어붙은 게 안 보인단 말이야?"

서리 왕은 더 바싹 다가가 과부의 딸을 얼어 죽게 만들었다.

한편, 과부는 아침이 되자 홀아비를 재촉했다.

"얼른 가 봐요. 오다가 선물이 뒤집히면 안 되니까 조심하고."

홀아비가 떠나자 개가 또다시 탁자 밑에서 짖어 댔다.

"컹컹. 홀아비 딸은 멋진 신랑감이 데려가지만, 과부 딸은 꽁꽁 언 송장이 되어 돌아온다."

화가 난 과부는 몽둥이를 집어 들고 개에게 휘둘렀다.

"아무 쓸모도 없는 놈. 입 닥치지 못해!"

그때 홀아비가 돌아오는 소리가 들렸다. 과부는 딸을 맞으러 뛰어나갔다. 썰매에 실려 있는 것은 꽁꽁 언 딸의 시신이었다.

과부는 놀라서 말했다.

"내 딸에게 무슨 짓을 한 거예요?"

그러자 홀아비가 맞받아쳤다.

"그럼, 당신은 대체 내 딸에게 무슨 짓을 하려고 했던 거요?"

서리 왕

러시아는 겨울이 길고 여름이 짧은 등 기온이 낮아 매우 추운 지역으로 알려져 있다. 이에 걸맞게 다른 지역에서는 볼 수 없는 독특한 서리 왕이란 캐릭터가 만들어진 것으로 보인다.

마왕 보루타 – 폴란드

흰머리 보루타

폴란드(Poland)
10세기에 처음 국가로 성립되어 발전하였으나 18세기에 강대국의 지배를 받았다. 이후 1945년 독립하여 오늘에 이르고 있다. 수도는 바르샤바이다.

옛날 폴란드 중부 지역에는 무너져 버린 웽치차라는 성이 있었다. 이 성의 지하에는 유명한 마왕 보루타가 앉아 있었다.

보루타는 거의 400년이나 살았는데, 어쨌든 지금은 앉아만 있는 것을 보면 늙고 힘이 없어진 게 분명했다. 그는 주변 사람들에게 아주 유명했으며, 예전부터 어떤 사람들은 그의 이름을 빗대어 이웃을 욕하며 저주하기도 했다.

"보루타가 저놈의 목을 조르든가 비틀어 버렸으면 좋겠다."

마왕 보루타는 그러한 저주들을 꼭 실현시켜 주었다.

웽치차 성 근처에 어디 출신인지 이름이 무엇인지 도통 알 수 없는 한 귀족이 살고 있었다. 이 귀족은 힘이 세고 건장해서 아무도 대적할 사람이 없었다.

귀족이 칼을 한 번 휘두르면 상대편 손에 쥐어 있던 칼이 떨어져 나갔고, 사람들이 한꺼번에 덤벼도 그는 *끄떡*도 하지 않았다. 그래서 그는 보루타라는 별명을 얻게 되었다. 아무도 그를 당할 수 없으니 분명 마왕 보루타의 도움을 받고 있다고 생각했던 것이다. 사람들은 그가 두건이 달린 희고 낡은 겉옷을 입고 다녔기 때문에 흰머리 보루타라고 불렀다.

아무도 흰머리 보루타에게 시비를 걸지 않았다. 모든 사람들이 그를 슬슬 피해 다녔으며 길을 양보했다. 그러자 흰머리 보루타는 자만심에 가득 차 자기가 만약 마왕 보루타를 만나게 된다면 그의 목을 따고 그가 갖고 있는 보물을 차지하겠다고 우쭐댔다. 그럴 때마다 흰머리 보루타는 듣지 못했지만 벽난로 뒤에서 비웃음 소리가 들리곤 했었다.

흰머리 보루타는 술을 엄청나게 마셔 댔는데, 이웃 술주정뱅이들이 모두 덤벼도 그를 이길 수가 없었다. 흰머리 보루타는 항상 술의 첫 잔을 들고 건배를 했다.

"보루타의 건강을 위하여!"

그러면 곧 굵은 목소리가 대답했다.

"고맙군."

마왕 보루타의 보물을 훔치는 흰머리 보루타

흰머리 보루타는 부자였지만 술을 마셔 재산을 다 날려 버렸다. 결국 그는 웽치차 성의 보루타 형님에게 금 보따리를 좀 얻어 와야겠다고 작정했다.

밤 열두 시가 되자 흰머리 보루타는 등불을 들고 웽치차 성으로 향했다. 그는 자신의 힘과 칼을 믿고 성의 지하로 성큼성큼 내려갔다. 흰머리 보루타는 칼을 빼 들고 등불로 주위를 비추었다. 그리고 두어 시간 동안 지하를 헤맨 끝에 벽 속에 숨겨진 보물을 찾아냈다.

그때 흰머리 보루타는 구석에 앉아 있는 마왕 보루타의 번뜩이는 눈과 마주쳤다. 평소에는 건방진 흰머리 보루타였지만 막상 마왕과 얼굴을 마주치자 얼굴이 창백해지고 몸이 부들부들 떨렸다.

웽치차 성의 지하에서 보물을 주워담고 있는 흰머리 보루타와 이를 지켜보고 있는 마왕 보루타

그는 땀을 비 오듯 흘리며 잔뜩 겁먹은 목소리로 겨우 인사했다.

"위대한 마왕 형님께 엎드려 큰절을 올립니다."

마왕 보루타는 고개를 끄덕이며 인사를 받았다.

그러자 겨우 마음을 놓은 흰머리 보루타는 다시 한 번 인사를 한 후 자신이 가져온 자루에 금과 은을 담기 시작했다. 너무 많이 담아서 들기조차 힘들었다.

동이 트기 시작한다는 것을 알았지만 흰머리 보루타는 담는 것을 멈추지 않았다. 결국 다 담고 담을 곳이 없자 입에다 채워 넣었다.

마침내 흰머리 보루타는 마왕께 큰절을 하고 지하에서 나왔다. 문을 넘으려 할 때 갑자기 문이 스르르 닫히면서 흰머리 보루타의 발뒤꿈치를 싹둑 베어 버렸다.

웽치차 성에 피로 흔적을 남기며 흰머리 보루타는 절뚝절뚝 그곳을 빠져나왔다. 그는 보물을 지고 마지막 힘을 다해 집으로 돌아왔다.

흰머리 보루타는 바닥에 금과 은이 든 자루를 내려놓고 입 속에 든 돈도 다 뱉고 바닥에 쓰러졌다. 그 뒤로 그는 부자가 되었지만 힘과 건강을 잃고 고통으로 신음하며 살아야 했다.

그러던 어느 날 흰머리 보루타는 이웃과 밭의 경계선을 놓고 싸움을 벌였다. 옛날에는 손가락 하나로도 이길 수 있었던 이웃 사람이었지만 흰머리 보루타는 그에게 맞아 죽고 말았다.

그 후로 흰머리 보루타의 집은 폐허가 되었는데 아무도 그 집에서 살려고 하지 않았다. 마왕 보루타가 자신의 보물들을 다시 웽치차 성으로 옮기는 도중에 흰머리 보루타의 마당에 있는 버드나무에 종종 앉아 있었기 때문이다.

귀족 칼리나의 집을 방문한 마왕 보루타

마왕(魔王)

마귀 또는 악마의 우두머리를 뜻하는 말이기 때문에 우리 생활에서 잘 쓰이며, 영화와 드라마 소설의 제목으로도 각광받고 있다.

웽치차 성의 지하에서 마왕* 보루타가 술을 통째로 들이키며 혼잣말을 하였다.

"축축한 지하 창고에서 너무 오래도록 앉아 있었다. 마실 술도 다 떨어졌고 곧 포도주도 떨어지겠지."

마왕 보루타는 진홍색 겉옷에 금박 허리띠를 하고 허리에는 칼을 차고 있었다. 양가죽으로 된 사각모자가 어딘지 어울리지 않았다.

그가 마왕 보루타라는 것을 알 수 있는 것은 머리를 긁을 때마다 보이는 무시무시한 손톱과 모자가 들어 올려졌을 때 보이는 까만 뿔 두 개였다. 보루타는 얼굴이 붉고 콧수염이 많아 턱수염과 함께 가슴까지 닿았으며, 키가 크고 어깨가 떡 벌어져 있었다.

마왕 보루타는 심심해서 어쩔 줄을 몰랐다.

'아무도 보물을 훔치려고 들어오지 않는군. 바깥 세상이 그립군. 지겨워서 안 되겠다. 훌훌 벗어 던지고 세상으로 나가 신나게 놀아야겠어. 멋진 손님이 되려면 옷을 잘 차려 입어야지.'

결투

    웽치차 성에서 얼마 떨어지지 않은 곳에는 귀족 칼리나가 살고 있었다. 그는 마침 큰딸을 시집보내는 중이었다.

    칼리나의 집에는 손님들이 우글거렸고 꿀, 맥주, 보드카 등이 넘쳐 났다. 그도 그럴 것이 칼리나는 그 지역에서 땅의 절반을 가진 부자였고 딸을 시집보내며 거하게 한턱을 내고 있었기 때문이다.

    괴상한 손님이 나타난 것은 결혼 예식이 모두 끝나고 악단이 노래를 연주하고 있을 때였다.

    예상치 않은 손님은 바로 마왕 보루타였는데 그는 문을 벌컥 열고 들어와 모자도 벗지 않고 탁자에 앉았다.

    귀족 칼리나가 다가와 마왕 보루타에게 조용히 말했다.

    "당신이 원한다면 우리 집에서 빵을 드실 수 있습니다. 하지만 이 자리에는 초대하지 않았습니다."

    마왕 보루타는 시끄럽다는 듯 소리쳤다.

    "마실 거!"

    귀족 칼리나는 할 수 없이 하인들에게 꿀과 그릇을 가져다 주라고 시켰다.

    마왕 보루타는 그릇을 바닥에 던져 버리고 꿀을 단지째 들고 단숨에 들이켰다. 귀족들은 마왕 보루타가 꿀을 먹는 걸 보자 손님들은 신기해서 박수를 치고 환호했다.

    "우리의 형제다, 형제!"

마왕 보루타는 기분이 좋아서 꿀이 든 나무 한 통을 그렇게 다 마셔 버렸다. 그리고 입가에 묻은 거품을 닦아내고는 이렇게 외쳤다.

"음악! 노래!"

그리고는 결혼을 마친 신부를 낚아챘다. 마왕 보루타는 그녀를 잡고 춤을 추고 싶었던 것이다.

신부가 비명을 질렀지만 보루타는 아랑곳하지 않았다.

신랑이 결투를 신청하며 모자가 떨어져 나갈 정도로 세게 보루타의 뺨을 후려쳤다. 모두들 결투를 보기 위해 마당으로 몰려 나갔다.

마당은 횃불과 촛불을 밝혀서 대낮처럼 환했다.

개들은 마왕의 냄새를 맡았는지 컹컹 짖어 댔고 귀족들은 마왕 보루타가 달아나지 못하도록 에워쌌다.

신랑은 검으로 보루타를 공격했지만 자신이 불리하다는 것을 금방 알아챘다. 보루타가 능숙하게 방어했기 때문이다. 신랑은 보루타를 당해 낼 수 없자 꾀를 냈다. 칼을 오른손에서 왼손으로 또 왼손에서 오른손으로 번갈아 바꾸었다.

신랑과 보루타가 서로 결투를 벌이는 모습

보루타가 혼란스러워 하는 틈을 타서 신랑은 그의 목덜미를 가격하고 칼을 휘둘렀다. 그때 마왕 보루타의 손가락 두 개가 잘려 나가고 칼과 장갑이 떨어졌다.

그때 첫닭이 울었다. 마왕 보루타는 부상으로 신음했다. 그는 급히 서두르느라 허리띠와 장갑, 검을 남겨 두고 귀족들을 훌쩍 뛰어넘어 사라졌다.

마왕 보루타가 서 있던 자리에서는 지독한 황산 냄새가 났다.

집주인 칼리나가 허리띠와 장갑을 집어 들었다. 칼리나는 긴 손톱이 달린 손가락 두개가 바닥으로 떨어지자 기겁을 하며 몸을 부르르 떨었다.

신랑은 칼을 집어 들었다. 그 칼은 십자가 표시가 없는 초승달 문양의 이교도 칼이었다.

사람들은 그 손가락과 칼을 보고 마왕 보루타였다는 것을 알고 웅성거렸다.

"보루타, 마왕 보루타였어."

웽치차 성에 겨우 도착한 마왕 보루타는 손을 핥으며 투덜거렸다.

"다시는 세상 밖으로 나가지 않겠어. 망할 놈들. 내가 마실 때는 박수를 치더니 다음에는 내게 결투를 신청해? 놈들이 나보다 칼을 더 잘 쓰다니. 허리띠와 칼, 손가락을 두 개나 잃고 모자는 찢어지고. 이게 무슨 꼴이람. 지금쯤 나를 알아채고 비웃으며 좋아들 하겠지."

그 뒤로 마왕 보루타는 절대 성 밖으로 나오지 않았다.

마귀할멈, 바바야가 – 러시아

아이들의 동화에 자주 등장하는 바바야가는 아이들을 잡아먹는 마귀할멈이다. 바바야가 마귀할멈은 원래가 이빨이 하나밖에 없던 소녀였다. 그런데 친구들이 이빨이 하나밖에 없다고 놀려 대자 심술궂어져 결국 식인귀가 되었다고 한다. 원래는 숲에 사는 정령이나 신비스런 마법사로 알려져 있었으나 지금은 심술궂은 식인귀로 더 유명하다.

예쁜 바실리사

오랜 옛날 어느 부부가 결혼하여 예쁜 딸 바실리사를 낳았다.

아버지는 상인이어서 자주 장사를 떠나고 어머니는 늘 곁에서 바실리사를 잘 돌보아 주었다.

그러던 어느 날 어머니가 큰
병에 걸려 죽고 말았다. 바실리
사는 몹시 슬펐다.

아버지는 바실리사를 혼자 두
고 장사를 나가기가 걱정되어
바로 재혼했다. 그런데 새어머
니는 예쁜 바실리사를 눈엣가시
처럼 여기며 구박했다.

바바야가 마귀할멈 인형들
바바야가는 러시아 전설에 등장하는 몬스터로 숲속에 사는 최후의 마녀로 불린다.

바바야가 마귀할멈에게 실과 바늘을 얻으러 가다

어느 날 새어머니는 자신의 언니에게 바실리사를 보내며 심부름을 시켰
다. 새어머니의 언니는 바로 바바야가 마귀할멈이었다.

"이모한테 가서 바늘이랑 실을 얻어다 옷을 한 벌 지어라."

바실리사는 아무래도 마음에 걸려 친어머니의 동생인 이모에게 들렀다.

"별일 없으셨죠? 어머니가 새 이모에게 심부름을 시켰는데 어찌해야 할지
모르겠어요."

친 이모는 대번에 새어머니의 계략을 눈치채고 충고했다.

"그곳에 가면 자작나무가 눈을 찌를 것이야. 그럼 너는 예쁜 끈으로 그걸

묶어 줘. 대문짝도 삐그덕거릴 거야. 그럼 너는 문에다 기름칠을 한 번 해줘. 개들이 물려고 덤벼들 거야. 그럼 너는 빵조각을 좀 던져 줘. 고양이도 눈알을 파려고 덤벼들 거야. 그럼 너는 고기를 한 점 던져 줘."

바실리사는 친이모의 말을 새겨 듣고 바바야가 할멈의 집을 향해 걸었다.

바실리사는 걷고 걸어서 산속에 우두커니 홀로 서 있는 바바야가 마귀할멈의 집에 도착했다. 할멈은 베틀에 앉아 있었다.

"어머니가 실하고 바늘을 빌려 오라고 하셔서요."

"알았다. 너는 여기 앉아 베틀질 좀 하고 있어라."

바실리사가 무서움에 덜덜 떨며 베틀에 올라앉으니 바바야가 할멈이 여종에게 하는 말이 들렸다.

"냉큼 가서 목욕탕에 불을 지펴 바실리사를 깨끗이 씻겨라. 아주 깨끗이 씻겨야 한다. 내일 아침은 맛난 바실리사를 먹어야겠다."

바바야가 할멈의 입맛 다시는 소리가 바실리사의 귀에 들렸다.

바실리사는 벌벌 떨며 여종에게 자신이 머리에 쓰고 있던 수건을 주며 사정했다.

"제발 불을 지피지 말고 꺼 줘요."

여종은 고개를 끄덕였다.

그때 바바야가 할멈이 나와 소리쳤다.

"바실리사, 베틀질은 잘하고 있느냐?"

"네."

바실리사는 삐그덕거리는 대문에 기름칠을 했다. 그러자 문이 잠잠해져 조용했다. 개가 으르렁거리자 빵조각을 던져 주었고, 이를 드러내는 고양이에게 고기를 주며 물었다.

"여기서 살아나갈 수 있는 방법을 알려 줘. 부탁이야."

그러자 고양이가 바실리사에게 대답했다.

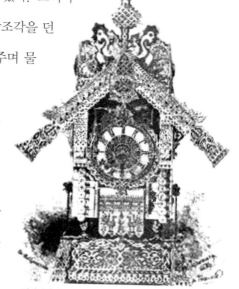

바바야가의 오두막집
바바야가가 암탉의 다리 위에 지은 오두막집이다.

"옆에 있는 수건하고 빗을 갖고 도망쳐. 바바야가 할멈이 쫓아오면 수건을 던져 그러면 넓은 강이 생겨 할멈을 막을 거야. 또 바바야가 할멈이 쫓아오면 빗을 던져. 그러면 숲이 나타날 거야. 그럼 할멈은 더 이상 쫓아오지 못할 거야."

바실리사는 나오다가 자작나무를 예쁜 끈으로 묶어 주고 부지런히 도망쳤다.

바바야가 마귀할멈이 쫓아오다

바바야가 할멈이 다시 소리쳤다.

"바실리사, 베틀질은 잘하고 있겠지?"

베틀 위에서 실을 헝클어뜨리던 고양이가 대신 대답했다.

"예. 잘 짜고 있어요."

바바야가 할멈은 고양이 목소리를 듣고 뛰어와 고양이를 때리며 소리쳤다.

"이게 대체 무슨 짓이야?"

"오랜 세월 일을 하면서도 뼈 한 조각 못 얻어먹었는데, 바실리사는 고기를 주었어요."

바바야가 마귀할멈은 화가 나서 집 안에 있는 개와 문짝과 고양이를 두들겨 팼다.

개는 두들겨 맞으며 말했다.

"오랜 세월 일해도 빵 부스러기도조차 못 얻어 먹었는데, 바실리사는 빵을 주었어요."

문짝도 말했다.

"오랜 세월 부려 먹으면서 기름 한 방울 없었는데, 바실리사는 기름을 뿌려 주었어요."

바바야가 마귀할멈은 자작나무와 여종도 늘씬하게 패 주고 바실리사를 쫓아갔다. 여종은 바실리사가 준 머릿수건에 마음을 빼앗겼고, 자작나무는 예쁜 끈 때문에 바실리사를 고이 보내 주었던 것이다.

바실리사는 바바야가 마귀할멈이 뒤쫓아 오자 얼른 수건을 던졌다. 그러자 넓은 강이 나타났다. 마귀할멈은 집으로 돌아가 소들을 몰고 와서 강물을 꿀떡꿀떡 마시게 했다. 소들이 강물을 모두 마시자 바바야가 마귀할멈은 이를 북북 갈며 바실리사를 뒤쫓아 왔다.

도망치는 바실리사와 뒤쫓는 바바야가 마귀할멈
바실리사는 수건을 던져 위기를 모면한다.

바실리사는 바바야가 마귀할멈이 바짝 뒤쫓아 오자 얼른 빗을 던졌다. 그러자 울창하고 무시무시한 숲이 나타났다. 바바야가 마귀할멈은 숲을 갉아 먹기로 작심하고 먹고 또 먹었다. 먹고 먹어도 소용이 없자 바바야가 할멈은 체념하고 집으로 돌아갔다.

이렇게 겨우 살아 돌아온 바실리사는 아버지에게 자초지종을 말했다. 처음에 새어머니는 펄쩍 뛰었으나 이내 사실을 밝히고 말았다. 결국 아버지는 새 어머니를 내쫓고 바실리사와 행복하게 살았다.

황금 물고기 – 러시아

물고기를 놓아준 어부

옛날 외딴섬에 가난한 어부 부부가 살았다. 부부는 바닷가 근처 오두막집에 살면서 날마다 그물로 물고기를 잡아 겨우 먹고 사는 처지였다.

어느 날 어부는 바다에 던져 놓았던 그물을 잡아당기고 있었다. 그물이 얼마나 무거웠던지 그렇게 무거운 그물은 생전 처음이었다. 막상 그물을 모두 걷어 올리자 물고기는 겨우 한 마리, 그것도 겨우 손바닥만 했다. 그러나 황금으로 번쩍번쩍 빛나는 게 예사 물고기는 아닌 듯했다.

퍼덕거리며 괴로워하던 물고기가 갑자기 어부에게 사람의 말로 애원을 했다.

"영감님, 저를 잡지 말고 바다에 놓아주세요. 잊지 않고 꼭 원하는 대로 해

드리겠어요."

어부는 황금 물고기가 불쌍한 생각이 들었다.

"그래. 내가 너를 데려다 가 무얼 하겠냐? 그냥 바다 로 가거라."

어부는 물고기를 바다에 놓 아주고 터벅터벅 걸어 집으로 돌아갔다.

황금 물고기를 놓아주는 어부의 모습

어부의 아내가 빈손으로 들어오는 어부를 보고 눈을 샐쭉거리며 바가지를 긁었다.

"아니, 아무것도 못 잡았단 말이에요?"

어부가 아내에게 낮에 있었던 일을 이야기했다.

"못 잡긴. 번쩍번쩍 빛나는 황금 물고기를 한 마리 잡았어. 그런데 이놈이 살려 달라고 하도 애원을 해서 그냥 놔줬어."

"뭣이 어째요? 이젠 먹을 거라곤 말라비틀어진 나무뿌리 하나 남아 있지 않은데 물고기를 놔주다니. 이젠 뭘 먹고 살 거예요?"

어부는 아내가 화를 내자 당황해서 말했다.

"황금 물고기가 '놓아주면 잊지 않고 원하는 대로 해드리겠습니다' 라고 말하는데 너무 안돼서……."

"집에서 굶고 있는 나는 불쌍하지 않나봐요. 제 발로 굴러 들어온 복을 차 내다니 이런 바보 같은 일이 어디 있담."

어부의 아내는 날마다 이렇게 욕을 하며 당장 물고기를 찾아내라고 성화를 부렸다. 어부는 아내의 등쌀에 못 이겨 결국 바다로 나가 황금 물고기를 불렀다.

"황금 물고기야, 황금 물고기야."

그러자 신기하게도 황금 물고기가 헤엄쳐 어부에게 다가왔다.

어부의 부탁을 들어주는 황금 물고기

황금 물고기는 어부에게 물었다.

"어쩐 일이십니까?"

"마누라가 빵 좀 얻어 오라고 난리를 부려서 말이야."

"집에 가면 빵이 산더미처럼 쌓여 있을 겁니다."

어부는 돌아와 아내에게 빵이 있었느냐고 물었다. 어부의 아내는 대답은 하지 않고 대뜸 잘라 말했다.

"빵만 있으면 뭘 해? 빨래통이 망가졌는 걸. 빨래를 도통 할 수가 있어야지. 물고기한테 새 빨래통 하나 달라고 해요."

어부는 다음날 물고기를 또 찾아갔다. 물고기는 새 빨래통을 마련해 주었다. 어부가 집에 돌아가자마자 아내는 소리부터 질렀다.

"물고기한테 가서 새 집 한 채 지어 달라 해요. 집이 당장 무너지게 생겼는데 빨래통이 다 무어람."

어부는 집에 들어가 보지도 못한 채 다시 바닷가로 나가 물고기를 불렀다.

"새집 한 채 지어 주게. 마누라가 볶아대는 통에 정신이 하나도 없다네."

황금 물고기는 고개를 끄덕이며 집으로 돌아가 보면 모든 일이 뜻대로 되어 있을 거라고 말했다.

어부 아내의 끝없는 욕심

어부가 집으로 돌아와 보니 아담하고 튼실한 참나무 집이 한 채 떠억 버티고 서 있었다. 어부의 아내는 어부에게 아무 말 않고 며칠간 잠잠했다.

그러나 얼마 지나자 다시 어부를 들들 볶았다.

"이런 멍청한 양반, 도대체 당신이란 사람 머릿속이 궁금해. 굴러 들어온 복을 차 낼 생각만 하다니. 이제 가난한 어부 아내 노릇 따위는 신물이 나요. 난 장군 마나님이 되어 떵떵거리며 절도 받고 살아보고 싶단 말이에요."

어부는 내키지 않은 발걸음으로 또다시 황금 물고기를 찾아갔다. 황금 물고기는 이번에도 소원을 들어주었다.

어부가 집에 돌아오자 참나무 집은 온데간데없고 높다란 벽돌집이 있었다. 어부가 집으로 들어가려 하자 머슴들이 나와 비질을 하고 있었다. 비단옷을 입은 어부의 아내는 들어서는 남편에게 욕지거리를 했다.

"어이구, 이 무식쟁이 양반. 어디 가서 굴러다니다가 이제 오는 거요?"

어부의 아내는 머슴들에게 어부를 마구간에 처박으라고 했다. 어부는 다리가 후들거려 일어서지도 못했다.

'저게 마귀야, 뭐야. 돼지처럼 욕심만 부리고 나는 서방 취급도 않는군.'

세월이 흐르자 어부의 아내는 장군 부인 노릇도 재미가 없어졌다. 어부의 부인은 다시 어부를 불러 괜한 호령을 했다.

"이 꼬부라져 뒈질 놈아, 물고기를 찾아가서 나를 여왕으로 만들라고 해."

어부가 황금 물고기를 찾아가서 부탁했다. 황금 물고기는 어부의 아내를 여왕으로 만들어 주었다. 어부의 아내는 여왕이 되어 대궐 같은 집에서 여왕 노릇하는 재미에 푹 빠졌다.

다시 세월이 흐르자 어부의 아내는 여왕 노릇도 지겨워졌다. 아내는 어부를 어전에 대령시켜 난리를 피웠다.

"이 썩을 놈. 이제 여왕 노릇도 신물이 나. 가서 물고기에게 내가 신이 되고 싶다고 말해라."

어부는 이게 웬일인가 하여 떨어지지 않는 발걸음으로 물고기를 찾아갔다. 어부가 물고기를 불렀다.

"물고기야. 아내의 광기가 날이 갈수록 더해 이제는 신이 되고 싶다는구나."

황금 물고기는 이번에는 아무 말 없이 바다 속으로 들어갔다.

집으로 돌아와 보니 대궐은커녕 예전에 있던 허름한 오두막에서 어부의 아내가 누덕누덕 기운 넝마를 입고 앉아 있었다.

이반 왕자 - 러시아

불새를 잡으러 떠나는 이반

옛날 어느 나라에 세 아들을 둔 황제가 살았다. 그 중에 셋째 아들 이반은 효성스럽고 착했다.

황제는 귀한 나무들이 가득한 화려한 정원을 가지고 있었다. 그 중에서도 황제는 황금 사과가 열리는 사과나무를 아주 귀하게 생각했다.

어느 날 정원의 황금 사과가 하나씩 없어지기 시작했다. 황제는 사과나무에 보초를 세웠지만 누구도 무슨 일이 생기는지 알아내지 못했다.

황제는 화가 나서 아들들을 불렀다.

이반 왕자, 이반 빌리빈 作
이반이란 이름은 러시아 전설의 주인공 이름으로 흔히 쓰인다.

황금 사과를 물고 있는 불새를 보고 이를 잡으려 하는 이반 왕자

"황금 사과나무에 무슨 일이 생기는지 알아 보아라."

첫째 왕자와 둘째 왕자는 잠이 들어 무슨 일이 있었는지 통 알지 못했다. 셋째 이반 왕자가 지키는 날, 왕자는 잠들지 않고 지켜보았다. 이때 이반 왕자는 불새 한 마리가 황금 사과를 따서 입에 물고 날아가는 것을 보았다. 왕자는 잽싸게 뛰어 불새를 잡으려 했지만 불새는 순식간에 도망쳐 버렸다. 왕자의 손에는 불새의 깃털만 쥐어져 있을 뿐이었다.

황금 깃털을 본 황제는 불새가 욕심이 나서 아들들에게 말했다.

"아들들아, 불새를 잡아오는 왕자에게 내가 살아 있는 동안 왕국의 절반을 주고 죽은 후에 나머지 절반도 주겠다."

세 왕자는 모두 불새를 잡아오겠다고 비장하게 말했다. 황제인 아버지에게 작별 인사를 한 후 세 왕자는 길을 떠났다.

이반 왕자는 형들과 헤어져 오랫동안 말을 타고 달렸다. 그러다가 세 갈래 길로 갈라진 곳에서 바위를 발견했다. 바위에는 이런 말이 적혀 있었다.

'곧장 가는 사람은 춥고 배고플 것이다. 오른쪽 길로 가면 말은 죽고 자신은 살아남을 것이다. 왼쪽 길로 가면 사람은 죽고 말은 살아남을 것이다.'

이반 왕자는 오른쪽 길을 택해 말을 달렸다.

늑대를 만난 이반 왕자

이반 왕자가 길을 가다 잠시 쉬고 있는데 갑자기 늑대가 나타났다.

"이쪽 길로 오면 당신의 말이 죽으리라는 것을 알고 있었겠지요? 왜 이 길로 온 거지요?"

말을 마친 늑대는 왕자의 말을 반 토막으로 찢어 죽이고 도망쳤다.

이반 왕자는 말을 잃은 슬픔 속에서 계속 걸었다. 그러다가 지치고 말았다. 이반 왕자가 풀밭에 누워 쉬고 있을 때 늑대가 나타났다.

"안됐군요. 내 등에 올라타요. 내가 데려가 드리지요. 어디로 가죠?"

"불새를 찾으러 가는 중이야."

늑대는 이반 왕자를 태우고 말보다도 훨씬 빨리 달려 어떤 성 앞에 내려놓았다.

"저 성 안으로 들어가 황금 새장 속에 있는 불새를 훔쳐 오세요. 새장은 절대 만지지 말아요."

이반 왕자는 성 안으로 들어가 불새를 잡았다. 그런데 황금 새장이 너무나 훌륭하고 아름다워서 이반 왕자는 갈등했다. 왕자는 유혹을 이기지 못하고 황금 새장을 잡았다. 그러자 순식간에 병사들이 나타나 이반 왕자를 붙잡아 왕에게 데려갔다.

이반 왕자와 회색 늑대, 빅토르 바스네초프 作

"너는 누구냐?"

"저는 이반 왕자입니다."

"왕자의 신분에 이렇게 부끄러운 짓을 하다니 나에게 와서 정중하게 부탁을 했더라면 주었을 걸. 널 벌해야겠다. 하지만 네가 황금갈기를 가진 말을 가져다 준다면 널 용서하고 불새와 황금 새장을 주겠다."

이반 왕자는 왕에게 황금 갈기 말을 찾아오겠다고 약속하고 풀려났다. 성을 나온 이반 왕자는 늑대에게 성 안에서 있었던 일을 이야기하고 한숨을 쉬었다.

"이반 왕자, 새장을 만지지 말라고 했잖아요."

"정말 미안해. 다 내 잘못이야."

"어쩔 수 없지요. 황금갈기 말이 있는 곳으로 데려다 줄게요."

이반 왕자를 태운 늑대는 화살처럼 빠르게 달려 멋진 성에 도착했다.

늑대는 이번에도 걱정스럽게 이반 왕자에게 충고했다.

"이 성에는 황금갈기 말이 있어요. 그러나 말 옆에 걸려 있는 황금 말고삐는 절대 건드리지 마세요."

이반 왕자는 황금갈기 말을 훔치고 옆에 있는 황금 말고삐를 보았다. 말고삐에는 진귀한 보석이 휘황찬란하게 박혀 있었다. 이반 왕자는 늑대의 충고를 잊고 말고삐에 손을 뻗었다. 순간 병사들이 나타나 이반 왕자를 잡아 왕에게 끌고 갔다.

"너는 어디서 온 누구냐?"

"저는 이반 왕자입니다."

"길에서 동냥을 하는 사람들도 하지 않는 짓을 왕자의 신분으로 했단 말이냐? 너는 네 아버지의 얼굴에 먹칠을 한 것이다. 벌을 받아야 마땅하지만 아름다운 헬레나 공주를 데려다 준다면 너를 용서해 주마. 그리고 황금갈기 말과 황금 말고삐도 주겠다."

이반 왕자는 왕에게 꼭 공주를 데려오겠다고 약속하고 풀려났다. 늑대에게 되돌아온 이반 왕자는 시무룩하게 모든 일을 이야기했다.

"그렇게 내가 황금 말고삐에 절대로 손대지 말라고 일렀건만."

"미안해. 모든 게 다 내 잘못이야."

늑대는 어쩔 수 없는 일이라며 등에 이반 왕자를 태우고 공주가 있는 성으로 내달렸다. 늑대가 말했다.

"여기서 기다리세요. 내가 공주를 데려올 테니."

늑대는 시녀들 틈에 끼어 놀고 있던 공주를 덮쳐 등에 태우고 도망쳤다.

모든 것을 얻은 이반 왕자

늑대는 다시 이반 왕자와 헬레나 공주를 등에 태우고 황금갈기 말이 있는 성에 도착했다. 그러나 그동안 공주에게 정이 듬뿍 든 왕자는 헬레나 공주를 왕에게 내주고 싶지 않아 눈물을 흘렸다. 늑대가 물었다.

"이반 왕자, 왜 울지요?"

"헬레나 공주를 왕에게 줄 생각을 하니 가슴이 찢어지는 것 같아."

"제게 방법이 있어요."

늑대는 자신이 아름다운 헬레나 공주로 변신하고 진짜 헬레나 공주는 안전한 곳에 숨겨 두었다.

이반 왕자는 공주로 변신한 늑대를 데리고 성으로 가 황금갈기 말과 황금 말고삐를 받고 맞바꾸었다. 그리고 성에서 멀찍이 떨어져 늑대를 기다렸다. 늑대는 왕이 결혼식 준비로 바쁜 틈을 타 몰래 도망쳐 이반 왕자에게 되돌아왔다.

이반 왕자는 황금갈기 말을 불새와 바꾸고 싶어 하지 않았다. 늑대는 다시 황금갈기 말로 변신해 불새를 이반 왕자의 손에 쥐어 주었다.

이반 왕자는 모든 보물을 손에 넣었다. 이윽고 이반 왕자 일행은 늑대가 말을 찢어 버린 곳에 도착했다. 늑대가 왕자에게 안타까운 목소리로 말했다.

"이제 헤어져야 할 때가 됐군요."

이반 왕자는 서운해서 말을 잇지 못했다. 이반 왕자는 감사의 말을 하는 대신 늑대를 꼭 껴안고 한동안 팔을 풀지 않았다.

이반 왕자 일행은 늑대와 헤어져 성으로 향했다. 이반 왕자 일행이 쉬기 위해 풀숲의 빈터에서 머물 때였다. 이때 두 형이 빈손으로 그곳을 지나다 이반 왕자 일행을 보았다. 두 왕자는 이반 왕자와 공주가 잠든 틈을 타 왕자를 죽이고 모든 보물을 차지해 버렸다.

이반 왕자의 시체는 죽은 채로 그곳에 남았다. 늑대가 이반 왕자의 시체를 찾아냈다. 늑대는 까마귀 한 마리가 이반 왕자의 시체를 쪼아 먹으려고 내려

앉은 것을 잡았다. 까마귀가 늑대에게 애원했다.

"살려 주세요. 꼭 은혜를 갚겠어요."

"생명의 물을 가져와."

까마귀가 생명을 물을 가져오자 늑대는 이반 왕자의 몸에 생명의 물을 뿌렸다. 이반 왕자가 살아나자 늑대는 그동안 형들이 한 짓을 일러 주었다. 늑대는 등에 이반 왕자를 태우고 날 듯이 뛰어 왕자들을 따라잡았다.

늑대는 왕자들을 갈가리 찢어 죽였다. 이반 왕자는 늑대에게 고맙다고 인사했다. 이반 왕자는 아버지 황제를 찾아가 그간 있었던 일을 죄다 말했다. 황제는 불새와 보물들을 보고 기뻐하며 이반 왕자와 헬레나 공주의 결혼을 축복해 주었다.

불새, 황금갈기 말, 황금 새장 등 보물들과 헬레나 공주를 데리고 와 황제에게 보이는 이반 왕자

고약한 아내 – 유고

남편에게 지지 않는 아내

유고슬라비아 연방
공화국
다민족 연합 국가였
으나 공산주의 붕괴
와 함께 나라도 분
열되어 1991년 슬로
베니아의 독립선언
을 기점으로 여러
나라로 분리되었다.

옛날 어느 부부가 여행을 하다 낫으로 깎아 놓은 것 같은 초원에 도착했다. 남자가 아내를 돌아보며 말했다.

"낫으로 잘 깎아 놓은 초원이 아름답지 않소?"

"저것이 낫으로 깎은 것처럼 보인단 말이에요? 베어 놓은 거지."

"답답한 사람 같으니. 초원을 어떻게 베어 놓는단 말이요? 깎아 놓은 거지."

남편은 깎아 놓았다고 하고 아내는 베어 놓았다고 우기면서 계속 싸웠다.

참다 못한 남편은 아내를 한 대 때리면서 말을 못하게 했다.

그러자 아내는 남편의 앞을 가로막으며 두 손가락을 세워 남편의 눈을 찌를 듯이 위협하며 소리쳤다.

"베어 놓은 거란 말이야. 베어 놓은 거. 알겠어?"

아내는 그렇게 계속 우기면서 남편의 앞을 가로막으며 걸었다. 그러다가 아내는 풀로 가려져 보이지 않던 구덩이에 빠져 버렸다.

남편은 구덩이에 빠진 아내에게 소리를 질렀다.

"그렇게 우겨 대더니 꼴 좋다."

그러고는 계속 가던 길을 가 버렸다. 며칠이 지나자 남편은 마음이 조금씩 바뀌기 시작했다.

악마를 구해 주다

남편은 다시 아내를 찾아가 보기로 했다.

'만약 아직까지 살아 있다면 꺼내 줘야겠다. 고집불통에다 여간 못되지 않았지만 그동안 고생을 해서 사람이 변했을 수도 있어.'

기다란 밧줄을 가지고 구덩이로 다시 찾아간 남편은 구덩이 안으로 밧줄을 던지고 어서 밖으로 나오라고 소리쳤다. 그랬더니 줄이 갑자기 무거워지기 시작했다. 남편은 힘껏 당겼다.

줄을 타고 딸려 나온 것은 아내가 아니라 몸 한쪽은 하얗고 다른 한쪽은 까만 악마*였다. 남편이 놀라서 밧줄을 놓으려 하자 악마가 다급하게 외쳤다.

악마
기독교 개념으로 악마란 천사가 신을 배반하고 타락하여 지옥으로 떨어지면서 탄생한 캐릭터이다. 보통은 사악한 몬스터를 악마라고 부른다.

구덩이에서 밧줄을 타고 나오는 악마와 놀라는 남편의 모습

"제발 줄을 놓지 마. 너를 형제로 생각하겠어. 제발 나를 이곳에서 꺼내 줘. 은혜는 잊지 않을게. 부탁이야."

남편은 악마를 밖으로 꺼내 주었다. 한숨 돌리고 나자 악마는 물었다.

"무엇을 찾아 이곳까지 왔어?"

"며칠 전 아내와 이곳을 지나다가 아내가 이 구덩이에 빠져 구하려고 왔소."

"만약 네가 신을 믿는다면 우리는 의형제가 아니다. 그게 너의 사악한 아내였구나! 아니, 그런 여자와 어떻게 살 수 있단 말이야. 그것도 모자라서 구하러 왔다고? 나는 오래 전에 이 구덩이에 빠졌었지. 처음에는 견디기 힘들었지만 차츰 적응이 되었다고. 그런데 얼마 전 네 아내가 온 다음부터는 죽을 지경이었어. 너도 이제부터 그런 여자는 잊는 게 좋겠어. 게다가 그 여자는 이 구

덩이가 딱 맞는다고. 네가 나를 이곳에서 꺼내 주었으니 나도 너를 위해 무언
가를 해주겠어."

악마는 긴 말을 마치더니 옆에 있던 풀을 뽑았다. 그리고는 남편에게 건네
며 말했다.

"너는 이 풀을 가지고 여기 있어. 난 이웃 나라 황제를 찾아갈게. 그 황제에
게는 딸이 하나 있는데 죽을 병에 걸릴 거야. 너는 그때 와서 그녀의 머리 위
에서 이 풀을 흔들어 대기만 하면 돼. 그러면 황제의 딸은 살아날 거고 황제는
너에게 딸을 줄 거야. 그럼 너는 황제의 딸과 결혼하기만 하면 돼."

남편은 가방에 풀을 넣었다. 며칠이 지나자 황제의 딸이 아프다는 소문이
돌았다.

각지에서 소문난 의원이라는 의원은 모두 모였고, 수도사란 수도사는 모두
모여서 공주의 병을 고치려고 혈안이 되었다. 그러나 아무도 병을 고치지 못
했다.

남편도 황제의 딸 방에 들어가 아무도 들여 보내지 말라고 말한 후 악마를
불러 냈다. 악마가 나타나서 말했다.

"이제 너 혼자서도 할 수 있겠지. 하지만 더 이상 날 쫓아오면 안 돼. 그럼
나도 어떻게 할 수 없어."

남편이 가방에서 풀을 꺼내 공주를 어루만지자 공주는 다시 건강을 되찾았
다. 황제와 황후는 공주가 살아나자 얼싸안고 좋아했다. 그리고 남편을 공주
와 결혼시켰다.

악마를 협박하다

그렇게 시간이 흐르자 이웃 나라 황제의 딸에게도 똑같은 악마가 들었다는 소문이 돌았다. 공주의 병을 고치는 사람에게 나라의 반을 주고 사위로 삼겠다는 방이 붙었다.

마침 그 나라 황제는 이웃 공주가 그런 병을 고쳤다는 소문을 듣고 남편에게 편지를 보냈다. 황제의 딸을 고쳐 주면 원하는 것은 다 들어주겠다는 약속도 덧붙였다.

남편은 악마와 다시는 만나지 않겠다는 약속을 떠올리고는, 이제 병을 낫게 할 방법도 알지 못해 그 나라에 갈 수 없다며 거절했다.

이웃 나라 황제는 남편을 보내지 않으면 군대를 이끌고 쳐들어 오겠다고 으름장을 놓았다. 그러자 황제는 사위인 남편에게 얼른 그곳으로 가 보는 게 좋겠다고 말했다. 남편은 할 수 없이 떠날 채비를 하고 길을 나섰다.

그곳에 도착하자 악마가 나와서 소리쳤다.

"여기는 웬일인가? 다시는 보지 말자고 했을 텐데?"

그러자 남편은 자못 진지하게 말했다.

"아, 형제여. 자네에게 꼭 상의해야 할 일이 있어 온 걸세. 구덩이에 빠진 아내가 나왔다네. 난 아내를 구하려고 했지만 자네가 막지 않았나? 그런데 그녀가 정말 그랬는지 사실을 알고 싶어 한다네. 어쩌면 좋은가?"

"후유, 큰일이네. 큰일이야. 네 아내가 나왔다고?"

악마는 크게 놀라 황제의 딸 방에서 나와 바다 깊은 곳으로 사라져 버렸다.

킹카의 결혼 지참금 - 폴란드

소금 광산이 결혼 지참금

옛날 볼레스와프 브스티드리비는 겨우 여섯 살 때 왕의 자리에 올랐다. 그래서 대신들이 섭정을 했다. 왕은 수도승이라고 할 만큼 조용하고 온화하며 평범했다. 대신들은 전사나 군주로는 적합하지 않은 볼레스와프 왕의 짝으로 헝가리 왕의 딸 킹카를 선택해 혼담을 넣었다.

혼담을 받은 헝가리 왕은 매우 기뻐했다. 그는 폴란드인들을 용맹스런 부족이라 생각하고 있었던 것이다. 헝가리 왕은 공주의 결혼 지참금으로 금과 은을 싸도록 지시했다. 그때 킹카 공주가 나서서 아버지에게 말했다

"폴란드 사람들에게 금과 은을 주지 마십시오. 그들은 보물을 충분히 가지고 있어 고마워하지 않을 것입니다. 그러니 그들에게 없는 것을 주세요."

폴란드의 소금 광산
소금 광산은 과거 바다였던 곳이 육지로 변해 생긴 곳이다. 소금으로 조각해 놓은 킹카 공주의 모습이 보인다.

헝가리 왕은 어리둥절했다.

"그럼 저들에게 무엇을 주면 좋겠느냐?"

"소금입니다. 그들은 소금이 없어 우리나라로 소금을 사러 옵니다. 소금 광산을 준다면 제가 그것을 결혼 지참금으로 가져가겠습니다."

"허허허. 네가 원하는 것을 가지고 가거라."

킹카 공주는 광산으로 가서 손가락에 낀 약혼반지를 빼 소금이 나는 구덩이에 던져 넣었다. 폴란드 신하들은 킹카 공주를 데리고 볼레스와프 왕에게 갔다. 쿠라쿠프 성에서 결혼 피로연이 한창일 때 킹카 공주는 남편에게 말했다.

"당신이 내게 보내 주었던 약혼반지를 찾으러 헝가리로 가요."

볼레스와프 왕과 킹카 공주는 비엘리츠카(소금 광산으로 유명한 곳)로 갔다. 킹카 공주는 그곳 한복판에 깊은 우물을 파도록 시켰다. 광부들이 땅을 팠다.

"이제 더 이상은 팔 수 없습니다."

그러자 킹카 공주가 말했다.

"바위에서 조각을 떼어 내라. 내가 그것을 보겠노라."

그것을 떼어 낸 인부 중 한 명이 소리쳤다.

"공주님, 이것은 돌이 아니라 소금입니다."

지금까지도 폴란드를 부유하게 해주는 이 소금 광산은 헝가리 공주 킹카의 결혼 지참금이었던 것이다.

동유럽 전설에 등장하는 요괴들

구소련에 의해 베일에 가려져 있던 동유럽 국가들이 하나 둘 독립함으로써 색다른 신화와 전설들이 하나씩 우리 앞에 모습을 드러내고 있다.

그 속에는 서구 유럽과 비슷하면서도 다른 것이 숨어 있는데 특히 거인과 난쟁이, 마왕, 마귀할멈 등이 등장해 재미를 더해 준다. 이 중 거인의 실체에 대해 실제로 존재했었다는 주장이 있어 커다란 관심을 끌고 있다.

고고학적으로 확증할 수 없다고 하여 사람들은 거인의 존재를 대부분 신화 혹은 전설 속의 가상인물로 보고 있다. 그러나 러시아의 저명한 고고학자인 언스트 몰다스프는 각국 전설에 나오는 거인에 관한 기록을 종합한 후 지구상에 거인 집단이 확실히 존재했었다고 주장했다.

그는 동유럽, 북유럽 및 세계의 각 대륙에서 모두 거인들의 흔적을 발견할 수 있었다고 주장한다. 또한 거인들의 활동 범위가 아주 광범위했다고도 말한다. 실제로 1850년부터 지금까지 세계 각지에서 발견된 고고학적 증거는 이보다 더 많이 있다는 것이다.

『내셔널지오그래픽』 – 2008. 6. 8 참조

상상 속의 서리 거인

LEGEND OF THE WORLD

북미의 전설 여행

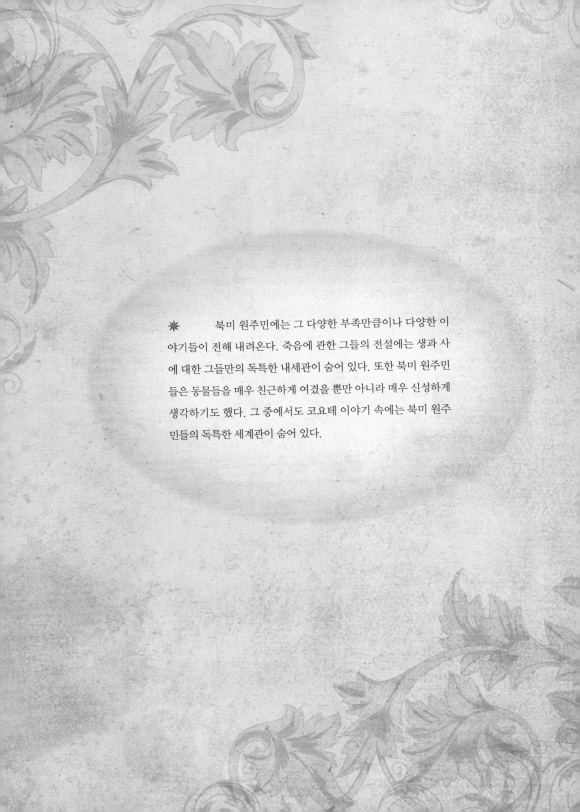

✳   북미 원주민에는 그 다양한 부족만큼이나 다양한 이
야기들이 전해 내려온다. 죽음에 관한 그들의 전설에는 생과 사
에 대한 그들만의 독특한 내세관이 숨어 있다. 또한 북미 원주민
들은 동물들을 매우 친근하게 여겼을 뿐만 아니라 매우 신성하게
생각하기도 했다. 그 중에서도 코요테 이야기 속에는 북미 원주
민들의 독특한 세계관이 숨어 있다.

하얀 카누

바위꽃의 죽음

이 세상의 북쪽 끝, 겨울이 오랫동안 계속되고 온 땅이 눈과 얼음으로 뒤덮힌 곳에 한 인디언 청년이 살고 있었다. 그는 어릴 때부터 소꿉친구로 자란 '바위꽃'이라는 이름의 소녀를 사랑했다. 성인이 된 그들은 결혼하기로 했다. 그런데 그 후 얼마 지나지 않아 갑자기 죽음이 찾아와 신부가 될 바위꽃을 데려가 버리고 말았다.

바위꽃이 죽은 이후로 인디언 청년은 아무것도 할 수 없었다. 밤낮으로 슬퍼하느라 잠도 못 자고 먹지도

아메리카인디언(American Indian)
1492년 콜럼버스에 의하여 발견된 인디언은 아메리카 대륙 전반에 고르게 분포하여 살고 있었다.

인디언들의 집에 있는 무덤 모습

못했다. 친구들의 도움도 아무 소용없이, 마음속에는 슬픔만이 가득할 뿐이었다. 인디언 청년은 날마다 야위어 갔다.

마을의 가장 나이 많고 지혜로운 노인이 이를 보다 못해 그에게 죽은 자들은 남쪽에 있는 영혼의 나라로 간다는 것을 알려 주었다. 인디언 청년은 그곳을 찾아가기로 마음먹었다. 하지만 그곳으로 가는 길을 아는 사람은 아무도 없었다. 마을 사람들은 모두 그를 말렸지만 그의 의지를 꺾을 수는 없었다. 청년은 활과 화살을 챙기고 짐을 꾸려 마을을 떠났다. 그리고는 개 한 마리만 데리고 남쪽으로 향했다.

눈과 얼음이 쌓인 땅을 한참 가다 보니 푸른 나무가 무성한 숲이 나왔다. 그곳에서 희미한 발자국을 발견하고 따라가 보니 발자국이 산꼭대기로 향하고 있었다. 청년은 산꼭대기에서 은 지팡이를 손에 든 노인을 만났다. 그는 청년이 말을 꺼내기도 전에 그가 왜 왔는지 모두 알아맞혔다.

"자네를 기다리고 있었네. 자네가 왜 여기 왔는지 잘 알고 있지. 자네가 찾는 사람이 얼마 전에 여길 지나갔다네."

"그 사람은 어디로 갔습니까?"

노인은 지팡이로 먼 곳을 가리키며 말했다.

"저 아래 햇빛 비치는 골짜기가 영혼들의 나라라네. 그곳에 가고 싶다면 자네의 몸을 내게 맡겨야 해. 자네가 가지고 있는 무기도 가져갈 수 없고 개도 데려갈 수 없다네. 내가 맡아 주겠네."

인디언 청년은 모든 것을 노인에게 맡기고는 바위꽃을 다시 볼 수 있다는 희망에 들떠 햇빛이 비치는 곳을 향해 갔다. 이제 그는 육체 없이 영혼만 있었기 때문에 별로 힘들이지 않고 산과 언덕과 들판을 지나 먼 길을 달려갈 수 있었다. 청년은 마치 날아다니는 새가 된 기분이었다.

바위꽃과 만나다

얼마 후 어떤 강가에 도착하니 하얀 돌로 만든 카누가 여러 대 있었다. 카누 안에는 죽은 사람들이 앉아 있었고, 모두들 강 한가운데 있는 푸른 섬을 향해 가고 있었다. 그때 등 뒤에서 귀에 익은 목소리가 들렸다.

"오셨군요! 당신이 와서 너무 기뻐요."

뒤를 돌아보니 그토록 보고 싶던 바위꽃이 서 있었다.

"당신을 기다리고 있었어요. 혼자서 배를 타고 저 섬까지 가기가 너무 두려웠어요."

"이젠 아무 걱정하지 말아요."

청년은 하얀 돌로 된 카누를 강가로 가져와 바위꽃을 태웠다. 강가를 떠나 강을 지나기 시작하자 청년은 나쁜 기억들이 떠올랐다. 먼저 지난번 사냥에서

하얀 돌로 만든 카누를 타고 바위꽃과 함께 영혼의 섬으로 향하는 인디언 청년

필요 이상으로 동물들을 많이 죽였던 일이 생각났다. 그러자 검은 돌 하나가 날아와 카누 속 청년의 발 앞에 떨어졌다. 그 밖에도 좋지 않은 지난 기억들이 하나씩 떠오를 때마다 검은 돌이 카누의 바닥으로 떨어져 청년의 발 앞에 쌓였다.

바위꽃 앞에도 마찬가지로 돌이 떨어져 쌓였다. 돌이 점점 많아지자 카누는 점차 물속으로 가라앉기 시작했다. 청년과 바위꽃은 이러다가 영혼의 나라에 닿기도 전에 배가 완전히 가라앉아 버리지나 않을까 조마조마한 마음으로 지켜보았다.

다행히 카누는 무사히 섬에 도착했다. 두 사람은 그제서야 안심이 되었다. 섬에서는 지난 일에 대한 나쁜 기억은 떠오르지 않았고, 비가 오거나 바람이

부는 일도 없었다. 오직 따뜻한 햇빛만이 내리쬐고 있을 뿐이었다.

또다시 이별

그때 갑자기 위대한 신의 목소리가 들려왔다.

"너는 이곳에 머무를 수 없다."

인디언 청년에게 하는 말이었다.

"너에게는 아직 마치지 못한 일들이 남아 있다. 바위꽃에게 작별 인사를 하고 돌아가거라. 가서 이곳에서 겪은 일들을 자세히 전하도록 하여라."

위대한 신의 목소리는 너무나 강하고 위엄이 서려 있어서 도저히 거역할 수가 없었다. 청년은 사랑하는 바위꽃과 영원히 함께하고픈 맘을 애써 뒤로하고 그곳을 떠나야만 했다.

청년은 바위꽃에게 작별인사를 하고 영혼들의 나라 푸른 섬을 떠나 산 사람들이 있는 곳으로 돌아갔다. 우선 산꼭대기에 사는 노인에게 달려가 그에게 맡겨 놓았던 육신과 무기와 개를 돌려받아 집을 향해 떠났다.

청년이 돌아오자 마을에서는 큰 잔치가 벌어졌다. 그는 온 마을 사람들을 모아 놓고 영혼의 나라에 가는 길과 그곳에서 겪은 일들을 들려 주었다. 청년은 나이가 들어 세상을 떠날 때까지 영혼의 나라 이야기를 계속했다. 그가 죽은 후에는 후손들이 계속해서 그 이야기를 지금까지 전해 주고 있다. 오늘 날 우리가 죽은 이후의 세계에 대해 알게 된 것은 바로 그 덕분이다.

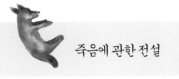
죽은 자들의 춤

아내의 죽음

멀고 먼 옛날 한 인디언의 아내가 죽었다. 아내를 너무도 사랑했던 남자는 아내의 무덤 앞에 앉아 아내가 다시 살아나기를 기다렸다. 이틀 밤낮을 꼼짝 않고 앉아서 기다리자 아내가 무덤에서 일어나 땅을 가르고 나오는 것이 보였다.

무덤에서 나온 아내는 죽음의 섬으로 향했다. 남편은 몰래 아내를 따라가려 했지만 곧 들키고 말았다. 아내가 물었다.

"당신은 왜 날 따라오는 거죠?"

"여보, 난 당신 없이는 한순간도 살 수 없소. 당신을 다시 내 곁으로 데려 오고 싶소."

"하지만 난 이미 죽은 사람이에요. 어떻게 내 생명을 다시 되돌릴 수 있겠어요? 당신이 정말 할 수 있다고 생각하나요?"

"난 반드시 당신을 다시 살려 내고 말 테야."

죽음의 섬을 향해

"그럴 수는 없을 거예요."

아내는 서글픈 얼굴로 말하고는 다시 죽음의 섬을 향해 서쪽으로 나아갔다. 남편 역시 아내를 따라 서쪽으로 갔다. 둘은 밤새 길을 걸어 아침나절이 되어 큰 강가에 도착했다. 아내는 철퍼덕 땅에 주저앉더니 온종일 강가에 앉아 있기만 했다.

그러다 밤이 되자 아내는 북쪽을 향해 걷기 시작했다. 남편도 아내를 따라 갔다. 그들은 밤새 그렇게 걸었다. 그리고 다시 날이 밝아오자 아내는 언덕에서 발길을 멈추고 하루 종일 거기서 지냈다.

밤이 되자 아내는 또다시 일어나 이번에는 동쪽으로 길을 걷기 시작했다. 이번에도 남편은 아내를 따라나섰다. 한참을 가다 보니 가파른 다리가 있는 강에 도착하게 되었다. 저 멀리 다리 너머에 죽음의 섬이 있는 것이 보였다.

남편이 주저하는 동안 아내는 다른 죽은 사람들과 함께 다리에 올라갔다. 다리 중간 중간에 크고 무섭게 생긴 새가 앉아 있었다. 죽은 자들이 가까이 다가가면 그 새는 큰 소리를 내며 날아올랐다. 죽은 이들 중 몇몇은 그 소리에

죽음의 섬에 간 남편과 아내가 죽은 자들의 추장 앞에서 판결을 받고 있다.

너무 놀라 바다로 떨어져 물고기 밥이 되기도 했다. 하지만 남자의 아내는 전
혀 무서워하지 않고 다리 끝까지 걸어갔다. 그곳에는 죽은 자들의 추장이 기
다리고 있었다. 추장이 아내에게 말했다.

"같이 온 자가 있구나."

"네, 제 남편이에요."

"네 남편이 어떻게 여기까지 온 거지?"

"잘 모르겠어요. 하지만 남편은 살아 있어요."

추장은 부하를 남편에게 보내 그가 무엇을 원하는지 물어보게 했다.

"그자는 이곳으로 들어오고 싶답니다."

부하가 와서 말했다.

"하지만 그자의 말이 진심인지는 모르겠습니다. 그리고 그자에게서는 산 사람의 냄새가 나더군요."

추장은 잠시 생각하더니 그가 다리를 건너오게 하라고 말했다. 남편이 다리에 올라서자 무시무시한 새가 날아오르며 그를 겁주었다. 하지만 마법의 줄이 그를 보호하고 있었기 때문에 그는 크게 놀라지 않았다. 그가 어렵게 섬에 도착하자 추장이 말했다.

"이곳은 자네같이 산 사람에게는 그리 좋은 곳이 아니야. 이곳에는 자네 아내의 영혼이 있을 뿐이야. 뼈와 몸은 그곳에 두고 왔다네."

하지만 남편은 개의치 않았다. 밤이 되자 큰 잔치가 열리고 모두들 어울려 춤을 추었다. 추장이 다가와 남편에게 말했다.

"자네 아내가 보이는가? 오늘까지는 볼 수 있지만 내일이면 아무도 볼 수 없게 될 거야."

추장은 남자의 아내를 불러 물었다.

"이 자가 네 남편이냐?"

"네, 그렇습니다"

"너는 네가 남편에게 다시 돌아갈 수 있다고 생각하느냐?"

"아니요. 그럴 수 없다는 걸 잘 알고 있습니다."

"그래, 네 말이 맞다. 너는 여기 머물러야 해."

이렇게 말하고 추장은 남편에게 말했다.

"오늘 밤을 네 아내와 함께 보내고 싶은가?"

"네, 꼭 그러고 싶습니다. 허락해 주십시오."

남편은 두 손을 모으고 간절한 목소리로 대답했다. 추장은 그러라고 허락해 주었다.

남편과 아내는 밤새 함께 있었다. 밤새도록 함께 춤을 추고 이야기를 나누며 긴 밤을 함께 지새웠다. 그러다가 남편은 어느새 잠들고 말았다.

다음날 아침 남편이 잠에서 깨어 보니 아내가 보이지 않았다. 아내에게 팔베개를 해주었던 그의 팔 위에는 다 타서 숯이 된 검은 나무토막 하나만이 남아 있을 뿐이었다. 남편은 아내를 찾아 이리저리 두리번거렸다.

그 모습을 본 추장이 말했다.

"이제 네 아내는 예전처럼 돌아갈 수 없다. 네 아내는 죽었고 넌 산 사람이야. 자네가 고향으로 돌아가는 것이 가장 현명한 방법이며 자연의 순리라네."

남편은 추장의 말을 듣지 않고 계속 죽음의 섬에 머물렀다. 하지만 시간이 지나도 아내를 다시는 볼 수 없었다. 마침내 남편은 이제 더 이상 그곳에 머무를 이유가 없다고 생각하고 마을로 돌아갔다.

남편은 그동안 겪은 일을 마을 사람들에게 모두 들려 주었다. 그리고 다음날 아침 목욕을 하러 강으로 가다가 독을 품은 뱀에게 물려 죽고 말았다. 이제 그는 다시 죽음의 섬으로 가서 아내를 만날 수 있게 된 것이다.

인디언 춤을 묘사한 작품

코요테가 물을 빼앗은 이야기

북미 원주민들에게 코요테는 가난하고 힘없는 사람들을 도와주고 권세 있는 사람들을 골탕 먹이는 재치꾼이었다. 코요테는 영웅인 동시에 남들이 상상도 하지 못할 장난을 치는 악동이기도 했다. 그 이야기 속에는 북미 원주민들의 웃음과 눈물이 숨어 있다.

개구리 부족의 물

하루는 코요테가 사냥을 나갔다가 죽은 사슴을 발견했다. 그런데 사슴의 갈비뼈 중 하나가 마치 커다란 조개껍데기처럼 생긴 것을 보았다. 코요테는 '언젠가 쓸 데가 있겠지' 하며 그것을 주워 잘 보관해 두었다.

실제 코요테의 모습

얼마 후 코요테는 개구리 부족 사람들을 만나러 갔다. 개구리 부족이 인근에 있는 모든 물을 소유하고 있었기 때문에 마시거나 요리하거나 씻을 물이 필요하면 언제나 이들을 찾아가 물을 사야만 했기 때문이었다.

코요테는 개구리 부족에게 다가가서 말했다.

"안녕하세요, 개구리 부족 양반들. 난 지금 몹시 목이 말라서 물을 많이 마시고 싶어요. 그 대신 이 크고 멋진 조개껍데기를 주겠어요."

"좋소. 당신이 원하는 만큼 물을 마시도록 해요."

코요테는 그들에게 조개껍데기를 주고 물을 마시기 시작했다. 그가 물을 마시는 곳 바로 앞에는 커다란 둑이 있었다.

"난 지금부터 한참 동안 머리를 물속에 넣고 물을 마실 참이오. 지금 무척 목이 말라 그런 거니 아무 걱정 마시오."

"알겠소. 그렇게 하시오."

코요테는 아주 오랫동안 물을 마셨다. 한참이 지나도록 물속에 머리를 담근 채 나오지 않자 개구리 부족 사람들이 물었다.

"이것 봐요. 정말 물을 많이 마시는군요. 도대체 왜 그러는 거요? 무슨 문제라도 있소?"

그러자 코요테가 잠시 머리를 물 밖으로 내밀었다.

"갈증이 너무 나서 그래요. 물을 실컷 마시고 나면 괜찮을 테니 염려 말아요."

그리곤 다시 물속으로 머리를 집어넣었다.

잠시 후 다시 개구리 부족 사람들이 다가오더니 말했다.

"정말 엄청나게 물을 많이 마시는군. 아무래도 우리에게 조개껍데기를 하나 더 줘야겠소."

"이제 거의 다 마셨소."

코요테는 이렇게 대답하곤 다시 머리를 물속으로 집어넣었다. 개구리 부족 사람들은 어떻게 저토록 많은 양의 물을 한꺼번에 마실 수 있는지 의아해 했다. 그들은 코요테가 영 마음에 들지 않았다. 그러다가 혹시 코요테가 물속에서 뭔가 다른 짓을 하고 있는 것은 아닐까 의심하기 시작했다.

물을 되찾다

사실 코요테는 물속에 머리를 담근 채 둑 아래로 구멍을 뚫고 있었다. 재빨리 일을 마무리한 코요테는 머리를 빼고 일어섰다.

"아주 잘 마셨소. 나는 내가 원한 일을 했다오."

코요테가 이 말을 마치자마자 둑이 큰 소리를 내며 무너지더니 물이 계곡 아래로 흐르기 시작했다. 물은 점점 더 흘러넘쳐 시냇물과 강과 폭포를 이루었다.

개구리 부족 사람들은 머리끝까지 화가 났다.

"이보시오, 코요테! 어떻게 우리 물을 몽땅 가져갈 수가 있소?"

코요테는 말도 안 되는 소리를 한다는 듯이 그들을 쳐다보며 이렇게 말했다.

"어느 한 부족이 물을 모두 가진다는 것은 옳지 않소. 물은 원래 모두가 공평하게 가질 수 있는 것이라오. 이제는 모두가 원하는 때에 원하는 만큼의 물을 쓸 수 있게 되었소."

이후로는 누구라도 강 아래에서 마음대로 물을 마시거나 요리할 물을 떠오거나 수영을 할 수 있게 되었다. 물이 다시 모든 사람의 소유가 된 것이다.

코요테가 물속에 머리를 담근 채 둑 아래로 구멍을 뚫고 있다.

옥수수 씨앗을 심은 코요테

다음은 먼 옛날 모든 동물들이 사람들처럼 말을 할 수 있었던 시절의 이야기이다.

칠면조가 준 옥수수 씨앗

하루는 칠면조가 누나에게 먹을 것을 달라고 조르는 한 남자 아이의 소리를 듣게 되었다.

"지금 네 동생이 뭘 달라는 거지?"

칠면조가 묻자 소녀가 슬픈 얼굴로 대답했다.

"동생은 지금 배가 몹시 고픈데 우리에겐 먹을 것이 하나도 없어요."

실제 칠면조의 모습

이 말을 들은 칠면조는 몸 전체를 흔들기 시작했다. 그러자 갖가지 과일과 야채가 몸에서 떨어져 나오는 게 아닌가! 남매는 허겁지겁 음식들을 집어 입에 넣었다. 칠면조가 다시 몸을 흔들자 이번에는 아주 커다란 옥수수 알들이 깃털 사이로 떨어졌다. 칠면조가 세 번째로 몸을 흔들었더니 노란 콩이, 그리고 네 번째로 흔들었을 때는 흰 콩이 나왔다.

칠면조는 남매에게 옥수수 씨앗을 땅에 심으라고 말했다. 그곳은 씨를 뿌리기에 아주 좋은 곳이었다. 오누이는 나뭇가지를 꺾어 땅에 구멍을 파고는 옥수수 씨앗을 심었다. 다음날 아침 이미 옥수수는 키가 한 척이 넘게 자라 있었다. 소녀는 다른 콩의 씨앗과 호박씨도 땅에 심었다.

오누이는 칠면조에게 다른 밭에 심을 옥수수 씨앗을 더 많이 달라고 부탁했다. 칠면조는 남매에게 씨앗을 더 많이 나누어 주었다. 그리고 남매가 다른 밭에 씨를 뿌리러 간 사이에 이미 씨앗을 뿌려 놓은 밭에 남아 그 밭을 지키고 가꾸어 주었다. 칠면조는 사흘 밤낮을 꼬박 옥수수 밭을 지키며 옥수수가 익기를 기다렸다. 나흘째가 되자 옥수수는 다 익었다. 칠면조는 오누이에게 말했다.

"옥수수가 나흘 만에 다 자라는 것은 이번이 마지막이다. 앞으로는 시간이 제법 걸릴 거야."

자기 꾀에 빠진 코요테

남매는 계속해서 옥수수 씨를 심고 가꾸면서 다른 사람들에게도 씨앗을 나누어 주었다. 하루는 교활한 코요테가 와서 씨앗을 좀 달라고 부탁했다. 모든 사람들이 배불리 먹게 되기를 바란 오누이는 기꺼이 씨앗을 나눠 주었다.

옥수수를 심고 가꾸어 먹을 것을 마련하려면 열심히 일해야 했다. 하지만 코요테는 일을 좀 더 쉽게 하는 방법이 없을까 궁리하다가 무릎을 탁 쳤다.

"옳거니, 아예 익힌 옥수수 알을 심으면 요리할 필요 없이 그냥 먹을 수 있겠군."

코요테는 옥수수 알을 모두 익혀서 조금 먹고 나머지는 땅에 심었다. 그러나 코요테의 밭에는 아무것도 자라지 않았다.

코요테는 할 수 없이 옥수수 씨앗을 새로 받아다가 다른 사람들처럼 그대로 밭에 심었다. 하지만 처음부터 올바르게 씨앗을 심었던 사람들은 이미 옥수수를 거둬들여 마당 한 켠에 높이 쌓아두고 있었다. 샘이 난 코요테는 사람들의 호박 밭에서 호박을 훔쳤다.

그러자 이를 눈치 챈 사람들은 코요테가 호박을 훔친 것을 알고 이렇게 말했다.

"앞으로는 우리들 근처에 밭을 만들지 말고 멀리 가서 살아."

"쳇, 호박은 잠시 빌린 것일 뿐인데…… 나중에 옥수수로 갚으려 했다구!"

코요테는 그 후로 쭉 가난하게 살았다고 한다.

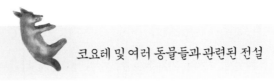
송진 덩어리와 싸운 코요테

송진 덩어리와 싸우다

먼 옛날 항상 말썽만 부리는 코요테 한 마리가 살고 있었다. 코요테는 백인들이 사는 천막에 몰래 들어가서 잠시 머물렀다 가곤 했다. 그리고 밤이면 백인들이 곡식을 심어 놓은 들에 나가 밀 이삭을 훔쳐 가곤 했다. 백인들은 손해가 이만저만이 아니었다.

한 번은 어느 백인이 코요테가 자기 농장의 밀 이삭을 훔치는 것을 보고는 몰래 코요테를 추적했다. 그래서 코요테가 들판에서 주로 다니는 길이 어딘지 잘 알게 되었다.

마을로 돌아온 백인은 곧 마을 사람들을 회의에 소집했다. 사람들은 어떻게 해야 못된 코요테를 혼내 줄 수 있을지 머리를 맞대고 의논했다. 마침내 사람들은 끈적끈적한 송진* 덩어리를 사람 같은 모습으로 만들어 코요테가 다니는 길에 놓아 두기로 했다.

그날 밤 코요테가 밀을 훔치러 오다가 송진으로 만든 사람이 길 한가운데 서 있는 것을 보았다. 진짜 사람이 길을 막고 있다고 생각한 코요테는 이렇게 말했다.

송진(松津)
소나무에서 분비되는 특유의 끈적끈적한 액체이다.

"이봐! 내가 지나갈 수 있게 옆으로 조금만 비켜 줘. 나는 밀을 조금만 가져가면 된단 말이야. 어서 내 말을 듣고 비켜."

하지만 송진으로 만든 사람이 그 말을 알아들을 리 만무했다. 송진 인간은 꿈쩍도 하지 않았다.

"좋다. 네가 그렇게 꼼짝 않고 서서 내 길을 막겠다면 내 주먹맛을 보게 해 줄 수밖에. 지금까지 누구든 내 주먹을 맞고 배겨 내는 녀석은 없었다구."

코요테는 송진 덩어리를 향해 힘껏 주먹을 날렸다. 그의 주먹은 팔꿈치까지 송진에 파묻혀 버리고 말았다.

"아니, 이게 뭐야? 왜 내 손을 잡고 놔주지 않는 거지? 빨리 놓지 않으면 다른 쪽 주먹맛을 보게 해주마."

송진 인간이 자기 팔을 잡고 놓아주지 않는다고 생각한 코요테는 소리를 지르며 다른 쪽 주먹을 쭉 뻗었다. 결국 그쪽 팔도 곧 송진에 붙어 버렸다. 코요테는 이제 뒷발 두 개로만 서 있게 되었다.

송진 인간에게 팔과 다리가 붙어 버려 꼼짝 못하게 된 코요테

"오냐. 네가 그렇게 날 계속 잡고 있겠다면 발길질을 해줄 테다. 그러면 넌 당장 나가 떨어지고 말 걸."

코요테가 힘차게 발길질을 했더니 이번에는 다리도 송진에 붙어 버리고 말았다. 다른 쪽 발은 더 세다며 다시 발길질을 하자 나머지 다리마저 송진에 붙어 버렸다. 이제 마음대로 움직일 수 있는 것은 꼬리뿐이었다.

"내가 꼬리로 널 채찍질하면 네놈은 두 쪽으로 쪼개지고 말 걸. 그러니까 어서 날 놔 달란 말야!"

하지만 아무리 허풍을 떨며 큰소리를 질러도 송진으로 만든 사람은 그냥 가만히 서 있을 뿐 아무런 대꾸도 하지 않았다. 코요테는 꼬리로 송진을 휘갈기려 했지만 꼬리도 송진에 철썩 붙어 버리고 말았다. 그래도 아직 머리는 자유로웠으므로 계속 송진으로 만든 사람에게 소리를 질러 댔다.

"네 목을 물어 죽여 버리기 전에 어서 날 놓아줘!"

송진 인간이 아무 대꾸가 없자 코요테는 그 목을 물었고, 이제 코요테는 입까지 송진에 붙어 버린 채 꼼짝없이 그곳에 매달려 있게 되었다.

회색여우를 이용하다

다음날 아침 농부가 나타나 코요테의 목에 사슬을 두른 다음 송진에서 떼어내어 마을로 끌고 갔다.

"이 놈이 바로 내 곡식을 훔쳐간 놈이야."

백인들은 코요테를 어떻게 할 것인지 의논한 끝에 항아리에 물을 끓이고 그속에 넣어 익혀 죽이기로 했다. 마을 사람들은 코요테를 집 한쪽 구석에 묶어놓고는 큰 솥에 물을 가득 담아 불 위에 올려놓고 끓이기 시작했다.

어떻게 하면 이 위기를 넘길 수 있을까 궁리하던 코요테는 잠시 후 회색여우 한 마리를 발견했다. 회색여우는 농부의 집 주위를 돌아다니며 뭔가 훔칠것이 없나 찾고 있는 중이었다.

"이보시게, 이게 누구신가? 내 사촌 아닌가."

코요테는 반색을 하며 회색여우를 불렀다.

"이리 와 내 말 좀 들어 보시게. 저 커다란 솥 안에는 나를 위해 요리하는 여러 가지 음식들이 잔뜩 들어 있다네."

그 말은 물론 거짓말이었다. 솥 안에는 코요테를 삶을 물만 끓고 있었다.

"저 속에는 감자도 있고 빵과 커피와 여러 가지 음식이 들어 있다구. 이제 곧 요리가 다 되면 저기 저 백인들이 내게 갖다 줄 거란 말일세. 혼자 먹기엔 너무 많으니 같이 먹도록 하세. 그런데 그 전에 내가 덤불 뒤에 가서 소변 좀 보고 올 동안 이 사슬 좀 대신 목에 두르고 있어 주겠나. 내가 워낙 급해서 말이야."

깜빡 속은 회색여우는 그러겠다고 하고는 코요테의 목에서 사슬을 벗겨 자기 목에 둘렀다. 코요테는 천천히 덤불 뒤로 걸어가서는 있는 힘껏 달려 도망쳤다. 잠시 후 물이 펄펄 끓기 시작하자 백인들이 회색여우에게로 왔다.

"이 녀석 몸집이 좀 작아진 것 같은데. 어떻게 된 일이지? 끓는 물에 들어갈 일을 걱정하다 줄어들었나 보군."

백인들은 회색여우를 들어 솥 안으로 던져 넣어 버렸다. 여우는 온몸이 뜨거워 죽을 지경이었다. 회색여우의 목덜미와 귀, 다리의 털이 지금까지도 붉은색인 것은 이때 뜨거운 물에 털을 데었기 때문이라고 한다.

사람들은 회색여우를 솥에서 꺼내어 목의 사슬을 벗겨 내고 나무 아래로 던져 버렸다. 여우는 저녁 때까지 꼼짝 않고 거기 누워 있었다. 아직 살아 있었던 것이다.

한참 후 어두워지고 날이 서늘해지자 일어나 뒤도 안 돌아보고 도망쳤다.

실제 회색여우의 모습

꾀보 코요테

코요테에게 속은 것을 안 회색여우는 화가 나서 코요테를 찾아다녔다. 회색여우는 코요테가 한밤중에 샘으로 물을 마시러 간다는 것을 알고는 미리 그 샘물로 가서 나뭇가지 틈에 몸을 숨겼다. 언제나처럼 코요테는 한밤중이 되자 물을 마시러 샘에 나타났다. 그런데 물을 마시기 위해 머리를 물속에 넣자마자 회색여우가 나타나 달려들었다.

"네가 감히 날 속여? 이제 내가 네놈을 죽여 씹어 먹어 버리고 말 테다."

그때 하늘에는 환한 달이 떠 있었고, 그 달의 그림자가 샘물 위에 비치고 있었다. 코요테는 달그림자를 가리키며 말했다.

"저 샘물 아래 맛있는 빵이 있는 게 안 보여? 우리 둘이 함께 저 맛있는 빵을 나눠 먹을 수 있는데 그런 무서운 소리하지 말게나. 이 샘물을 모두 마셔버리기만 하면 저 빵을 꺼내서 배가 터지도록 먹을 수 있다구."

또다시 깜빡 속은 여우는 코요테와 함께 물을 마시기 시작했다. 코요테는 마시는 시늉만 했지만 회색여우는 물을 엄청나게 마셔 댔다. 여우의 배는 곧 크게 부풀어 올랐고 몸은 차가워졌다.

"이보게, 사촌. 내 가서 자네에게 걸칠 담요나 누더기 조각이 있는지 찾아보고 오겠네. 기다리게."

코요테는 이렇게 말하고 곧장 도망가 버렸다.

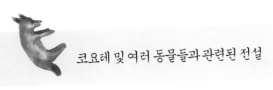
들고양이가 스라소니가 된 까닭

토끼를 잡으러

들고양이의 모습

포악하고 비열한 들고양이 한 마리가 있었다. 짧은 꼬리와 크고 길다란 날카로운 발톱을 가진 이 들고양이는 먹잇감으로 토끼를 가장 좋아했다.

어느 날 들고양이는 배가 고파 이렇게 중얼거렸다.

"가서 위대한 토끼를 잡아먹어야겠어. 위대한 토끼는 통통하고 영리해서 내 저녁식사로는 안성맞춤이지."

그리고는 토끼 사냥을 하러 나갔다.

주술사인 위대한 토끼는 멀리 떨어져 있어도 누가 무슨 생각을 하는지 알 수 있는 능력이 있었다. 그래서 들고양이가 자기를 잡으러 오는 것을 알아차리고는 나뭇조각을 한 무더기 주워 앞에 펼쳐 놓고 그것을 타 넘기 시작했다. 주술사인 토끼는 그것을 한 번 타 넘을 때마다 아무 흔적도 남기지 않고 1km를 갈 수 있었다. 그렇게 토끼는 멀리 달아나기 시작했다.

들고양이는 세상 끝까지라도 토끼를 따라갈 작정이었다. 그래서 길고 아름다운 자기 꼬리를 걸고 맹세했다.

"만약 내가 위대한 토끼를 잡지 못하면 이 길고 아름다운 꼬리 대신 짧고 뭉툭한 꼬리를 달고 다닐 테다."

들고양이가 토끼를 찾아 1km를 따라가자 처음으로 토끼의 흔적을 발견할 수 있었다. 다시 1km를 가자 더 많은 흔적들이 보였다. 들고양이는 주술을 부릴 수는 없었지만 끈기는 있었다. 그래서 계속 토끼를 뒤쫓았다.

토끼에게 속다

들고양이는 점차 토끼를 따라잡았다. 토끼는 점점 지쳤고 날까지 어두워졌다. 토끼는 눈 덮인 평원에 도착했다. 거기에는 조그만 가문비나무* 말고는 아무것도 없었다. 토끼는 눈 위를 뛰어다니며 주술을 외워 가문비나무로 침대와 의자를 만들었다.

잠시 후 그곳에 도착한 들고양이는 아주 크고 훌륭

가문비나무
깊은 산의 능선에 자라는 소나무과의 일종인 나무이다.

한 천막으로 된 집을 발견했다. 안을 들여다보자 나이가 지긋하고 엄하면서도 강해 보이는 추장이 앉아 있었다. 두 귀가 유난히 긴 것이 조금 이상했지만 들고양이는 크게 신경 쓰지 않고 물었다.

"위대한 추장님! 혹시 아주 큰 토끼 한 마리가 정신없이 도망치는 것을 보지 못하셨나요?"

"토끼라고? 물론 보았다네. 이 근처에는 토끼가 아주 많거든. 하지만 급할 것 없지. 이미 밤이 깊었으니 여기서 쉬고 내일 잡도록 하게. 보다시피 난 늙고 외롭다네. 자네 같이 젊고 훌륭한 이가 함께 시간을 보내 준다면 정말 고맙지. 내 맛있는 토끼 수프를 대접할 테니 오늘 밤 여기서 묵었다 가시게나."

추장의 말에 들고양이는 우쭐해져서 그렇게 하기로 했다. 들고양이는 토끼 수프를 맛있게 먹고 모닥불 옆에서 잠이 들었다. 그런데 새벽에 추워서 일어나 보니, 천막도 모닥불도 추장도 온데간데없고 자기 혼자 넓고 황량한 눈 덮인 평원 한가운데 덩그러니 누워 있는 게 아닌가! 모든 것이 위대한 토끼가 주술을 써서 만들어 낸 환영인 것을 깨달은 들고양이는 온몸을 부들부들 떨며 분개했다.

"그놈의 토끼가 날 속였구나. 가만 두지 않겠어. 내 꼬리를 걸고 맹세컨대, 내 그놈을 잡아 죽여서 먹어 치우고 말 테다!"

위대한 토끼는 또다시 한 번에 1km씩 도망갔고 들고양이는 그 뒤를 쫓았다. 밤이 되자 토끼는 다시 멈추어 작전을 짰다. 이번에는 넓은 대지를 뛰어다니며 소나무 가지를 많이 뿌렸다.

들고양이가 그곳에 도달했을 때 커다란 마을에서 많은 사람들이 바삐 움직이고 있는 것을 보았다. 사람들은 모두 흰색 칠을 한 나무로 지은 교회 안으로 들어서고 있었다. 들고양이 역시 그들을 따라 교회 안으로 들어갔다.

머리가 희끗희끗한 목사가 설교를 하고 있었다. 목사의 모자 양끝으로 보이는 귀가 유난히 긴 것이 조금 이상했지만 들고양이는 크게 신경 쓰지 않았다. 길고 지루한 설교가 끝나자 들고양이는 목사에게 다가가 물었다.

"혹시 이 근처에서 위대한 큰 토끼를 보지 못하셨나요?"

"글쎄요. 잘 모르겠는데요. 하지만 저 건너편 천막에 살고 있는 지혜로운 족장에게 물어 보세요. 그는 모르는 게 없지요."

들고양이는 천막으로 가서 지혜로운 족장을 만났다. 머리 양쪽에 길고 하얀 덮개를 하고 있는 족장은 들고양이에게 물었다.

"무엇 때문에 왔는가, 젊은이?"

"저는 위대한 토끼를 찾고 있습니다."

"위대한 토끼를 찾기란 아주 힘들지. 내가 도와주겠네. 오늘은 밤이 깊었으니 여기서 쉬도록 하게. 내 딸들이 자네에게 훌륭한 음식을 대접할 걸세."

아름다운 족장의 딸들은 들

족장의 딸들에게 훌륭한 음식 대접을 받는 들고양이

고양이에게 여러 가지 음식을 가져다 주었다. 배가 몹시 고팠던 들고양이는 음식 그릇을 깨끗이 비우고 곧 화로 옆에서 졸기 시작했다. 족장의 딸들은 그에게 두껍고 흰 곰가죽을 가져와 덮어 주었다.

하지만 다음날 들고양이가 깨어 보니 축축하고 안개 낀 삼나무 숲속에 혼자 있을 뿐, 마을도 족장의 딸들도 없었다. 게다가 얼음 같이 차가운 늪 속에 발이 무릎까지 빠져 이루 말할 수 없이 추웠다. 들고양이는 너무 분해서 자기 꼬리와 이빨과 발톱을 걸고 맹세했다.

"내 기필코 그 토끼를 잡아 죽이고 말 테다."

하루 종일 토끼를 뒤쫓던 들고양이는 그날 밤 많은 사람들이 모여 연회를 열고 있는 큰 집에 도착했다. 제일 상석에는 머리 양쪽 끝에 두 개의 희고 긴 가죽을 뒤집어쓴 족장이 앉아 있었다. 토끼를 뒤쫓느라 지치고 숨이 가빠진 들고양이는 헉헉거리며 크고 위대한 토끼를 보았는지 물었다. 족장은 연회 중이라면서 들고양이에게 잠시 쉬며 연회에 참석할 것을 권했다. 사람들은 돌아가며 노래를 부르고 있었다. 잠시 후 족장이 들고양이를 가리키며 말했다.

"저 손님 노래 실력이 대단할 것 같은데. 어떻소, 노래로 우리 연회를 빛내주지 않겠소?"

들고양이는 일어나 노래를 부르기 시작했다.

커다란 토끼여! 내가 너를 얼마나 증오하고 경멸하는지,

내가 너를 얼마나 싫어하고 무시하는지 아는가!

노래를 들은 족장은 훌륭한 노래라고 칭찬하더니 보답을 하겠다며 자리에서 일어났다. 그리고는 펄쩍 뛰어 들고양이의 머리 위를 넘어가며 돌도끼로 머리를 내리치고는 한 번에 1km씩이나 뛰는 잽싼 걸음으로 멀리 도망가 버리고 말았다.

그 순간 모든 것이 사라져 버렸다. 연회장도 사람들도 모두 사라졌다. 이번에도 토끼의 주술에 속은 것을 안 들고양이는 토끼를 뒤따라가려 했지만 돌도끼에 머리를 맞아 생긴 상처 때문에 기운을 쓸 수가 없었다. 들고양이는 화가 머리끝까지 치솟았다.

"내 반드시 이놈을 잡아 죽이고 말 테다. 이번엔 내 목숨을 걸겠어. 다시는 주술 따위에 속지 않을 거야."

마지막으로 속다

힘겹게 토끼를 뒤쫓던 들고양이는 다시 밤이 되어 멋진 천막집 두 채를 발견했다. 나이 많고 온화해 보이는 노인과 그의 아름다운 딸들이 사는 천막집이었다. 노인의 머리 양쪽에도 길쭉한 가죽 덮개가 두 개 씌어져 있었다. 노인은 들고양이에게 맛있는 포도주를 대접하겠다며 쉬었다 가기를 권했다.

하지만 들고양이는 '이번에도 위대한 토끼가 주술을 부리는 것이 아닐까' 하는 의심이 생겨 말했다.

"노인의 머리 양쪽에 씌워진 가죽 덮개가 꼭 토끼 귀 같군요."

"뭐라고? 우리 부족은 누구나 이렇게 생긴 가죽 덮개를 쓰고 다니지."

"아, 그렇군요. 그런데 코는 왜 토끼 코처럼 양쪽으로 갈라져 있는 거죠?"

"얼마 전 돌로 구슬을 자르려고 하다가 그만 돌조각이 내 코로 날아와 이렇게 되고 말았다네. 아주 운이 나빴지."

"저런! 그런 일이 있었군요. 그런데 왜 발은 토끼처럼 노란색인가요?"

"그건 담배즙이 스며서 내 발이 이렇게 노랗게 물든 것이라네."

그 말을 들은 들고양이는 의심을 거두었다.

노인은 딸들에게 들고양이의 상처를 돌봐 주고 얼굴도 씻겨 주라고 시켰다. 그리고는 맛있는 음식과 포도주를 주어 기운을 차리게 했다. 환대를 받고 잘 먹은 들고양이는 편히 잠들었다.

하지만 다음날 아침 들고양이는 또다시 속은 것을 알고 가슴을 쳤다. 먹은 음식은 토끼의 배설물이었고, 포도주는 토끼의 오줌이었던 것이다. 이제 들고양이는 위대한 토끼가 미워 죽을 것만 같았다.

토끼의 공격

들고양이가 죽을힘을 다해 토끼를 뒤따라가자 토끼는 마지막 남은 힘을 다해 주술을 부렸다. 토끼는 커다란 호수로 가서 나뭇조각들을 물 위에 던지고는 백인들이 만든 것 같은 거대한 배로 변하게 했다. 배에는 돛대가 세 개나 있었고 형형색색의 깃발들이 걸려 있었다. 배 양쪽으로는 각기 대포가 세 대씩 일렬로 놓여 있었다.

들고양이가 호수에 도착했을 때 머리 양쪽에 흰 솜털이 장식된 크고 멋진 모자를 쓴 선장이 커다란 배 위에 있는 것을 발견했다. 들고양이는 흥분해서 소리쳤다.

"난 네가 누군지 알아. 너는 프랑스인 선장이 아냐. 너는 위대한 토끼야. 내가 당장 너를 잡아 죽이고 말테다."

들고양이는 호수로 뛰어들어 배를 향해 헤엄쳐 갔다. 그러자 선장으로 변신한 위대한 토끼는 선원들에게 소총과 대포를 발사하라고 명령했다. 대포알이 날아와 바로 눈앞에 떨어지고 총알이 바로 얼굴 옆을 스쳐 지나가자 들고양이는 놀라서 정신을 차릴 수가 없었다. 백인들의 무기를 처음 겪어 본 그는 너무나 겁에 질려 당장 물가로 되돌아갔다. 그리곤 걸음아 날 살려라 줄행랑을 쳤다. 자기의 꼬리를 걸고 맹세를 했으므로 꼬리는 당장 떨어져 나가고 말았다. 그 후로 들고양이들은 짧고 뭉툭한 꼬리를 가지고 살게 된 것이다.

선장으로 변신한 토끼 부대가 들고양이에게 소총과 대포를 발사하고 있다.

사랑을 위해 목숨을 버린 처녀

전염병

아주 먼 옛날 멀트노마 부족의 족장에게는 예쁘고 착한 딸이 하나 있었다. 족장에게는 아들도 여럿 있었지만 전쟁에서 모두 잃은 데다가 이제는 나이도 많아 더 이상 자식을 얻기 어려웠다. 그래서 그는 하나 남은 딸을 무척이나 사랑했다. 딸에게 어울리는 사윗감을 고르느라 노심초사 하던 족장은 마침내 이웃 부족의 젊은 족장을 사위로 삼기로 결정하였다.

결혼식에는 여러 부족의 사람들이 많이 참석했다. 결혼식 축제는 여러 날 동안 계속되었다. 활쏘기 대회와 경마 시합이 열리고, 강가에서는 수영과 카누 시합도 벌어졌다. 축제에 걸맞게 춤판도 벌어졌다. 맛있는 음식은 끊이지 않고 제공되었다. 사람들은 아름다운 신부와 신랑을 좋아했으므로 모두들 즐거워했다.

그러나 결혼식 축제가 채 끝나기도 전에 갑작스런 불행이 찾아왔다. 전염병이 온 마을을 덮친 것이다. 아이들이 가장 먼저 희생되었다. 그 다음 건장한 젊은이들이 갑자기 병에 걸려 죽어 갔다. 아이와 남편을 잃은 여자들의 울음소리가 온 마을에 울려 퍼졌다. 행복과 기쁨은 한순간에 슬픔과 애통함으로 바뀌고 말았다.

"위대한 영혼이 분노하신 게 분명해."

부족 사람들은 서로 수군거리며 말했다. 온 마을이 술렁거리자 늙은 족장은 노인들과 전사들을 불러 모아 물었다.

"위대한 영혼의 분노를 가라앉히려면 어떻게 하는 게 좋겠소? 의견들을 말해 보시오."

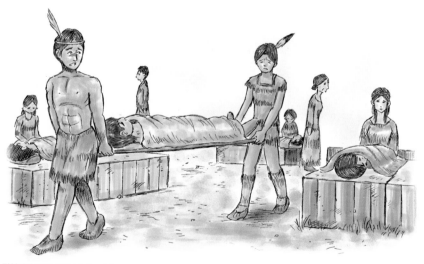

전염병에 걸려 죽어 나가는 마을 사람들의 모습

세계적 절경으로 유명한 멀트노마 폭포
전설에 나오는 추장의 딸은 이 절벽에서 뛰어내린 것으로 알려져 있다.

하지만 어느 누구도 선뜻 대답하지 못했다. 한참 후 침묵을 깨고 치료사 노인이 말했다.

"우리가 할 수 있는 일이 무엇이 있겠습니까. 만약 우리가 죽는 것이 위대한 영혼의 뜻이라면 우리는 용감히 죽음을 맞이해야겠지요. 우리 멀트노마족은 용감한 사람들이니까요."

사람들은 모두 어두운 표정으로 고개를 끄덕였다. 하지만 부족 사람들 중 가장 나이가 많은 노인만은 예외였다.

산너머에 사는 이 노인은 결혼식과 축제에는 참석하지 않았고, 다만 족장의 부름을 받아 모임에 참석하기 위해 온 것이었다. 노인은 지팡이에 의지한 채 천천히 일어나 낮고 떨리는 목소리로 말했다.

"여러분, 나는 이제 나이가 아주 많소. 지나치게 오래 살았죠. 왜 이렇게 오래 사나 생각했는데 이제 그 이유를 알 것 같군요. 아주 오래 전 우리 멀트노마족의 위대한 치료사이셨던 내 아버지께서 내게 비밀 한 가지를 말씀해 주셨어요. 아버지께서 지금의 나처럼 나이가 많았을 때 이렇게 말씀하셨답니다. '내가 늙었을 때 위대한 영혼이 우리 부족에게 큰 질병을 내릴 거'라고 말이지요. 그리고 제물을 바치지 않으면 모두 죽게 될 거라고 하셨답니다."

사람들은 모두 놀라 웅성거리기 시작했다.

"제물이라니? 어떤 제물을 바쳐야 한단 말이요?"

추장이 물었다. 노인은 계속해서 말했다.

"우리 부족 처녀들 중에, 특히 족장의 딸들 중에 젊고 순결한 처녀가 부족을 위해 제물이 되어야 합니다. 혼자서 큰 강 위에 있는 아주 가파른 언덕으로 올라가 절벽 아래로 몸을 던져야 해요. 그렇지 않으면 질병은 사라지지 않을 것입니다."

말을 마친 노인은 잠시 쉬었다가 이렇게 말했다.

"이제야 아버지께서 말씀하신 비밀을 모두에게 알렸으니 편히 죽을 수 있겠군요."

노인이 자리에 앉은 후 사람들은 아무 말도 하지 않았다. 한참이 지난 후 마침내 족장이 고개를 들고 말했다.

"가서 아버지나 할아버지가 족장이었던 처녀들을 모두 불러 모아 오너라."

곧 수십 명의 처녀들이 족장 앞으로 불려 왔다. 족장은 처녀들을 둘러보았다. 그 중에는 눈에 넣어도 아프지 않을 자기의 사랑스런 딸도 보였다. 족장은 노인에게서 들은 비밀을 처녀들에게 전하고는 한참 동안 처녀들의 얼굴을 하나하나 쳐다보았다. 그러더니 갑자기 몸을 돌려 주술사들과 전사들을 바라보며 이렇게 말했다.

"모두에게 알려라. 모두들 장렬히 죽음을 맞이하라고 전하라. 이 중 어느 누구도 제물로 바칠 수는 없다."

한참 동안 침묵이 흘렀다.

"이것으로 회의를 마치겠다. 모두 해산하라."

전염병은 계속해서 마을 전역으로 퍼져나갔다. 그리고 점점 더 많은 사람들이 죽어 갔다. 족장의 딸은 자기가 위대한 영혼에게 바쳐질 제물이 되어 마을 사람들을 구해야 하지 않을까 생각하기도 했다. 하지만 그녀는 남편이 될 젊은 추장을 너무나 사랑했기 때문에 그의 곁에서 오래도록 행복하게 살고 싶은 소망이 있었다.

스스로 제물이 되다

며칠이 더 지나자 젊은 추장에게도 전염병의 증상이 나타나기 시작했다. 이제 족장의 딸은 자기가 할 일이 무엇인지를 잘 알게 되었다. 그녀는 온몸이 열로 뜨거운 젊은 족장의 얼굴을 차가운 물수건으로 식혀 주고 밤새도록 정성을 다해 그를 돌보았다. 아침이 되자 그의 곁에 물 한 사발을 떠 놓은 다음 아무도 모르게 조용히 혼자서 마을을 빠져나갔다.

족장의 딸은 하루 종일 큰 강을 찾아 부지런히 걸어간 끝에 늦은 밤이 되어서야 강이 내려다보이는 절벽에 도착했다. 잠시 숨을 돌린 그녀는 한참 동안 절벽 아래의 뾰족한 바위들과 거센 물결을 바라보며 서 있었다. 이윽고 마음을 정한 그녀는 두 팔을 높이 들고 하늘을 바라보며 위대한 영혼에게 큰 소리로 기도하기 시작했다.

"위대한 영혼이여! 당신은 우리 부족에게 화가 나신 것입니까? 제가 목숨을 바치면 진노를 거두고 우리 부족에게서 질병을 거두어 가실 건가요? 만약 제가 우리 부족을 위한 제물이 될 운명이라면 제게 징표를 보여 주세요. 제가 헛되이 죽는 것이 아니라는 걸 알려 주세요. 그러면 기꺼이 저를 제물로 바치겠습니다."

바로 그 순간 달이 강 위에 있는 나뭇가지 사이로 재빨리 떠오르는 것이 보였다. 그것이 징표임을 알아차린 족장의 딸은 눈을 감고 미소를 머금은 채 절벽 아래로 뛰어 내렸다.

다음날 아침 멀트노마 부족 가운데 죽을 줄만 알았던 전염병 환자들이 모두 기운을 차리고 일어났다. 마을은 다시 기쁨으로 가득 찼고, 집집마다 웃음소리가 바깥까지 들렸다.

그때 누군가 말했다.

"어째서 갑자기 전염병이 사라진 거지? 혹시 족장의 딸들 중 한 명이 스스로 제물이 된 게 아닐까?"

남편을 위해 절벽 아래로 뛰어 내리는 족장의 딸

족장은 다시 한 번 족장을 아버지나 할아버지로 둔 처녀들을 불러 모았다. 그런데 그 중에 자기 딸의 얼굴이 보이지 않았다.

족장은 급히 큰 강으로 가는 길을 따라 달렸다. 사위가 되기로 했던 젊은 족장도 그 뒤를 따랐다. 마을 사람들도 모두 두 사람을 따라 큰 강으로 갔다. 그들은 큰 강의 높은 절벽 아래에서 부족원 모두가 사랑했던 족장의 딸을 발견했다. 족장은 그곳에 딸을 묻었다.

그런 다음 족장은 위대한 영혼에게 기도했다.

"위대한 영혼이시여! 제 딸이 잘 지내고 있다는 징표를 보여 주십시오."

그 말이 떨어지기가 무섭게 강 위에서 무슨 소리가 들렸다. 모두들 절벽 위를 올려다 보았다. 은빛으로 반짝이는 물이 커다란 바위를 타고 흘러내리고 있었다. 그 물은 방울방울 사람들이 서 있는 바로 앞으로 흘렀고, 곧 그 물줄기는 높고 아름다운 폭포 아래로 떨어지기 시작했다. 기도의 응답을 받은 족장의 두 눈에서는 뜨거운 눈물이 흘러 나왔다. 젊은 족장 사위도 가슴이 먹먹해 오는 것을 느끼며 가만히 서 있었다.

그 후로 여름마다 그 은빛 물은 절벽 아래 큰 강으로 계속해서 흘러내렸다. 겨울이 되면 가끔씩 용감하고 아름다운 족장의 딸의 영혼이 폭포에 나타날 때도 있었다. 흰 옷을 입은 채 폭포의 가장자리에 있는 나무 사이에 서 있는 아름다운 처녀의 모습을 보았다는 사람도 있다. 처녀는 그곳에 서서 자기 부족과 자신이 사랑하던 사람을 구하기 위해 스스로를 희생한 곳을 가만히 지켜보았다고 한다.

정조를 지킨 아내와 속임수를 쓴 친구

오래 전 아파치 부족*에 두 젊은이가 있었다. 한 명은 추장의 사위인 '푸른 매'였고 다른 한 명은 그의 친구인 '붉은 매'였다. 당시 아파치 부족은 멀리 떨어진 곳에 사는 무시무시하고 위험한 부족과 전투를 벌이고 있었다.

아파치족(Apache)

미국의 남서부에 사는 인디언 종족으로 백인의 침략에 대해 용감히 맞서 싸운 종족으로 유명하다.

푸른 매와 붉은 매의 내기

어느 날 푸른 매와 붉은 매는 적진으로 가서 적들의 머리 껍질을 벗겨 오기 위해 짐을 싸서 말에 싣고 먼 길을 떠났다. 하루 종일 먼 길을 달린 두 사람은 밤이 되자 모닥불을 피우고 야영을 했다. 집에 두고 온 가족과 앞으로 닥칠 일들에 관해 두런두런 이야기를 나누는 가운데 밤은 점점 깊어 가고 있었다.

그때 아직 결혼하지 않은 붉은 매가 친구 푸른 매에게 말했다.

"남편이 멀리 떠난 오늘 같은 날이면 아내들은 다른 남자와 잠자리를 가지지. 그건 아마 네 아내도 마찬가지일 거야."

푸른 매가 단호하게 고개를 저으며 대답했다.

"내 아내는 정숙한 여자야. 다른 모든 여자들이 그렇게 한다 해도 내 아내는 절대 그럴 사람이 아니지. 난 아내를 믿어."

친구의 단호한 태도에 오기가 생긴 붉은 매가 말했다.

"내가 오늘 밤 마을로 돌아가서 네 아내와 잠자리를 가질 수도 있다구!"

푸른 매는 어이가 없다는 듯이 말했다.

"이봐, 친구! 내 아내는 너를 받아들이지 않을 거야."

"아냐. 난 확신해! 난 할 수 있어."

"좋아. 우리 내기를 해 보자!"

두 사람은 자기들이 가진 전 재산을 걸고 내기를 하기로 했다.

붉은 매는 당장 마을로 돌아가 푸른 매의 집 주변을 어슬렁거렸다. 푸른 매의 아내가 집 바깥에 나와 앉아 있는 것이 보였다. 그녀는 붉은 매가 아무리 추파를 던져도 그를 쳐다보지도 않았다.

'과연, 푸른 매의 말대로 정숙한 여자로군.'

붉은 매의 속임수

내기에 져서 전 재산을 잃을 것이 두려
워진 붉은 매는 궁리 끝에 마을에 사는 잘
아는 노파에게로 갔다. 노파에게 친구와
내기를 한 일과 그간 있었던 일을 모두 털
어놓고 도움을 청했다.

아파치인들의 모습

"내가 그녀와 잘 수 없다면 그녀의 벗은
몸이라도 봐야겠소. 그것도 어렵다면 노
파가 가서 그녀의 몸을 보고 남들이 알지
못하는 특징이 무엇인지 내게 가르쳐 주시오. 사례는 톡톡히 하겠소이다."

노파는 알겠다고 대답하고 지팡이에 몸을 의지한 채 집을 나섰다.

노파는 다 헤진 신발을 신고 누더기 옷을 입은 채 지팡이를 짚고 절뚝거리
며 푸른 매의 집 앞을 지나갔다. 그 모습을 본 푸른 매의 아내는 노파를 불쌍
하게 여겨 집 안으로 불러들였다. 그리고는 맛있는 음식을 대접하고 몸을 씻
게 한 다음 집 한구석에 잠자리를 마련해 주어 하룻밤 쉬어 가게 배려해 주었
다. 밤이 되자 노파는 자는 척하면서 그녀의 벗은 몸을 엿보았다.

푸른 매의 아내의 배 한가운데에 길게 땋은 금발의 털이 나 있었는데 밤이
면 그것을 풀어헤쳐 잘 빗은 다음 다시 꼬아서 자기 몸을 다섯 번 휘감았다.
그리고 그녀가 뒤돌아섰을 때 노파는 등에 검은 점이 있는 것을 보았다.

아침이 되자 노파는 잠자리에서 일어나 감사를 표한 다음 집으로 돌아가 기

배에 난 금발의 털을 꼬고 있는 아내와 이를 엿보는 노파의 모습

다리고 있던 붉은 매에게 이 모든 사실을 알려 주었다. 붉은 매는 즉시 친구인 푸른 매에게 가서 이렇게 말했다.

"이봐, 친구! 지난밤에 난 네 아내와 자고 왔다구."

물론 푸른 매는 믿으려 들지 않았다. 그러나 붉은 매가 노파에게서 들은 것을 그대로 말하자, 푸른 매는 고개를 떨군 채 아무 말도 할 수 없었다.

'정말 내 아내와 자지 않았다면 그가 이 사실을 어떻게 알겠어.'

잠시 후 그는 고개를 들고 친구에게 말했다.

"친구로서 맺은 약속을 지키겠네. 지금 집으로 돌아가서 집과 돈, 말, 가축들을 모두 다 주겠어."

푸른 매는 그날 밤 당장 집으로 돌아가 전 재산을 붉은 매에게 주었다. 그리고는 커다란 가죽 가방을 준비해 돈과 식량, 요리 도구를 넣은 다음 아내에게 그 속에 들어 가라고 했다.

"우린 지금 평야로 즐거운 여행을 떠날 거요. 그러니 당신은 가장 좋은 옷을 입고 이 가방 속에 들어 가도록 해요. 뜨거운 햇빛에 당신 피부가 상할까 두려워 그러오."

푸른 매는 가방을 마차에 싣고 여행을 떠났다. 그리고 처음으로 만난 커다란 강에다 아내가 든 가죽 가방을 던져 버리고 마을로 돌아왔다. 모두들 푸른 매의 아내가 어디에 갔는지, 왜 모든 재산을 붉은 매에게 주었는지 궁금해 했지만 그는 아무 말도 하지 않았다. 그의 아버지는 갑자기 전 재산을 남에게 주어 버린 것에 화를 내며 그를 가두어 버렸다.

한편 그가 가죽 가방을 버렸던 강에서는 한 어부가 고기를 잡고 있었다. 어부는 커다란 가죽 가방을 건져 올렸다. 그런데 그 속에 아주 예쁜 여자가 들어 있는 것이 아닌가. 그는 여자를 자기 집으로 데려 가려고 했다. 그러나 여자는 가기 전에 자기와 옷을 바꿔 입자고 했다. 여자가 입고 있던 옷은 아주 값비싼 것이어서 기꺼이 그렇게 했다.

돌아온 아내

당시 어부가 속한 부족은 전쟁을 준비하고 있었다. 남자 옷을 입은 푸른 매의 아내는 다음날 아침 전쟁에 참여하러 갔다. 가는 도중 만난 남자들은 이 낯설고 잘생긴 이방인을 보고 꼭 여자 같다고 수군거렸다.

남자들은 그녀에게 접근해서 남자인지 여자인지 알아내려 했지만 그녀는 자신은 주술사라며 다른 사람들과 천막을 따로 써야 한다고 주장했다. 남자들은 차례차례 밤마다 그녀의 천막으로 와서 함께 자면서 그녀가 남자인지 여자인지 알아보려 했지만 그녀는 결코 잠들지 않았다. 그들은 결국 그녀의 정체를 알아내지 못했다.

마침내 부족은 적의 영토에 도착했고 여자는 가지고 온 독약을 써서 부족이 승리하는 데 큰 도움을 주었다. 추장은 그녀에게 고마워하며 그녀가 원래 살던 마을로 그녀를 데려다 주었다.

추장과 함께 마을에 도착한 푸른 매의 아내는 입고 있던 남자 옷을 벗고 원래대로 정숙한 아내의 모습으로 되돌아왔다. 깜짝 놀란 마을 사람들에게 그녀는 남편인 푸른 매를 데려 오라고 했다. 푸른 매는 너무나 쇠약하고 슬픈 모습으로 변해 있었다. 그녀는 남편을 안고 한참을 울었다.

"당신이 붉은 매에게 속았어요. 단지 내 몸을 안다는 말만 듣고 그를 믿다니요. 내가 당신만 사랑하는 것을 잘 알고 있잖아요. 자, 이제 가서 그 교활한 노파와 붉은 매를 잡도록 해요."

그녀는 추장에게 당장 노파와 붉은 매를 잡아오게 한 다음 야생마의 꼬리에 묶었다. 그런 다음 말을 풀어놓자 야생마는 길길이 뛰고 달려 두 사람을 갈갈이 찢어 죽이고 말았다.

'버다치'와 '두 정신'

북아메리카 북부에 있는 인디언 마을들에는 '버다치(Berdache)'라고 불리는 사람들이 살고 있었다. 이는 생물학적으로는 남성이면서 여성의 역할을 하거나, 그 반대로 몸은 여성이면서 남성의 역할을 하고 있는 사람들을 지칭하는 말이다.

이런 버다치들을 처음으로 발견한 사람은 16세기 이후에 활동한 스페인계 선교사들이나 프랑스계 캐나다인들이었다. 이들 선교사들은 북아메리카 북부의 마을들에서 분명 남자같이 보이는데 여성의 옷을 입고 다니면서 밥을 짓거나 빨래를 하고 아기를 돌보는 등 여성의 일을 하고 있는 사람들을 발견하였다.

당시 스페인 본토에서는 가톨릭의 타락에 의한 마녀사냥과 남색자 처벌이 널리 행해지고 있었기 때문에 선교사들은 이들 역시 악마의 아들딸이자 남색을 하는 범죄자라고 여기고 잡아 죽였다. 이후로 '버다치'라는 말이 유럽에 전해져서 이것이 유럽에서는 동성애자들의 파트너를 일컫는 말로 사용되었다고 한다.

1993년에 몇몇 인류학자들과 인디언 학자들은 동성애를 함축하는 '버다치'라는 말 대신 Two-Spirits, 즉 '두 정신'이라는 용어를 써서 인디언 사회의 복잡한 섹슈엘리티를 표현할 것을 제안하였다.

LEGEND OF THE WORLD

중남미의 전설 여행

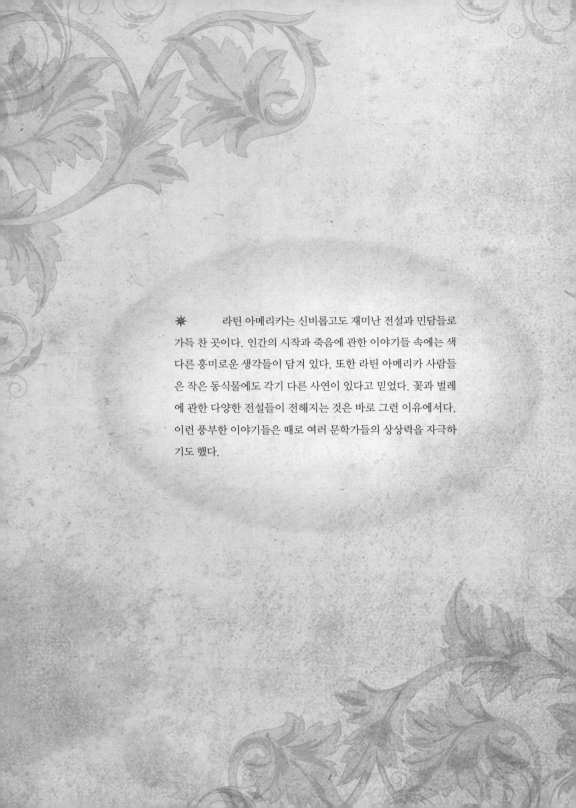

✳   라틴 아메리카는 신비롭고도 재미난 전설과 민담들로 가득 찬 곳이다. 인간의 시작과 죽음에 관한 이야기들 속에는 색다른 흥미로운 생각들이 담겨 있다. 또한 라틴 아메리카 사람들은 작은 동식물에도 각기 다른 사연이 있다고 믿었다. 꽃과 벌레에 관한 다양한 전설들이 전해지는 것은 바로 그런 이유에서다. 이런 풍부한 이야기들은 때로 여러 문학가들의 상상력을 자극하기도 했다.

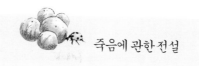

세상에 죽음이 들어 온 이유

엉뚱한 것을 경배해서 얻은 죽음

아주 오래 전 모든 세상을 창조한 신은 인간에게 영생을 선물로 주고 싶어서 인간들에게 이렇게 말했다.

"너희는 강으로 가서 카누 세 개가 떠내려 오는 것을 기다려라. 그 중 세 번째 카누에 내가 앉아 있을 테니 나를 공손히 맞아 경배하라."

인간들은 신이 말한 대로 강으로 가서 카누를 기다렸다. 잠시 후 첫 번째 카누가 떠내려 왔다. 썩은 물고기가 가득 담겨 역겨운 냄새를 풍기고 있었다. 사람들은 말했다.

"저건 아마 죽음일 거야."

잠시 후 카누가 또 하나 떠내려 왔다. 그 안에는 사람처럼 생긴 것이 앉아

카누의 모습
통나무를 파서 길쭉한 모양으로 만든 원시적인 배로 중남미뿐만 아니라 세계
각지에서 여러 가지 모양으로 만들어진 카누가 사용되었다.

있었다. 사람들은 또 말했다.

"세상을 창조한 큰 신이 틀림없어."

카누가 강가에 닿자 사람들은 모두 내려와 진심으로 경배하고 그것을 마을로 가져가 극진히 대접했다. 자기들이 데려간 것이 죽음일 거라고는 아무도 생각하지 못했다.

잠시 후 세상을 창조한 큰 신이 세 번째 카누를 타고 강을 따라 떠내려 왔다. 하지만 그를 기다리고 있는 사람들은 아무도 없었다. 신은 사람들이 자기 명령을 따르지 않고 죽음을 맞이하고 있는 것을 뒤에서 지켜보았다. 이렇게 해서 인간들은 스스로 죽음의 운명을 선택한 것이다.

죽음의 신이 죽임당하다

아주 오래 전 세상이 생겨난 지 얼마 되지 않았을 때 한 남자의 부인이 목숨을 잃었다. 남자는 아내를 집 옆에 묻어 주었다. 홀로 남은 남편은 날마다 죽은 아내를 생각하며 몹시 슬퍼했다.

장례식이 끝나고 며칠이 지난 어느 날 남편의 형이 찾아와 말했다.

"오늘 사냥을 나갔다가 무엇을 보았는지 알아?"

"뭘 봤는데 그래요?"

"지난번에 숲속 연못 근처 빈터에다 오두막을 지어 뒀던 거 기억나지? 사냥하다 매복하거나 쉴 때 쓰려고 지은 거 말이야. 그런데 오늘 내가 그 근처에서 사람의 목소리를 들었는데, 분명히 네 아내의 목소리였어."

남편은 깜짝 놀라 당장 형을 따라 숲속 오두막으로 가 보았다.

"내가 여기서 숨어 지켜봤더니, 네 아내가 웬 남자와 함께 연못에서 목욕을 하더라구. 분명 네 아내였어. 네 아내는 죽지 않은 게 분명해."

집으로 돌아와 밤새 한잠도 못자고 고민하던 남편은 다음날 아침 사냥을 가는 형을 따라나섰다. 두 사람은 오두막에 도착해서 조용히 숨어 밖을 살펴보았다.

시간이 얼마나 지났을까. 해질 무렵이 되자 한 여자가 어떤 남자와 함께 목욕을 하러 연못으로 다가오는 것이 보였다.

"앗!"

남편은 조용히 한숨을 내뱉고 말았다. 믿고 싶지 않았지만 그 여자는 분명히 자기 아내였다. 남편과 형은 두 남녀가 목욕을 하고 사라지기를 기다렸다가, 연못에서 아주 가까운 곳에 눈에 띄지 않는 작은 은신처를 새로 만들기 시작했다. 그들은 어두워지기 전에 은신처를 짓고 그 속에 몸을 숨겼다.

아내와 함께 목욕하려고 온 낯선 남자를 활로 쏘는 남편

밤이 되자 다시 아내가 남자와 함께 목욕을 하러 왔다. 두 사람이 가까이 오자 남편은 남자를 활로 쏘았다. 남자는 신음 소리를 내며 바닥에 쓰러졌다.

"누구냐? 누가 내게 이런 짓을 하는 거야?"

옆에 있던 아내는 깜짝 놀라 달아나려고 했다. 남편은 숨어 있던 곳에서 뛰어 나와 아내를 붙잡았다. 그러자 아내는 재규어로 변해 으르렁거리기 시작했다. 남편은 무서웠지만 용기를 내어 재규어의 귀를 붙잡았다. 그러자 아내는 무서운 뱀으로 변해 혀를 날름거렸다. 그래도 남편이 도망치지 않고 뱀의 목덜미를 붙잡자 이번에는 전갈로 변했다. 남편이 침착하게 꼬리의 독침을 묶어 버리자 아내는 순식간에 개미로 변해 도망치려 했다. 남편은 재빨리 개미를 잡아 네모난 통 속에 가두어 집으로 돌아왔다.

통 속의 개미는 시끄러운 소리를 내며 남편을 불렀다.

"여보, 제발 날 풀어 줘요. 나 목말라요. 물 좀 주세요."

"그렇다면 다시는 재규어로 변해 도망가지 않겠다고 약속해요."

"약속할게요. 다시는 당신에게서 도망가지 않을 게요."

남편이 통을 열어 주자 개미는 밖으로 나와 아내로 변했다. 그리고는 고분 고분한 모습으로 남편이 건네주는 물을 마셨다. 두 사람은 함께 음식을 먹고 다정한 부부의 모습으로 함께 집 근처를 산책했다. 그때 아내가 자기의 무덤을 발견하고 물었다.

"이게 뭐죠?"

"당신 무덤이오. 난 당신이 꼭 죽은 줄로만 알았소."

아내는 벌컥 화를 내며 말했다.

"뭐라구요? 내 무덤을 곁에 두고 살 수는 없어요. 이사를 가야겠어요."

남편은 아내의 말을 받아들여 그날 밤에 바로 이사를 했다. 마을의 다른 쪽 끝에 있는 집으로, 가능한 한 멀리 이사한 것이다.

다음날 아침 남편은 간밤에 자기가 활로 쏘아 죽인 남자를 보러 몇몇 마을 사람들과 함께 숲속 연못으로 가 보았다. 그런데 그들이 도착했을 때 연못가에는 남자가 아니라 노루가 화살을 등에 맞은 채 쓰러져 있었다. 남편은 도무지 어찌된 일인지 알 수가 없었다.

그날 밤 남편의 꿈속에 죽음의 신 우베가 나타나 매우 화를 내며 말했다.

"왜 나를 죽였느냐? 나를 죽이지 않고 아내를 데려갈 수는 없었느냐? 나를 죽이지 않았더라면 모든 죽은 사람들이 다시 살아났을 텐데……. 하지만 이제 그런 일은 일어나지 않을 것이다."

죽은 사람들이 영원히 다시 살아날 수 없게 된 것은 이때부터였다.

귀뚜라미에겐 너무 무거운 돌

세상이 창조된 후 위대한 태양신은 인간을 만들기로 했다. 단단한 돌로 영원히 살 수 있는 인간을 만들기로 마음먹은 태양신은, 귀뚜라미에게 돌을 가져 오라고 시켰다.

"뭐라고요? 돌을 가져 오라고요?"

귀뚜라미는 깜짝 놀라 소리쳤다.

"돌은 제가 가져 오기에는 너무 무겁습니다!"

마침 그때 곁을 지나가던 무당벌레가 그 말을 듣고 태양신에게 말했다.

"귀뚜라미가 돌을 가져 오기가 너무 어렵다면 제가 가져 오도록 하겠습니다."

이에 태양신은 무당벌레에게 돌을 가져 오라고 시키고, 귀뚜라미에게는 돌 대신 진흙을 가져 오라고 했다. 이제 귀뚜라미는 아무 불평 없이 진흙을 가지러 갔다. 귀뚜라미는 무당벌레보다 훨씬 먼저 진흙을 가지고 돌아왔다.

무당벌레가 인간을 만들기에 충분한 돌을 모으는 데에는 많은 시간이 걸렸다. 무당벌레가 그 많은 돌을 가지고 태양신에게 돌아왔을 때는 신이 벌써 진흙으로 인간을 만들고 난 후였다.

진흙은 돌처럼 단단하지 않았기 때문에 진흙으로 만든 인간은 영원한 생명을 가질 수 없었다. 만약 무당벌레가 귀뚜라미보다 빨리 돌을 가져 왔다면, 그래서 만약 태양신이 진흙이 아닌 돌로 인간을 만들었다면, 인간은 영원히 살 수 있었을지도 모르겠다. 그렇다면 세상은 지금과는 아주 달랐을 테지.

태양신이 진흙으로 인간을 만들 무렵 무당벌레가 돌을 가져 오고 있다.

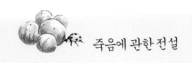

아무것도 손에 쥘 수 없는 여인

죽음 저편으로

한 젊은 여자가 남편을 잃고 과부가 되어 밤낮으로 울고만 있었다. 과부는 슬픔에 잠겨 아무것도 먹을 수 없었고 잠도 전혀 잘 수 없었다. 남편이 죽은 지 사흘째 되던 날 밤, 과부 앞에 남편처럼 보이는 무언가가 나타났다. 그리고는 남편의 목소리가 들려왔다.

"왜 그렇게 울며 날 찾는 거요?"

"난 당신 없이는 단 하루도 살 수 없어요. 나도 당신이 있는 곳으로 데려가 주세요."

과부가 이렇게 애원하자 남편은 한참 동안 아무 말 없이 있더니, 이렇게 대답했다.

"내일 밤에 당신을 데리러 오겠소. 그동안 떡 여섯 덩어리를 싸 놓도록 하구려. 아주 먼 길이니 오랫동안 여행해야 할 거요."

다음날 밤 약속대로 남편이 왔다. 이번에는 말을 타고 있었다.

"이리 올라타시오. 그리고 지금부터 도착할 때까지 절대 말을 해서는 안 돼요. 알겠소?"

아내는 입을 꼭 다물고 말에 올랐다. 두 사람은 서둘러 마을을 떠나 눈 덮인 산으로 올라갔다. 떠난 지 한참이 지나 배가 고파진 아내는 떡을 한 덩이 꺼내 먹고 잠이 들었다. 아내는 자느라 길을 지나는 동안 아무것도 보지 못했다. 아침이 되자 남편은 가던 길을 멈추고 나무 아래 누워서 쉬었다. 죽은 영혼들은 밤에만 움직일 수 있기 때문이었다.

밤이 되자 두 사람은 다시 말을 타고 눈 덮인 산꼭대기를 향해 올라가기 시작했다. 아내는 또 배가 고파 떡 한 덩이를 꺼내 먹고 잠이 들었다. 남편은 잠든 아내를 싣고 눈보라가 몰아치는 가파른 산길을 계속해서 올라갔다. 갖은 고생 끝에 두 사람은 바위 동굴에 도착했다. 날이 밝자 남편은 동굴 속에 누워 쉬었다.

사흘째 밤이 되자 눈보라가 그쳤다. 남편과 아내는 다시 말을 타고 깊고 험난한 계곡을 지났다. 또 배가 고파진 아내는 떡 한 덩이를 꺼내 먹고 다시 잠이 들었다. 얼마나 잤을까. 아내가 잠에서 깨어나자 눈앞에 커다란 강이 펼쳐져 있었다.

강 건너편에서 작은 돛단배가 이쪽으로 건너오고 있었다. 그 속에는 차갑고 근엄한 표정의 노인이 한 사람 타고 있었다. 배가 이쪽 강가에 닿자 노인은 남자의 아내를 보며 못마땅한 투로 말했다.

"같이 온 사람은 누구지? 산 사람의 냄새가 나는데……"

"제 아내입니다."

남편이 대답했다.

"하지만 산 사람은 데려갈 수 없네."

노인은 단호하게 말했다. 하지만 남편이 아내와 함께 가게 해 달라고 끈질기게 부탁하자 마지못해 이렇게 말했다.

"그렇다면 배를 타기 전에 강물에 몸을 씻고 오게. 그러면 강을 건너게 해 주지."

죽음의 세계

아내는 강물에 목욕을 하고 남편과 함께 돛단배에 올랐다. 타고 온 말은 그곳에 그대로 두었다. 노인은 아무 말 없이 노만 저었다. 잠시 후 그들은 죽은 영혼들의 나라에 도착했다. 배에서 내리자 얼마 전에 죽은 친구의 얼굴도 보였다.

밤이 되자 모닥불을 피우고 잔치를 열었다. 아내는 즐겁게 잔치에 참여해서 함께 술을 마시고 춤을 추며 노래를 불렀다. 하지만 날이 밝아오자 모두들 사라지고 잔치를 벌이던 커다란 공터에는 아내만 홀로 남았다. 모닥불은

돛단배를 타고 죽음의 세계를 향해 가는 남편과 아내

꺼지고 땅 위에는 빨갛게 달아오른 숯 조각들만 굴러 다니고 있었다. 다시 저녁이 될 때까지 아내는 혼자 있어야 했다. 밤이 되자 남편이 왔다.

"여보, 어디 갔었어요? 다른 사람들을 모두 어디 있죠?"

"사냥을 갔었소."

남편은 땅 위의 숯 조각들을 가리키며 말했다.

"이것들이 바로 당신이 어젯밤에 봤던 사람들이오."

남편은 사냥에서 잡아온 고기 한 덩이를 아내에게 내밀었다. 하지만 그 고기들도 모두 죽은 동물들의 고기였기 때문에 아내는 고기를 쥘 수도 먹을 수도 없었다. 다행히 집에서 가져온 떡이 아직 남아 있어서 아내는 배를 채울 수 있었다.

하지만 며칠이 지나자 떡도 모두 떨어져 버리고 더 이상 먹을 것이 없게 되었다. 아내는 배고픔을 견디기 힘들었다. 남편이 가져오는 고기는 아무 소용이 없었다. 게다가 밤새 흥겨운 잔치를 벌이고 아침이면 모두 사라져 다시 밤이 될 때까지 혼자 있어야 하는 외로움은 너무나 고통스러웠다. 아내는 점점 여위어 갔고 슬퍼졌다.

다시 남편에게로

어느 날 밤 아내는 남편에게 말했다.

"나는 더 이상 이곳에 머무를 수 없을 것 같아요."

남편은 아무 말도 하지 않고 서글픈 눈으로 아내를 바라보며 고개를 끄덕였다. 그리고는 아내를 강가로 데려가 배를 태워 주었다. 사공이 젓는 배를 타고 반대편 강가에 도착한 아내는 타고 왔던 말에 올라타 혼자 고향 집으로 돌아갔다.

하지만 고향에서 그녀를 알아보는 사람은 아무도 없었다. 아내는 이제 아주 늙고 여위었기 때문이었다. 남편과 함께 영혼들의 나라에서 지낸 며칠 동안 아내는 갑자기 늙어 버린 것이다. 아내는 이곳에 살 수도, 죽은 자들의 나라에서 살 수도 없게 된 자신의 처지를 마음 아파했다. 그리고는 며칠 지나지 않아 죽고 말았다. 이제는 아무 고민 없이 남편의 곁으로 갈 수 있게 된 것이다.

마법의 거울

유팡키 왕자

잉카의 왕 야우아르 우아카에게는 일곱 명
의 아들이 있었다. 그 중 첫째 아들 우르콘은
아버지를 닮아 성격이 거칠고 욕심이 많았
다. 반면 막내아들 유팡키는 천성이 착하고
다정했으며 매사에 침착하고 사려가 깊었다.

어느 날 찬카 부족의 군대가 잉카에 쳐들
어 왔다. 왕은 세 명의 정탐꾼을 보내 적군의
동태를 파악하게 했다. 얼마 후 정탐꾼이 돌
아와 이렇게 말했다.

정복당하기 직전 잉카 제국이 차지했던 영토

"폐하, 적군은 계곡과 산을 뒤덮을 만큼 많고, 전사들의 나팔소리는 산을 뒤흔들 만큼 요란했습니다."

왕은 잠시 생각하더니 신하들에게 말했다.

"여기 이대로 있다가는 모두 목숨을 잃을 것 같다. 어서 피하는 것이 좋겠어. 모두 어떻게 생각하느냐?"

첫째 아들 우르콘이 두려움에 떨며 재빨리 대답했다.

"지당하신 말씀입니다. 시간이 없으니 지금 당장 떠나시지요."

그러자 막내 유팡키가 조용히 앞으로 나와 말했다.

"아버님, 도망친다고 해결될 것은 아무것도 없습니다. 겁쟁이 소리만 듣게 될 테지요. 저는 이곳에 남아 적과 맞서 싸우겠습니다."

"용기는 가상하다만 어리석은 생각이다. 더구나 제일 어린 네가 어떻게 무서운 전사들과 싸운단 말이냐. 너는 결국 죽고 말 게야."

왕이 하는 말을 듣고 있던 다른 세 왕자들이 결연하게 나서며 대답했다.

"아버님, 어린 동생만 남겨 두고 떠날 수는 없습니다. 저희들도 여기 남아 동생을 돕겠습니다."

"모두들 제정신이 아니구나! 너희 모두 죽고 말 거야."

왕은 네 왕자들을 나무랐지만 결국 그들을 남겨두고 떠났다. 서둘러 피하지 않으면 자칫 모두 다 죽게 된다며 피란길을 떠난 것이다. 첫째 왕자 우르콘을 비롯한 나머지 왕자들과 왕비, 많은 귀족들도 왕실 경호원들과 함께 왕을 따라 떠났다.

태양신의 거울

유팡키 왕자는 텅빈 왕실에서 나와 신전으로 갔다. 태양신 얀티에게 기도 드리기 위해서였다. 한참을 기도드리다가 깜빡 잠이 들었을 때, 그는 이상한 꿈을 꾸었다. 태양이 왕자가 있는 곳까지 점점 낮게 내려 오더니 찬란한 빛을 내뿜는 신비한 망토를 입은 아름다운 청년의 모습으로 변하는 것이었다. 청년은 오른손에는 여러 도시의 광경이 비치는 커다란 거울을, 왼손에는 황금으로 만든 칼을 들고 있었다. 그때 어디선가 신의 목소리가 들렸다.

"유팡키 왕자여! 그대가 내 명대로 행한다면, 이 거울에 보이는 모든 나라 들을 다스리는 왕이 되게 해주겠다."

청년의 모습을 한 태양신은 거울 과 칼을 건네주며 말했다.

"그대는 이것으로 찬카 부족 을 물리칠 수 있을 것이다. 가 서 싸워라. 그대가 용감하게 싸운다면 전투에서 위기에 처 할 때마다 내가 많은 군사들을 보내 줄 것이다."

잠에서 깨어난 유팡키 왕자 는 자신의 손에 거울과 칼이 들려 있는 것을 보고 깜짝 놀

태양신에게 거울과 칼을 받고 있는 유팡키 왕자

쿠스코(Cusco)
페루 남부 쿠스코주에 있
는 도시 이름으로 한때
잉카 제국의 수도이기도
했었다.

랐다. 아름답게 장식된 은거울에는 꿈에 본 도시들이 비치고 있었
다. 찬카 부족의 왕궁도 보였다. 대부분의 군사들이 쿠스코*를 점령
하러 왔기 때문에 왕궁에는 사람이 거의 남아 있지 않았다.

유팡키 왕자는 당장 무릎을 꿇고 태양신에게 감사의 기도를 올리
고는 칼과 거울을 가지고 왕궁으로 돌아왔다. 꿈 이야기를 들은 형들은 매우
놀라워하며 기뻐했다. 유팡키 왕자는 먼저 정탐꾼을 보내 적들의 움직임을
살피게 했다. 얼마 후 정탐꾼들이 돌아와서 이렇게 보고했다.

"왕자님, 적들은 우리 국왕께서 피란을 갔다는 소식을 듣고 기뻐서 어제
저녁부터 향연을 벌였습니다. 지금은 병사들이 모두 만취해 자고 있습니다."

태양신의 도움으로 적을 물리치다

유팡키와 형들은 기뻐하며 날이 새기 전에 적진을 향해 출발했다. 그들은
만취한 적군에게 조용히 다가가 하나씩 해치웠다. 그러나 비명 소리를 듣고
뒤늦게 깨어난 병사들이 전열을 가다듬자 적은 수의 잉카군은 힘겨운 싸움
을 벌여야 했다.

어느덧 날이 밝고 태양이 떠올랐다. 그런데 햇빛이 산꼭대기와 계곡 구석
구석을 비추자 그 빛을 받은 바위들이 완전 무장한 전사들로 변하는 것이 아
닌가! 바위 전사들은 눈부신 깃털 장식을 한 신비스런 모습으로 용감하게 싸
웠다. 그들의 몸은 바위처럼 단단해서 찬카 병사들은 그들과 부딪히기만 해

도 나가떨어지고 말았다.

전투는 순식간에 유팡키 왕자의 승리로 끝났다. 그러자 바위 전사들을 비추던 태양빛도 점점 약해지기 시작했다. 전사들은 북과 피리 소리에 맞춰 멀고 깊은 계곡으로 줄지어 사라졌다. 멀리서 그들의 발걸음 소리가 메아리쳐왔다. 마침내 햇빛이 완전히 사라지자 전사들은 걸음을 멈추고 바위로 되돌아갔다.

유팡키 왕자는 전리품과 무기들을 거두어 아버지인 왕이 피신해 있는 계곡으로 갔다. 그리고는 전리품과 무기를 왕에게 바치며 다시 쿠스코로 돌아와 잉카 제국을 다스려 달라고 간곡히 청했다. 잠시 생각하던 왕은 막내아들을 바라보며 조용히 말했다.

"유팡키, 너는 참으로 용감하게 싸웠구나. 하지만 나는 이제 나라를 다스

잉카 제국이 남긴 유물과 유적

리기에는 너무 늦었다. 이곳에서 자연을 벗 삼아 조용히 여생을 보내고 싶구나."

그러더니 고개를 돌려 첫째 왕자 우르콘을 보며 말했다.

"우르콘, 너는 큰아들이니 네가 내 뒤를 이어 나라를 다스리거라. 네 동생이 가져온 전리품을 받아라. 내가 너를 왕으로 추대하겠노라."

자신의 공은 몰라주고 큰아들만을 생각하는 아버지의 이야기를 듣고 마음이 상한 유팡키는 조용히 물러나 군사를 이끌고 쿠스코로 돌아와 버렸다.

잉카의 주민들은 영웅 유팡키 왕자와 그 병사들을 열렬히 환영했다. 그리고 한마음으로 그를 왕으로 추대했다.

"유팡키 만세! 황제 유팡키 만세!"

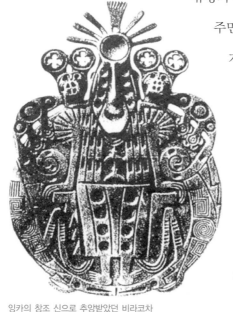

주민들이 환호하는 가운데 쿠스코 왕국 최고의 사제가 그에게 새로운 왕관을 바쳤다. 선왕들이 사용했던 것과는 전혀 다른 모양의 왕관이었다.

왕으로 추대된 유팡키는 자신의 이름을 비라코차*(흙을 빚어 인간을 만들었다고 하는 잉카의 창조 신)로 바꾸었다. 그 후 비라코차 왕은 태양신이 내려 준 마법의 거울을 통해 넓은 국토를 살펴보고 관리하며 잉카 왕국으로 성장해 나갈 기틀을 마련했다.

잉카의 창조 신으로 추앙받았던 비라코차

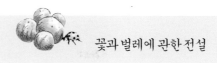

하얀 타로토란 꽃에 얽힌 전설

평화를 사랑하는 왕자, 아트리차소치틀

부드러운 계곡 중턱 푸르른 호숫가에 있는 테쿠친코 왕국은 아나쿠이 왕이 다스리는 아름답고 평화로운 나라였다. 왕에게는 두 아들이 있었는데, 첫째 아들 아틀리차소치틀 왕자는 꽃을 노래하고 새들과 대화 나누기를 즐기는 온화한 인품의 소유자였다. 또 새와 나비를 따라다니며 세상의 온갖 아름다운 것들을 사랑했다.

아나쿠이 왕은 왕자들이 어렸을 때부터 그들을 전쟁터에서 길렀다. 특히 자신의 뒤를 이어 왕이 될 첫째 왕자가 강한 전사로 자라나기를 소망했다. 하지만 아름다움을 사모하고 평화를 추구하는 첫째 왕자 아틀리차소치틀은 전사가 되기를 거부했을 뿐만 아니라 왕이 되고 싶어 하지도 않았다. 반면 용맹한 전사가 되기를 소망하는 둘째 왕자는 언젠가 왕이 죽으면 자기가 왕이 되려는 야욕을 품고 있었다. 그러기 위해 그는 틈만 나면 왕위 계승권자인 형을 죽일 기회를 노리고 있었다.

첫째 왕자가 열여덟 살 되던 해 , 아나쿠이 왕은 이웃 부족들을 공격하기로 결정했다. 왕은 군대의 통수권을 아틀리차소치틀 왕자에게 넘겨 전쟁을 지휘하도록 했다. 왕자는 전쟁을 하고 싶지 않았지만 어쩔 수 없었다.

전쟁에서 이기고 돌아왔을 때 왕자는 도저히 참을 수 없는 고통과 두려움으로 온몸이 떨리는 것을 느꼈다. 아버지 앞에 전리품들을 내놓은 왕자는 큰 소리로 전쟁의 부조리함을 역설했다.

"저를 포함해서 군인들이란 이 세상에서 가장 잔혹한 동물들입니다. 살아

전쟁에서 돌아온 왕자가 아버지 앞에서 큰 소리로 전쟁의 부조리함을 역설하고 있다.

남기 위해 사냥을 하는 맹수들은 그래도 먹잇감을 죽이면서 쾌감을 느끼진 않지요. 하지만 군인들은 적군의 피를 보면서도 동정은커녕 짜릿함을 느끼는 괴물 같은 존재들이란 말입니다."

아나쿠이 왕은 너무나 놀라 거의 정신을 잃을 지경이었다. 왕비는 아들의 고민을 알고 무척 슬퍼했다. 군 통수권자라는 사실도 잊은 채 군인들을 비난하는 왕자의 태도에 대신들과 전사들은 경멸하는 눈빛으로 그를 쳐다보았다.

"영웅이란 멋지게 변장한 살인마에 지나지 않는다구요!"

왕자의 마지막 말에 왕을 비롯한 왕국의 모든 사람들은 놀라움을 넘어 크게 분노했다. 하지만 왕자는 전쟁터의 피비린내 나는 시체들을 떠올리며 사람들의 비난쯤은 아무것도 아니라고 생각했다. 왕자의 귀에는 아직도 부상당한 사람들의 고통스런 절규와 여인들의 탄식 소리, 아이들의 울음소리가 들리는 듯했다. 왕자는 세 부족과의 싸움에서 많은 전리품을 얻어 오고 수많은 포로들을 노예로 잡아왔지만, 사람들은 그를 겁쟁이라고 비난하고 있었다.

왕국을 떠나 하얀 꿩의 궁전으로

전쟁터에서의 살육의 기억과 사람들의 비난으로 괴로워하던 아틀리차소치틀 왕자는 모든 것을 잊고자 왕국을 벗어나 길을 떠났다. 발걸음이 이끄는 대로 정처없이 헤매던 왕자는 오랜 여행 끝에 아름답고 고요한 어느 숲에 도착했다. 그리고는 고목의 뿌리를 베고 누워 하늘을 쳐다보며 깊은 사색에 잠겨 혼자 중얼거렸다.

"인간의 삶이란 슬프고 아픈 현실뿐이로구나. 인간은 일생을 통해 이 땅에서 아주 짧은 시간을 경험할 뿐이야. 삶이란 한순간 이곳을 스쳐 지나가는 가벼움이 아닌가! 그렇다면 인간이 이 땅 위에 존재해야 하는 이유는 무엇일까."

왕자는 괴로움에 신음하듯 다시 말했다.

"신은 우리에게 사랑을 주시듯 고통도 주시는 분이시다. 신이시여! 보고 계시지요. 고통받는 이 영혼, 이제 당신 곁에 편안히 머물까 합니다."

그때 작고 아름다운 요정이 나타나 왕자에게 말을 건넸다.

"저는 절벽에 사는 요정 사안틸입니다. 저 아래 계곡에서 목욕을 하는 아름다운 여인들에게 꽃잎을 띄워 보내기도 하고, 아이들이 처음 수영을 배울 때 무서워하지 않도록 물가에 군데군데 칡넝쿨을 늘어뜨려 놓기도 하지요. 엄청난 폭우가 쏟아질 때면 벼랑에 폭포를 만드는 것도 제 일이랍니다."

왕자는 깜짝 놀라 자리에서 벌떡 일어났다. 그리고는 자기가 누구인지 왜 이곳으로 오게 되었는지 길고도 슬픈 이야기를 들려 주었다. 왕자의 이야기를 다 들은 사안틸 요정은 잠시 가만히 있더니 이렇게 말했다.

"잘 오셨습니다. 여기서는 모두 왕자님을 사랑합니다. 그동안 상처받은 마음을 치료하고 평화를 되찾으시면 좋겠군요. 그런데 왕자님의 동생이 왕자님을 찾아 이 숲까지 뒤지러 오면 어떻게 하지요? 첫째 아들인 왕자님이 죽었다는 것을 확인하기 전에는 결코 왕이 될 수 없을 테니, 그는 무슨 수를 써서라도 왕자님을 찾아내어 죽이려 들 겁니다."

왕자는 슬픈 표정으로 대답했다.

"글쎄요. 저도 잘 모르겠습니다. 어쩌면 지금쯤 제가 전쟁터에서 죽었다는 뜬소문이 퍼졌을지도 모르지요. 부모님은 제가 사라진 것을 오히려 다행스럽게 생각하고 계실 겁니다. 제 동생은 아마도 그토록 바라던 왕좌를 손에 넣기 위해 작전을 펴고 있겠지요."

왕자는 한숨을 크게 쉬며 말을 이었다.

"왕이란 물리쳐야 할 수많은 적들과 쓸데없는 일들에 둘러싸여 허망하게 살아가야 하는 존재일 뿐입니다. 제 동생은 왜 왕위에 욕심을 내는지 알 수 없어요. 세상에는 이해할 수 없는 일들이 너무 많아요."

요정은 왕자를 이끌고 절벽에 있는 쉼터로 갔다. 작고 아담한 쉼터의 현관에는 요정이 그린 꿩 그림이 있어서 '하얀 꿩의 궁전'이라고 불리기도 했다.

하얀 마법의 잉크로 그려진 꿩은 아침마다 아름다운 목소리로 노래를 불렀다. 왕자는 편안한 쉼터에서 모든 아픔을 잊고 증오와 야심으로 가득 찬 세상으로부

하얀 꿩의 궁전에서 평화로운 나날을 보내고 있는 왕자의 모습

터 벗어나 진정한 평화를 누릴 수 있었다.

요정과 함께 꿈 같은 나날을 보내던 어느 날, 참새 한 마리가 슬픈 소식을 가지고 숲으로 날아들었다. 왕자의 동생이 군대를 이끌고 숨어 버린 형을 찾아 나섰다는 소식이었다. 그는 형의 시체를 찾아가서 왕좌를 물려받으려는 속셈이었다. 이 소식을 들은 왕자는 마음이 아팠다.

'이미 모든 것을 버리고 왕국을 떠나왔는데 이 평화로운 시간마저 동생의 탐욕 때문에 포기해야 한단 말인가!'

숲의 모든 정령들과 생명들도 이 소식에 슬퍼했다. 모두들 이슬처럼 투명하고 고귀한 숲의 여신에게 달려가 왕자를 구해 달라고 부탁했다. 왕자가 쉼터에서 잠들어 있는 동안 어떻게 왕자를 구할지 의논한 끝에, 이들은 왕자를 이

슬과 태양을 영원히 사랑하는 하얀 꽃이 되게 하는 것이 최선의 방법이라고 결론 내렸다.

이렇게 해서 아틀리차소치틀 왕자는 수정처럼 맑은 물가에 고운 자태를 가진 하얀 꽃으로 피게 되었다. 어떤 순간에도 하얀 타로토란* 꽃은 그 우아한 모습을 그대로 간직한 채 꼿꼿이 서서 인생이 얼마나 허망한지, 진정한 삶의 가치는 어디에 있는지 우리에게 일깨워 주고 있다.

타로(taro)
토란의 일종으로 주로 열대 지역에서 자라는 식물이다.

꽃과 벌레에 관한 전설

어머니의 마음을 담은 수선화

딸을 제물로 바치는 찰치예소치틀

아름다운 찰치예소치틀은 태어나면서부터 행복을 달고 다니는 듯했다. 그녀는 평온한 어린 시절을 보내고 결혼할 나이가 되어 '독수리 전사'와 결혼하였다. 독수리 전사는 비록 귀족은 아니었지만 지혜롭고 용맹하기 이를 데 없는 뛰어난 전사로, 황제의 총애를 한 몸에 받고 있었다. 많은 사람들의 축복과 시샘 속에서 성대한 결혼식을 마친 찰치예소치틀은 그 다음 해에 새털구름처럼 보드라운 피부에 호수처럼 해맑은 눈을 가진 귀여운 딸을 낳았다.

그런데 그 딸이 일곱 살 되던 해 남편인 독수리 전사는 신에게 드리는 가장 경건하고 고결한 제물로 딸을 바치기로 결정했다. 어려서부터 신에게 드릴 수

수선화의 이름 유래
수선화(水仙花)의 영어명은 Narcissus poeticus이다. 여기에 등장하는 나르키소스는 바로 그리스 신화에 등장하는 나르키소스에서 유래된 말이다. 즉, 자기도취에 빠진 나르키소스가 죽고 나서 핀 꽃이 바로 수선화였기에 이런 이름이 붙여졌다고 한다.

수선화
아름답게 핀 수선화의 꽃말은 '자기주의' 또는 '자기애(自己愛)'이다.

있는 가장 귀한 제물이 인간의 생명임을 배워 온 그녀였지만 자기 자식을 직접 제물로 바친다는 것은 상상을 뛰어넘는 괴로운 일이었다. 그러나 남편은 아내의 절망과 고통을 전혀 이해하지 못하고, 오히려 인신제물의 종교적 의미를 이해하지 못한다고 꾸짖기만 했다. 딸이 제물로 바쳐진 후 찰치예소치틀은 극심한 고통으로 제정신이 아니었다. 그것은 가슴을 칼로 도려내는 듯한 아픔이었다.

몇 해를 반쯤 미친 상태에서 신음하던 그녀에게 다시 새로운 생명이 찾아왔다. 찰치예소치틀은 뛰는 가슴을 주체하지 못할 만큼 기뻐했다. 남편 역시 태어날 아이가 전사의 피를 물려받은 아들일 거라며 크게 기뻐했다. 그러나 태어난 아이는 딸이었다. 아이가 태어나고 몇 해 동안은 가정에 별 어려움 없이 평온한 나날이 계속되었다. 그러나 독수리 전사인 남편이 어느 신성한 전투에서 싸우다가 큰 위기를 맞게 되었다. 비의 신 틀랄록의 심술로 전황은 적군에게 유리하게 돌아갔고 전세는 점점 불리해졌다. 급기야는 전사로서의 명예를 걸고 자기 딸을 제물로 바치겠다는 맹세를 틀랄록 신에게 하기에 이르렀다.

곧 기적처럼 전세가 뒤집어졌다. 독수리 전사는 전투를 승리로 이끌고 수천 명의 포로를 이끌고 와 신들과 왕 앞에서 그 기쁨을 만끽할 수 있었다. 수많은 선물과 금은보화들이 승리한 독수리 전사에게 하사되었고, 아름다운 깃털과 화려한 옷감, 장신구, 보석 들이 그의 발 앞에 놓여졌다.

그러나 이 모든 것의 대가로 그는 다시 한 번 딸을 제물로 바쳐야 했다. 뒤늦게 자신의 맹세를 후회했지만 되돌릴 수 없는 일이었다. 부부는 절망 속에서 딸이 제물로 바쳐질 날이 다가오는 것을 기다릴 수 밖에 없었다. 찰치예소치틀은 또다시 자식을 제물로 바쳐야 할 운명 앞에 괴로워했다.

꽃으로 환생하다

,마침내 딸을 제물로 바치기로 약속한 날이 되었다. 예복을 입은 사제들이 찰치예소치틀의 어린 딸이 기다리고 있는 작은 사원으로 왔다. 딸은 밤새도록 울어서 퉁퉁 부은 눈으로 불안하게 주변을 둘러보고 있었다. 사제들은 소녀에게 호수를 상징하는 푸른 예복을 입히고는 부정한 사람들이 볼 수 없도록 올이 촘촘한 장막으로 가린 채 토타나무(열대 지방에서 자라는 나무) 아래에 앉혔다. 사제들이 틀랄록 신을 향한 기도를 드리기 시작하자 어린 소녀는 카누로 옮겨져 호수 한가운데로 나아가게 되었다. 인신 공양 의식을 보려는 사람들이 여러 척의 배에 나눠 타고 뒤를 따라갔다.

호수 한복판에는 여러 물줄기가 합쳐지면서 생긴 소용돌이가 거센 물살을 만들어 내고 있었다. 사람들은 끌고 온 토타나무를 호수 바닥에 세웠다. 모든 물이 만나 뒤섞이는 이곳에서 토타나무를 통해 호수 바닥에서 하늘로 통하는 길이 열린다고 믿었다. 나무가 세워지자 드디어 어린 소녀의 목이 잘렸다. 찰치예소치틀의 어린 딸의 목에서 흘러나온 피는 마치 오팔의 밝은 불빛처럼 호수 전체에 퍼져나가기 시작했다. 사제들은 틀랄록 신을 위한 마지막 봉헌물로 황금과 보석, 장신구 등을 호수 바닥에 뿌린 뒤 도시 쪽으로 뱃머리를 돌렸다.

물가에는 넋이 나가 반쯤 미친 찰치예소치틀과 그녀의 남편이 기다리고 있었다. 남편의 얼굴에도 슬픔의 그림자가 어렴풋이 스쳐 지나갔다. 아내의 얼굴에는 이미 생명에 대한 애착도 의미도 사라지고 없었다. 온통 슬픔과 좌절의 어두운 그림자만이 뒤덮여 있었다. 찰치예소치틀은 밤마다 물의 여신 찰치우틀리쿠에게 빌고 또 빌었다. 어두운 밤이 찾아오면 단 한 번만이라도 좋으니 사랑하는 딸을 볼 수 있게 해 달라고 간절히 기도했다.

어느 날 해질 무렵, 지는 태양빛이 물을 온통 붉게 물들이고 있을 때 찰치예소치틀은 딸이 수장된 호숫가 물거품에서 들려오는 신비한 소리를 들었다. 곧 하인들에게 카누를 준비해서 호수 중앙으로 노를 저어 가도록 명령했다. 소용돌이와 함께 거품이 일어나는 호수 한가운데에 도착하자 그녀는 물속을 바라보며 소리 없이 눈물을 흘렸다. 그러더니 순식간에 몸을 일으켜 소용돌이 속으로 몸을 던졌다. 하인들은 미처 말릴 겨를도 없이 그저 외마디 비명 소리와 함께 그녀가 사라져 간 물속을 들여다 볼 수밖에 없었다. 그들은 겁에 질린 채 서둘러 노를 저어 호수를 빠져나왔다. 그들이 뒤를 돌아보았을 때 잔잔해진 수면 위로 전에 보지 못했던 꽃이 피어 있는 것을 발견했다. 황금빛 화관을 가슴에 품은 하얀 꽃이었다. 꽃은 어린 딸의 넋을 가슴에 안고 피어오른 어머니의 마음을 담아 호숫가에 곱게 피어 불쌍한 모녀의 영혼을 달래 주었다.

멕시코의 윷놀이

멕시코에도 우리의 전통 놀이인 윷놀이와 비슷한 놀이가 있다는 사실을 알고 있는가?

고대 멕시코는 찬란한 문명을 꽃피웠던 아즈텍 제국이 지배하던 곳이었다. 그러나 지금부터 약 오백 년 전, 유럽에서 건너온 스페인 군의 침략으로 인해 고대 아즈텍 제국이 무너지면서 그들이 가지고 있었던 고유의 전통문화를 거의 상실하고 말았다.

가톨릭 종교를 앞세우고 들어온 스페인의 침략자들은 고대 멕시코의 문화를 야만인의 것으로 보고 거의 모든 전통을 말살시켰다. 뿐만 아니라 토착 종교나 언어, 풍습 등이 모두 사라지고 금기시되었다. 이 과정에서 전통 놀이 역시 사라져 버리고 말았다. 그러나 이 가운데서도 살아남아 오늘에 전해지는 놀이들이 몇 가지 있는데, 멕시코식 윷놀이인 '빠똘리'가 바로 그것이다.

네 개의 막대기를 던져서 게임을 하는 것은 윷놀이와 같지만, 빠똘리의 말판은 아주 복잡하며 어려운 점성술을 나타내고 있다고 볼 수 있다.

멕시코인들이 빠똘리를 하는 모습

LEGEND OF THE WORLD

Chapter.

08

오세아니아의 전설 여행

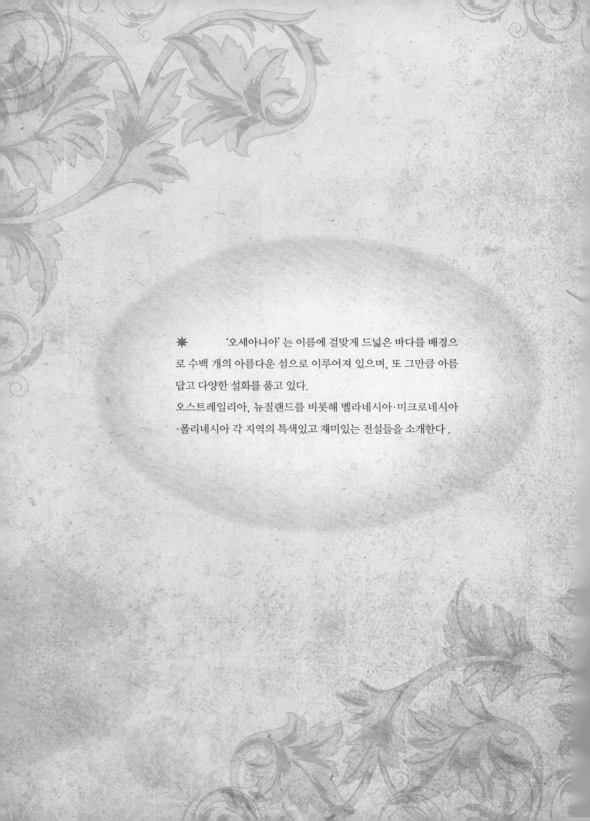

✳   '오세아니아'는 이름에 걸맞게 드넓은 바다를 배경으로 수백 개의 아름다운 섬으로 이루어져 있으며, 또 그만큼 아름답고 다양한 설화를 품고 있다.
오스트레일리아, 뉴질랜드를 비롯해 멜라네시아·미크로네시아·폴리네시아 각 지역의 특색있고 재미있는 전설들을 소개한다.

플레이아데스 별자리 전설

영어권에서는 일곱 자매 별, 우리나라에서는 좀생이별이라고 불리는 플레이아데스 별자리를 오세아니아 지역에서는 '작은 빛의 무리', '작은 눈동자' 라는 뜻의 마타리키라고 부른다. 폴리네시아의 하비 섬에는 플레이아데스 별자리에 이런 전설이 전해진다.

플레이아데스 성단(Pleiades cluster)
황소자리의 어깨 부분에 있는 성단이다. 어깨에 수백 개의 별이 모여 있다.

오만한 별

아주 오랜 옛날, 하늘에 밝게 빛나는 별이 하나 있었다. 이 별은 자신이 다른 어느 별보다도 반짝인다며 으스대기를 좋아했다.

"나처럼 반짝이는 별이 있으면 나와 보라구 그래. 다들 눈부셔서 나를 똑바로 보지도 못하지? 그뿐이야? 사람들이 밤하늘에서 가장 좋아하는 별이 바로 나라구!"

뿐만 아니라 오만한 별은 하늘의 신 타나이마후타를 모독하는 말도 서슴치 않았다.

"솔직히 타나이마후타 신이 나보다 잘난 게 뭐야? 나야말로 사람들에게 하늘의 신보다 더 확실하고 중요한 존재란 말야."

하늘의 신 타나이마후타는 오만한 별이 자신을 모독하는 말을 하자 더 이상 참을 수가 없었다. 그래서 별들을 모두 불러 모았다.

"저 새파랗게 젊은 별의 오만한 말투를 더 이상 보아 넘길 수가 없구나. 너희들이 날 좀 도와주어야겠다. 알데바란, 나를 돕겠느냐?"

타나이마후타 신은 오만한 별과 가장 가까이 붙어 있는 황소자리의 큰 별에게 물었다. 그렇잖아도 잘난 척하는 녀석의 빛에 가려 제대로 빛을 내지도 못하고 살았던 알데바란은 고개를 끄덕였다.

시리우스는 큰개자리에 있는 별로, 하늘에서 두 번째로 밝게 반짝이고 있었다. 오만한 별만 아니면 가장 반짝이는 별이 될 수도 있었는데 매일 무시만 당하는 게 억울했던 시리우스도 당연히 돕겠다고 나섰다. 여기저기서 다른 별들도 서로 돕겠다고 자청했다.

오만한 별의 최후

오만한 별은 갑자기 모든
별들이 자신에게 다가오자
두려운 생각이 들어 은하수
로 달려가 그 속에 숨었다.
그러자 시리우스가 은하수
강줄기를 다른 곳으로 바꾸
어 버렸고, 강바닥에 납작
엎드려 있던 오만한 별은
혼비백산해서 또다시 달아나

모든 별이 오만한 별에게 다가오자 오만한 별은 은하수 속에 숨어 버렸다.

기 시작했다. 하늘에서는 쫓고 쫓기는 별들의 추격전이 벌어졌다.

'흥! 너희들이 아무리 그래도 난 이 하늘 전체에서 가장 아름답게 빛나. 내
가 세상에서 최고로 아름다운 별이라구!'

오만한 별은 있는 힘을 다해 다른 별들에게 외치고 싶었다. 이런 생각으로
꽉 찬 나머지 오만한 별의 몸이 점점 부풀어 오르기 시작했다. 하늘을 꽉 채울
듯이 빵빵하게 부풀어 오른 별은 마침내 '빵' 하고 폭발했다. 빛 가루가 날리며
오만한 별은 형체도 없이 사라졌고, 그 대신 여섯 개의 작은 별 조각이 생겨났
다. 마타리키라고 불리는 이 별자리는 말없이 자신의 자리를 지키고 있지만,
속으로는 여전히 자신이 최고로 빛나는 별이라고 뽐내고 있다고 한다.

상어 인간, 나나웨

상어 나라 왕과 결혼하다

폴리네시아의 한 마을에 카레이라는 아름다운 아가씨가 살고 있었다. 상어 나라의 왕 카모호아리가 그녀를 매일 지켜 보다가 짝사랑하게 되었다. 카모호아리는 젊고 늠름한 청년의 모습으로 변신해 큰 파도에 휩쓸린 카레이를 구해 주었고, 그것을 계기로 두 사람은 마침내 결혼하게 되었다.

카모호아리는 자신의 정체를 밝히지 않은 채 몇 년간 꿀맛 같은 신혼 생활을 이어 갔다. 하지만 상어 나라 왕의 자리를 마냥 비워 둘 수만은 없었다. 마침

폴리네시아 구역
뉴질랜드, 하와이 제도, 그리고 동쪽의 이스터 섬을 잇는 삼각형 안의 섬들을 말한다.

내 카모호아리는 사랑하는 카레이를 남겨 둔 채 바다로 뛰어들어 상어 나라로 돌아갔다.

남편이 사라진 후 카레이는 아들을 낳았는데, 아이 등에는 날카로운 이빨을 가진 상어 입이 붙어 있었다. 카레이는 그제야 남편이 상어였다는 걸 알게 되었다.

상어 왕의 아들, 나나웨

카레이는 아들 나나웨의 등에 천을 씌워 길렀다. 그리고 절대 고기를 주지 않았다. 가족들에게도 절대로 고기를 주지 말라고 신신당부했다. 혹시라도 아들이 육식동물의 포악한 성질을 드러낼까 걱정이 되었던 것이다.

어느 날 나나웨의 할아버지가 갓 잡아온 생선을 손질하고 있는데 나나웨가 곁에서 이런저런 심부름을 했다. 그 모습이 귀여웠던 할아버지는 딸의 당부를 깜빡 잊고 나나웨에게 생선 한 마리를 주었다. 생선 맛을 본 나나웨는 육식동물의 본능이 깨어났다. 그때부터 그는 매일 엄청난 생선을 잡아먹기 시작했고, 나중에는 남몰래 마을 사람들을 한 사람씩 잡아먹기 시작했다.

세월이 흘러 나나웨는 어느덧 건장한 청년으로 자라 일꾼 한 사람 몫을 충분히 해내게 되었다. 어느 여름 날, 밭일을 하고 있는데 나나웨가 땀을 뻘뻘 흘리면서도 등에 천을 쓰고 있는 것을 몹시 이상하게 생각했던 한 사람이 그 천을 벗겨 버렸다. 그러자 등에 있던 상어 입이 드러났다. 사람들은 깜짝 놀

나나웨의 등에 있는 상어 입을 보고 사람들이 깜짝 놀라고 있다.

라며 나나웨를 피했다. 그리고 나나웨가 마귀라며 당장 화형시키자고 했다.

사람들은 바닷가 바위에 기둥을 세우고 거기에 나나웨를 묶었다. 나무에 막 불을 붙이려는 찰나 나나웨는 큰 소리로 울부짖으며 살려 달라고 기도했다. 기도가 통한 걸까? 갑자기 밧줄이 풀리면서 나나웨가 바다에 풍덩 빠졌다. 그리고 상어가 나타나더니 나나웨를 데리고 바다 깊은 곳으로 사라졌다.

사람들은 흥분해서 나나웨 대신 어머니 카레이라도 화형시켜야 한다고 떠들어 댔다. 그때 바다가 열리면서 용왕이 나타났다.

"멈추어라. 나나웨는 위대한 바다 신인 상어의 아들이다. 남편과 아들을 잃은 외로운 카레이를 더 이상 괴롭히지 말라."

용왕의 말을 듣고 사람들은 그때부터 상어 왕을 위한 제물을 바치고 정성 들여 기도했다.

폴리네시아 전설

세상에서 가장 아름다운 깃털 망토

남태평양의 섬나라에서 새 깃털을 몸에 장식하거나 색색의 깃털로 만든 망토, 장신구를 착용하는 것은 높은 권력과 지위를 나타내는 수단이었다. 여기서는 아름다운 깃털 망토를 짜는 처녀가 죽었다 다시 살아난 전설을 소개한다.

마우이 섬의 위치
하와이 섬 북서쪽에 위치한 섬으로 하와이 섬 다음으로 큰 섬이다.

죽은 처녀를 만나다

하와이 마우이 섬*에 용맹한 전사가 살고 있었다. 그는 날쌔고 몸이 빠른데다 온갖 약초에 대한 지식도 많아서 족장의 총애를 받았다.

어느 날, 족장이 전사를 불러 섬 반대편에 있는 카와카와 뿌리를 가져 오도록 명령했다. 저녁 의식에 쓸 예정이므로 날랜 전사에게 특별히 부탁한 것이다.

족장의 명령을 받고 길을 가던 전사는 아름다운 여자 하나가 앞서 걸어가는 걸 보고 따라잡을 생각으로 걸음을 빨리했다. 그런데 웬일인지 여자는 좀처럼 따라잡히지 않았다. 전사는 은근히 자존심이 상했다. 그래서 더 열심히 여자를 따라갔다. 하지만 전사가 빠르게 걸으면 걸을수록 여자 역시 바람처럼 앞서갔다. 그러더니 여자가 우뚝 멈춰 서서 전사를 돌아보았다. 그제서야 정신을 차린 전사가 주위를 둘러보니 그곳은 죽은 사람을 땅에 묻기 전에 잠시 보관하는 곳이었다. 여자가 전사에게 말했다.

"당신은 나를 절대 따라잡을 수 없어요. 나는 산 사람이 아니라 죽은 영혼이거든요. 부탁이 있어요. 내 가족들에게 가서 나를 위해 돼지 한 마리를 잡아 제사 지내고 내가 짜던 깃털 망토를 갖다 달라고 말해 주겠어요?"

여자는 그 말을 하고 사라졌다. 놀란 전사가 안으로 들어가 보니 정말 거기에는 죽은 지 얼마 되지 않은 아름다운 처녀의 시신이 누워 있었다. 전사는 그녀를 보는 순간 다시 살려야겠다는 생각이 들었다.

처녀를 살려낸 전사

전사는 가족들에게 가서 처녀가 한 말을 전했다. 가족들이 제사를 준비하는 동안 그는 섬 반대편으로 가서 카와카와 식물의 이름. 뉴질랜드 북섬의 도시 이름이기도

함)를 뿌리째 뽑아왔다. 그리고 카와카와를 이용해 약물을 만들었다.

제사가 시작되자 처녀의 영혼이 나타났다. 그러나 그 영혼은 오직 전사의 눈에만 보였다. 전사는 처녀의 시신에 카와카와로 만든 약물을 뿌리고 오랫동안 기도했다. 그리고 마지막 단계에서 처녀의 영혼을 시신 안에 밀어 넣었다. 마침내 전사의 기도 소리가 멈추자 밖에 서 있던 가족들 앞에 처녀가 환하게 웃으며 나타났다. 처녀가 다시 살아난 것이다.

처녀는 자신이 짜던 깃털 망토를 완성해서 족장에게 선물로 바쳤다. 족장은 그 아름다운 깃털 망토를 보고 감탄했다. 명령을 어긴 전사를 사형에 처하려던 마음을 바꿔 두 사람의 결혼을 허락하기까지 했다.

전사의 도움으로 다시 살아나 결혼까지 하게 된 처녀는 그 후로도 아름다운 깃털 망토를 짜서 대대손손 전해 주었다고 한다.

깃토 망토를 족장에게 바치는 처녀의 모습. 이를 계기로 족장은 전사와 처녀와의 결혼을 허락한다.

히네모아의 연가

뉴질랜드의 지도

화산과 온천으로 유명한 뉴질랜드 북섬 로토루아에는 호수 한가운데 모코이아라는 작은 섬이 있는데 이 섬에는 애잔한 사랑 이야기가 전해진다. 마오리족이 여러 부족으로 갈라져 서로 영역 싸움을 치열하게 할 때의 일이다.

운명적인 만남

어느 날 밤, 로토루아에 사는 아리와 족장의 딸 히네모아가 바닷가를 거닐고 있는데 어디선가 아름다운 피리 소리가 들려 왔다. 그 소리는 호수 한가운데 모코이아 섬에서 들려 왔는데, 참으로 묘한 구석이 있어서 사람의 마음을 희열로 가득하게 했다가 금세 애간장이 녹을 듯 안타깝게 만들기도 했다. 히네모아는 매일 밤 들려 오는 그 피리 소리를 들으려 저녁이면 바닷가로 나왔다. 그리고 마침내 그녀는 그 피리 소리의 주인공이 너무 궁금해서 카누를 타고 모코이아 섬으로 갔다.

달빛 아래에서 히네모아는 마침내 피리 소리의 주인공을 만났다. 그는 모코이아 섬 휘스터 족장의 아들 투타네카였다. 오래 전부터 두 부족은 앙숙이어서 그들은 절대로 만나서는 안 되는 사이였다. 그러나 달빛 아래 마주친 두 사람은 한눈에 사랑에 빠졌다.

그날부터 히네모아는 저녁이면 카누를 타고 투타네카를 만나러 섬으로 갔다. 두 사람은 바닷가에 앉아서 피리를 불고 많은 이야기를 나누며 사랑을 키워 갔다. 그러나 히네모아의 밤 외출은 길게 이어지지 못했다. 밤마다 나가는 딸을 이상하게 여긴 아리와 족장이 딸을 미행했던 것이다. 히네모아가 휘스터 족장의 아들을 만난다는 사실을 알고 아리와 족장은 불같이 화를 내며 섬에 있는 모든 카누들을 불태워 버렸다.

히네모아는 투타네카에게 더 이상 갈 수가 없었다. 그 사실을 모르는 투타네카는 밤마다 바닷가에 앉아서 피리를 불며 히네모아를 기다렸다. 히네모아는 바닷가에 나와서 슬픈 노래를 부르며 투타네카에 대한 그리움을 삭혔다.

Po karekare ana Nga wai o Waiapu / 와이아푸의 바다엔 폭풍이 불고 있지만

Whiti atu koe E hine / 그대가 건너갈 때면 그 바다는

Marino ana e / 잠잠해질 겁니다.

사랑은 이들의 편

그러던 어느 날, 히네모아는 우연히 부족 회의를 엿듣고 아리와족이 휘스터 족과 일대 격전을 준비하고 있으며, 휘스터 족장의 아들 투타네카를 죽이기로 모의했다는 것을 알게 된다.

히네모아는 망설일 시간이 없었다. 아버지보다 먼저 섬에 도착해 투타네카에게 그 사실을 알려줘야 했다. 히네모아는 무작정 물로 뛰어들었다. 한겨울 차가운 호수를 가로질러 있는 힘을 다해 헤엄쳤다. 그리고 마침내 투타네카가 피리를 불고 있는 섬 기슭에 닿은 후 완전히 힘이 빠져 기절하고 말았다.

「연가」의 원곡인 '포카레카레 아나' 의 고향인 로토루아 호수

이제나저제나 히네모아를 기다리며 피리를 불던 투타네카는 사랑하는 여인이 꽁꽁 언 몸으로 죽어가는 것을 보고 절규했다. 재빨리 그녀를 안고 부비며 자신의 체온으로 히네모아의 언 몸을 녹였다. 얼마나 그러고 있었을까. 히네모아가 서서히 깨어나고 두 사람은 기쁨의

해후를 했다. 그때 섬에 도착한 아리와 족장 일행과 그에 맞서기 위해 부하를 이끌고 나타난 휘스터 족장이 두 사람을 보았다. 이제 두 사람은 누구도 떼어 놓을 수 없었고, 두 아버지 역시 그것을 인정했다. 그들 부족은 오랫동안의 앙숙 관계를 청산하고 사돈 관계가 되었다. 뉴질랜드 판 '로미오와 줄리엣'은 이렇게 해피엔딩으로 마무리되었다.

히네모아의 노래 '포카레카레 아나'는 그 후로 뉴질랜드에 전해 내려오는 전통 민요가 되었다. 제1차 세계 대전 때는 노래 중 '에 히네(E hine=소녀)'를 '타마(Tama=소년)'로 바꿔 아들과 애인을 전쟁터에 내보내는 애타는 마음을 노래하였고, 뉴질랜드 병사들은 전투 중 참호 속에서 고향을 그리며 이 노래를 부르곤 했다. 이 노래가 우리나라에 전해진 것은 6.25 전쟁 때이며, 우리가 즐겨 부르는 '연가'라는 노래가 바로 그것이다.

Pokarekare ana / 포카레카레 아나

nga wai o Waiapu / 엔가 와이 오 와이아푸

Whiti atu koe hine / 퓌티 아투 코에 히네

marino ana e. / 마리노 아네 에

E hine(tama) e / 에 히네(타마) 에

hoki mai ra. / 호키 마이 라

Ka mate ahau / 카 마테 아하우

I te aroha e. / 이 테 아로하 에

장난꾸러기 소년, 코알라

마을의 물을 훔치다

먼 옛날 코알라라는 소년이 부모 형제도 없이 혼자 살고 있었다. 누구 하나 간섭하는 사람이 없어 코알라는 늘 제멋대로였다. 코알라는 일은 하나도 안 하고 장난만 쳐서 마을의 골칫거리가 된 지 오래였다.

가뭄이 계속되자 마을 사람들은 모두 힘을 합쳐 먼 곳에서 물을 길어다가 물통에 모아 두었다. 그러나 힘든 일을 싫어하는 코알라는 사람들의 일을 돕지 않았다. 나무 그늘에 늘어져 있다가 사람들이 물을 길어 오면 조금씩 얻어 마셨다.

혼자 지내는 코알라가 불쌍해서 물을 나눠 주던 사람들은 차츰 게으르고 이기적인 코알라를 외면하게 되었다. 목이 마르면 직접 길어다 마시라고 충고했다. 하지만 그 말을 들을 코알라가 아니었다.

어느 한낮, 동네 사람들이 모두 사냥을 하거나 나무 열매를 구하러 나간 사이 갈증이 난 코알라는 물을 찾아 헤맸다. 숲속 그늘진 자리에서 물통을 찾아낸 코알라는 물을 실컷 마신 후 장난기가 발동해 나무 위로 물통을 모두 숨겨 놓았다. 물통을 하나씩 가지고 올라가 나뭇가지 사이에 걸어 두고 마지막 물통을 가지러 내려 가려는데, 이게 웬일일까? 갑자기 코알라가 타고 있던 나무의 키가 쑥쑥 자라더니 순식간에 하늘을 찌를 듯이 커졌다. 이제 코알라는 나무 꼭대기에서 오도 가도 못하게 되었다.

코알라(Koala)
오스트레일리아 남동부에 사는 동물로 사람 외에 유일하게 지문이 있는 것이 특징이다.

해가 저물고 마을 사람들이 하나둘 돌아왔다. 물을 마시려고 숲속으로 달려갔다. 그 많던 물통이 하나밖에 안 남고 모두 사라진 것을 본 사람들은 코알라의 짓이 분명하다고 생각했다.

"코알라 이 녀석, 장난하지 말고 순순히 물통을 내려 보내는 게 좋을 걸!"

아침에는 작았던 나무가 하늘을 찌를 듯이 높아진 걸 보고 사람들은 그 주위에 모여들었다. 그러자 코알라는 사람들을 향해 물통을 집어 던졌다. 사람들은 용감한 두 형제를 나무 위로 올려 보냈다. 코알라는 잡히지 않으려고 발버둥 치다가 그만 땅으로 떨어져 온몸의 뼈가 모두 부러졌다. 그러나 아픔도 잊은 채 재빨리 일어나 나무 위로 기어올랐다. 사람들에게 잡히는 게 너무 두려웠던 것이다.

신기한 동물로 변한 코알라

그 순간, 나무를 기어오르는 코알라의 모습이 점점 이상하게 변하기 시작했다. 회색 털, 쫑긋한 귀, 검게 빛나는 코……. 이제 코알라는 더 이상 사람이 아니었다. 원숭이 같기도 하고 곰 같기도 한 동물이 되었다. 오스트레일리아의 대표 동물 코알라는 지금도 물 찾으러 다니는 걸 싫어한다. 그저 유칼리나무 잎을 조금씩 먹으며 나무에 찰싹 달라붙어 하루 18시간 이상을 잠만 자고 있다.

나무를 기어오르던 코알라는 모습이 점점 이상하게 변하여 지금의 코알라 모습이 되었다.

멜라네시아 전설

뱀 신랑에 관한 두 가지 전설

뱀 신랑에 관한 전설은 우리나라를 비롯한 세계 각국에 골고루 퍼져 있다. 뱀 신랑이 처녀에게 구애하고 나중에는 허물을 벗는 다는 이야기가 대부분인데, 토템 신앙이 일반적인 멜라네시아*의 뱀 신랑은 허물을 벗는 대신 인간에게 불과 사탕수수를 주는 신적인 존재로 그려진다.

멜라네시아(Melanesia)
'검은 섬들'이란 뜻으로 호주
의 북동쪽에 위치한 뉴기니,
비스마르크 제도, 솔로몬 제
도, 피지 제도 등이 포함된다.

인간에게 불씨를 선물한 뱀 - 전설 하나

멜라네시아 파푸아뉴기니에 사는 한 처녀가 먹을 것을 구하러 숲에 들어갔다가 뱀 한 마리를 만났다. 뱀은 첫눈에 처녀에게 반해서 높은 나무에 달려 있는 열매를 따 주고, 맛있는 과일이 열려 있는 곳도 안내해 주면서 뒤를 졸졸 따라다녔다. 처녀는 뱀이 고맙기는 했지만 한편으로는 무섭고 싫었다. 그런 처녀에게 뱀이 이렇게 말했다.

"나랑 결혼하면 이렇게 맛있는 열매를 실컷 먹으며 평생 행복하게 살 수 있다오."

처음엔 거부했지만 뱀이 집까지 쫓아와서 끈질기게 졸라대는 통에 결국 처녀는 뱀과 결혼해서 숲에서 살게 되었다. 둘 사이에 딸 하나, 아들 하나가 생겼을 때 뱀 신랑은 그녀에게 이제는 인간 세상으로 돌아가도 좋다고 말했다.

뱀 신랑은 아내를 인간 세상으로 돌려 보내고 스스로 아이 둘을 정성껏 키웠다. 아이들이 어느 정도 커서 스스로 사냥할 수 있게 되었을 때 뱀은 아들에게 자신의 배 속에서 불씨를 꺼내라고 했다.

아들이 뱀의 입을 통해 배 속으로 들어 가니 정말 거기에 불씨가 있었다. 소년이 불을 꺼내 오자 뱀은 불씨를 일으키는 법, 물고기를 굽는 법을 가르쳐 주었다. 아이들은 구운 물고기가 날것보다 맛있다는 걸 깨달았다. 남매가 마을에 불씨를 전해 주었고 사람들은 이때부터 음식을 익혀 먹게 되었다.

사탕수수가 된 뱀 - 전설 둘

또 다른 뱀 한 마리도 마을 처녀에게 반해 구애했다. 그러나 그 처녀는 당장의 위기를 모면하기 위해 거짓으로 결혼 승낙을 했다. 그리고 결혼식 당일에

한껏 치장을 하고 나타난 뱀을 죽여 땅에 묻어 버렸다.

  그 후 뱀을 묻은 자리에 이상한 나무가 자라기 시작했는데, 마을 사람 하나
가 그것을 툭 꺾어서 먹어 보고는 감탄했다.

  "세상에, 이렇게 달콤한 느낌은 처음이야!"

  달콤한 결혼을 상상했던 뱀의 넋이 나무에 스며들어서 그런 것이었을까?
설탕의 원료가 된 사탕수수는 그렇게 멜라네시아의 검은 땅에 뿌리를 내리기
시작했다.

열대 지방에서 잘 자라는 사탕수수

칼럼 오세아니아 전설

남태평양에서 건져 올린 '미스터리 전설'

이스터 섬의 모아이 조각상 칠레령이지만 폴리네시아계 원주민이 살고 있는 이스터 섬은 남태평양 동부의 외로운 섬이다. 그러나 원주민들은 자신의 섬을 '라파 누이(세상의 중심)'라고 부른다. 이 섬에는 머리와 몸통으로 이루어진 거대한 조각상 '모아이'가 해안가를 따라 수백여 개 줄지어 서 있다. 이 석상들은 약 400년경부터 1400년에 걸쳐 만들어진 것으로, 작은 것은 3m에서부터 큰 것은 10m에 무게가 90톤에 달한다고 한다. 이처럼 큰 돌을 어디서 어떻게 날라다가 왜 석상을 만들었는지는 미스터리로 남아 있다.

파푸아 뉴기니의 극락조 영어 이름이 '천상의 새(Bird of paradise)'인 극락조는 이름과는 반대로 지옥 속의 삶을 산다. 인도네시아, 파푸아뉴기니의 깊은 숲속에서 사는 극락조를 본 서양인들은 새의 아름다운 깃털에 놀라고, 몸통만 있을 뿐 다리와 날개가 없는 것에 한 번 더 놀란다. 어떻게 새가 날개나 다리 없이 살 수 있냐고 묻자 원주민들은 이 새가 신을 모시는 천상의 새라서 땅을 밟지 않고 하늘에 떠 있다가 죽을 때가 되면 땅으로 떨어진다고 대답했다. 그러나 사실은 더 아름다운 깃털을 얻기 위해 새끼의 다리와 날개를 잘라내고 훼에 매달아 키웠던 것이다.

상식으로 꼭 알아야 할

세계의 전설(서양편)

저 자		아침나무
그 림		이창윤
발행인		신재석
발행일		1판 1쇄 발행 2009년 9월 10일
		1판 3쇄 발행 2015년 1월 5일

펴낸곳		(주)삼양미디어
등록번호		제 10-2285호
주 소		서울시 마포구 양화로 6길 9-28
전 화		02 335 3030
팩 스		02 335 2070
홈페이지		**www. samyang𝓜.com**

ISBN ┃ 978-89-5897-175-7(03300)